Kunst- und Kultu

Reihe herausgegeben von

Andrea Hausmann, Institut für Kulturmanagement, Pädagogische Hochschule Ludwigsburg, Ludwigsburg, Deutschland

Ziel der Reihe „Kunst- und Kulturmanagement“ ist es, Studierende, Wissenschaftler, Kunst- und Kulturmanager sowie sonstige Interessierte in komprimierter Weise in das Fachgebiet einzuführen und mit den wesentlichen Teilgebieten vertraut zu machen. Durch eine abwechslungsreiche didaktische Aufbereitung und die Konzentration auf die wesentlichen Methoden und Zusammenhänge, soll dem Leser ein fundierter Überblick gegeben sowie eine rasche Informationsaufnahme und -verarbeitung ermöglicht werden. Die Themen der einzelnen Bände sind dabei so gewählt, dass sie den gesamten Wissensbereich des modernen Kunst- und Kulturmanagement abbilden. Für die Studierenden muss eine solche Reihe abgestimmt sein auf die Anforderungen der neuen Bachelor- und Masterstudiengänge. Die (auch prüfungs-) relevanten Teilgebiete des Fachs „Kunst- und Kulturmanagement“ sollen daher abgedeckt und in einer komprimierten, systematisch aufbereiteten und leicht nachvollziehbaren Form dargeboten werden. Für bereits im Berufsleben stehende Kunst- und Kulturmanager sowie sonstige Interessierte muss die Reihe den Anforderungen gerecht werden, die eine arbeits- und zeitintensive Berufstätigkeit mit sich bringt: Kurze und prägnante Darstellung der wichtigsten Themen bei Sicherstellung aktueller Bezüge und eines qualitativ hochwertigen Standards. Es ist unbedingter Anspruch der jeweiligen Autorenbücher, diesen Interessenslagen gerecht zu werden. Dabei soll neben einer sorgfältigen theoretischen Fundierung immer auch ein hoher Praxisbezug gewährleistet werden.

Andrea Hausmann

Kunst- und Kulturmanagement

Kompaktwissen für Studium und Praxis

3. überarbeitete und erweiterte Auflage

Springer VS

Andrea Hausmann
Institut für Kulturmanagement
Pädagogische Hochschule Ludwigsburg
Ludwigsburg, Deutschland

ISSN 2626-0557 ISSN 2626-0573 (electronic)
Kunst- und Kulturmanagement
ISBN 978-3-658-44399-3 ISBN 978-3-658-44400-6 (eBook)
https://doi.org/10.1007/978-3-658-44400-6

Die Deutsche Nationalbibliothek verzeichnet diese Publikation in der Deutschen Nationalbibliografie; detaillierte bibliografische Daten sind im Internet über https://portal.dnb.de abrufbar.

Planung/Lektorat: Franziska Remeika
Springer VS ist ein Imprint der eingetragenen Gesellschaft Springer Fachmedien Wiesbaden GmbH und ist ein Teil von Springer Nature.
Die Anschrift der Gesellschaft ist: Abraham-Lincoln-Str. 46, 65189 Wiesbaden, Germany

Inhaltsverzeichnis

Das Management von Kunst und Kultur

1

1.1 Kunst, Kultur und Kulturbetrieb

1.1.1 Begriffe, Sparten und Typen

Kunst und Kultur verfügen in Deutschland über einen hohen (gesellschafts-) politischen Stellenwert. Die Bundesrepublik versteht sich als ein Kulturstaat, dessen Aufgabe es ist, den finanziellen, organisatorischen und rechtlichen Rahmen so abzustecken, dass sich Kunst und Kultur frei entfalten können. Und auch wenn Kunst und Kultur nicht zu den Pflichtaufgaben der öffentlichen Hand, sondern im Prinzip zu den *freiwilligen Leistungen* staatlicher Daseinsvorsorge zählen (und damit im Verteilungswettbewerb mit zahlreichen anderen Leistungen stehen), so gilt ihre zentrale Bedeutung für die Gesellschaft – deren Identität, Stabilität sowie Weiterentwicklung – und damit ihre Erhaltenswürdigkeit als weitgehend unumstritten. „Das, was von einer Gesellschaft bleibt, ist ihre Kultur. Sie ist das Fundament, auf dem unsere Gesellschaft steht und auf das sie baut. Es ist Aufgabe der Politik, dieses zu sichern und zu stärken" (EK 2007, S. 4).

Dieser besondere Stellenwert von Kunst und Kultur lässt sich auch mit ausgewählten Zahlen exemplarisch belegen. So tragen u. a. 49 Stätten des UNESCO-Weltkulturerbes, knapp 8000 Museen und Ausstellungshäuser, rund 300 öffentliche und private Theater, über 100 Orchester und 51 Festspiele, knapp 9000 öffentliche und wissenschaftliche Bibliotheken, 79 staatliche Archive, über eine Million Denkmäler sowie unzählige kulturelle Events und Projekte dazu bei, dass der kulturelle Reichtum Deutschlands auch im Ausland als beeindruckend (und besuchenswert) wahrgenommen wird (vgl. zu den Zahlen u. a. die jährlichen Statistiken des Statistisches Bundesamts, Deutschen Bühnenvereins, Instituts für Museumsforschung).

A. Hausmann, *Kunst- und Kulturmanagement*, Kunst- und Kulturmanagement,
https://doi.org/10.1007/978-3-658-44400-6_1

Die Bedeutung von Kultur ist damit herausgestellt worden, was aber ist konkret unter diesem Begriff zu verstehen? Mit der Beantwortung dieser nicht ganz einfachen Frage hat sich bereits eine Vielzahl von Autoren beschäftigt. Naturgemäß kann es nicht Ziel des vorliegenden Werks sein, diese umfangreiche Diskussion in ihrer Gänze darzustellen. Vielmehr ist es sinnvoll, sich im hier interessierenden Kontext auf die Darstellung der wichtigsten Erkenntnisse zu beschränken und die interessierte Leserschaft für eine weiterführende Beschäftigung auf die Klassiker der Kunst- und Kulturwissenschaften zu verweisen (u. a. Baecker 2012; Baecker et al. 2008; Nünning 2005; Hansen 2011; Assmann 2017; Lüddemann 2019). In diesem Sinne sollen zunächst schlaglichtartig vier mögliche (umgangssprachliche) Bedeutungsinterpretationen von Kultur vorgestellt werden (vgl. Hansen 2011, S. 9 ff.):

- Kultur umfasst in einem engen Begriffsverständnis *Institutionen* (Oper, Theater, Museen, Bibliotheken, etc.) sowie *Personen* (Künstler, Kreative, Kulturschaffende), die im sogenannten Kulturbetrieb ihre kreative und künstlerische Arbeit produzieren, vermitteln und verwerten.
- Kultur ist nach einer anderen, gleichfalls engen Auslegung des Begriffs eine *Lebensart,* die von bestimmten – annahmegemäß kultivierten – Menschen praktiziert wird. Dieser Kulturbegriff impliziert Aspekte wie Bildung, Geschmack, schöngeistige Interessen und Manieren und ist damit nicht wertfrei.
- Nach einer dritten Lesart umfasst Kultur die *Eigenarten, Gewohnheiten* und *Besonderheiten* einer Gesellschaft, die sich z. B. im Brauchtum, in Sitten und in der Religion, aber auch in dem bestehenden Kulturbetrieb und der Lebensart eines Volkes ausdrücken. Der US-amerikanische „way of life" beschreibt ein solches Verständnis von Kultur, das umfassender und wertneutraler als die zuvor genannten Abgrenzungen ist (und diese entsprechend subsumiert).
- Kultur kann auch ganz prosaisch verstanden werden als *Resultat* einer anbauenden bzw. pflegerischen Tätigkeit und wird in diesem Sinne in der Landwirtschaft (Monokultur), Geographie (Kulturlandschaft) oder Medizin (Bakterienkultur) verwendet.

Dieser kurze Überblick soll für die Zwecke dieses Buchs genügen, um zu illustrieren, dass es umgangssprachlich ganz unterschiedliche Verständnisse, Auslegungen und Verwendungen des Begriffs Kultur gibt. Zu betonen ist, dass Kultur im wissenschaftlichen Diskurs grundsätzlich in einem umfassenden und wertfreien Sinn interpretiert wird bzw. werden sollte (vgl. dritter Aufzählungspunkt). Wenngleich das in Deutschland übliche Verständnis von Kultur im Sinne einer

Hochkultur dieser weiten Begriffsauslegung viele Jahre entgegenstand, so hat sich dies mittlerweile geändert: Nicht zuletzt angestoßen durch den so oft zitierten „Kultur für alle"-Imperativ des renommierten Kulturpolitikers und langjährigen Frankfurter Kulturdezernenten *Hilmar Hoffmann* (1979) bezieht der Kulturbegriff heute die Populär-, Alltags- und Soziokultur ganz selbstverständlich mit ein (vgl. ausführlicher hierzu u. a. das Grundsatzprogramm der Kulturpolitischen Gesellschaft 2012).

Dieses erweiterte Begriffsverständnis gilt auch international als etabliert. Eine wichtige Rolle spielte in diesem Zusammenhang die *UNESCO-Kulturkonferenz* Anfang der 1980er Jahre in Mexiko, die ein an anthropologischen und ethnologischen Begrifflichkeiten orientiertes Verständnis auf internationaler Ebene gefördert hat: Kultur wird seither als „Gesamtheit der unverwechselbaren geistigen, materiellen, intellektuellen und emotionalen Eigenschaften angesehen […], die eine Gesellschaft oder eine soziale Gruppe kennzeichnen, und die über Kunst und Literatur hinaus auch Lebensformen, Formen des Zusammenlebens, Wertesysteme, Traditionen und Überzeugungen umfasst" (UNESCO 2001). Stärker in den Mittelpunkt gerückt ist seitdem auch der Begriff der *kulturellen Vielfalt*. Dieser bezieht sich „auf die mannigfaltige Weise, in der die Kulturen von Gruppen und Gesellschaften zum Ausdruck kommen. Diese Ausdrucksformen werden innerhalb von Gruppen und Gesellschaften sowie zwischen ihnen weitergegeben. Die kulturelle Vielfalt zeigt sich nicht nur in der unterschiedlichen Weise, in der das Kulturerbe der Menschheit durch eine Vielzahl kultureller Ausdruckformen zum Ausdruck gebracht, bereichert und weitergegeben wird, sondern auch in den vielfältigen Arten des künstlerischen Schaffens, der Herstellung, der Verbreitung, des Vertriebs und des Genusses von kulturellen Ausdrucksformen, unabhängig davon, welche Mittel und Technologien verwendet werden" (UNESCO 2005).

In welchem Verhältnis stehen nun aber Kultur und Kunst? Kultur wird hier als Oberbegriff verstanden, dem die Kunst, die umgangssprachlich häufig auf die Bildende Kunst bezogen oder im Zusammenhang mit künstlerisch tätigen Personen und ihrem (künstlerischen) Schaffen benutzt wird, subsumiert ist. Wenngleich auch Tanz, Literatur, Film oder Musik zweifellos eine Form von Kunst darstellen, der Kunstbegriff also bereits umfassender ist, so impliziert Kultur darüberhinausgehend zahlreiche weitere Bereiche, wie z. B. Denkmalpflege, Bibliotheken, Archive, Brauchtum und die kulturelle Bildung. Kunst ist damit ein Teil des weit gefassten Begriffs Kultur und wenn im Weiteren von Kulturmanagement oder Kulturbetrieb gesprochen wird, dann sind Kunstmanagement und Kunstbetrieb grundsätzlich inhärente Bestandteile des Begriffsverständnisses.

Nach dieser kurzen Einführung in das weite Feld kulturwissenschaftlicher Reflexion soll die weitere Annäherung an die beiden Begriffe pragmatisch erfolgen. Hilfreich hierfür ist z. B. eine Systematisierung nach übergeordneten *Sparten, Bereichen* oder *Sektoren* – allerdings findet sich in der Literatur keine, die allgemeingültig und auf alle Problemstellungen anwendbar wäre. Vielmehr im Gegenteil existieren sehr unterschiedliche Ansätze, bei denen jeweils zu prüfen ist, für welchen Zweck sie erstellt wurden bzw. welches Kulturverständnis impliziert ist. So wird nachfolgend festzustellen sein, dass die Systematisierungen nicht durchgängig schlüssig sind oder über das oben angerissene, weit gefasste Begriffsverständnis verfügen. Ziel ist es jedoch, den Leser mit unterschiedlichen Sichtweisen vertraut zu machen und zu einer weiterführenden Auseinandersetzung mit dem Thema anzuregen.

Eine Möglichkeit der Ordnung, wie sie häufig in kunst- und künstlerbezogenen Studien zu finden ist (vgl. u. a. Dangel und Piorkowsky 2006), ist die anhand der fünf klassischen Sparten Bildende Kunst, Darstellende Kunst, Musik, Literatur, Film. In Tab. 1.1 findet sich eine beispielhafte Darstellung möglicher Marktakteure und typischer Leistungen aus Angebotssicht.

Tab. 1.1 Die fünf klassischen Sparten. (Eigene Darstellung)

Sparte	Leistungen	Beispiele für Marktakteure
Bildende Kunst	Produktion, Vermittlung und Verbreitung von tangiblen Objekten und ephemeren Werken	Museen, Kunstvereine, Kunsthallen, Kunsthandel (Galerien, Auktionshandel, Kunstmessen), Privatpersonen (Künstler, Sammler, Mäzene) etc.
Darstellende Kunst	Produktion, Inszenierung, Vermittlung und Verbreitung von ephemeren Werken im Bereich Theater/Schauspiel	Theater (Schauspiel, Ballett/Tanz), Künstlervermittlung, Verwertungsgesellschaften, Künstler (Urheber, Interpreten) etc.
Musik	Produktion, Inszenierung, Vermittlung und Verbreitung von ephemeren Werken im Bereich Musik/Musiktheater	Orchester, Oper, Musical, Künstlervermittlung, Verwertungsgesellschaften, Künstler (Urheber/Komponist, Interpreten) etc.
Literatur	Produktion, Vermittlung und Verbreitung von Literatur	Literaturhäuser, Bibliotheken, Verlagswesen, Buchhandel, Verwertungsgesellschaften, Schriftsteller, Journalisten, Übersetzer etc.
Film	Produktion, Vermittlung und Verbreitung von bewegten Bilddokumenten	Filmproduzent, Filmverleih, Filmtheater, Filmförderungsgesellschaften, Regisseure, Autoren etc.

Da diese Systematisierung eng am Kunstbegriff orientiert bleibt, ist sie auch nur für bestimmte Fragestellungen geeignet. Andere Akteure gehen anders vor. So hat z. B. die *Enquete-Kommission* „Kultur in Deutschland" im Zusammenhang mit der Frage, in welcher Organisationsform Kulturbetriebe regelmäßig auftreten, folgende Sparten (vgl. EK 2007, S. 101 ff.):

- Theater (u. a. Sprechtheater, Tanztheater, Kinder- und Jugendtheater),
- Musik und Musiktheater (u. a. Opernhäuser, Orchester),
- Museen und Ausstellungshäuser,
- Literatur (u. a. Bibliotheken),
- kulturelle Bildung (Musikschulen, Jugendkunstschulen),
- soziokulturelle Zentren (alle spartenübergreifenden, sozial-integrativen und interkulturellen Begegnungsstätten),
- kulturelles Erbe (Archivwesen, Denkmalschutz).

Eine weitere Abgrenzung findet sich im zweijährlich aktualisierten Kulturfinanzbericht der *Statistischen Ämter des Bundes und der Länder,* der sich einerseits an der (eng gefassten) Definition der Systematiken der öffentlichen Haushalte orientiert und andererseits seit 2003 zusätzlich die erweiterte Kulturdefinition der Europäischen Union berücksichtig. Zu betonen ist, dass hierin (nur) jene Kulturanbieter berücksichtigt werden, die einen nennenswerten Anteil *öffentlicher* Kulturförderung erhalten. Dies sind im Einzelnen (vgl. Tab. 1.2 und Statistisches Bundesamt 2022, S. 31 ff.):

Last but not least soll hier die Systematisierung des jährlichen Monitorings des *Bundesministeriums für Wirtschaft und Technologie* (BMWi) zu Stand, Bedeutung und gesamtwirtschaftlicher Perspektive der Kultur- und Kreativwirtschaft in Deutschland vorgestellt werden. Dieses Monitoring unterscheidet elf Teilmärkte, die überwiegend *erwerbswirtschaftlich* orientiert sind und sich mit der Schaffung, Produktion, Verteilung und/oder medialen Verbreitung von kulturellen bzw. kreativen Gütern und Dienstleistungen befassen. Hierzu gehören (vgl. BMWi 2022, S. 6)

a) unter dem Oberbegriff der *Kulturwirtschaft* die Teilmärkte Musikwirtschaft, Buchmarkt, Kunstmarkt, Filmwirtschaft, Rundfunkwirtschaft, Markt für darstellende Künste, Designwirtschaft, Architekturmarkt und Pressemarkt sowie
b) unter dem Oberbegriff *Kreativwirtschaft* die Teilmärkte Werbemarkt und Software-/Games-Industrie.

Tab. 1.2 Systematisierung gemäß Kulturfinanzbericht. (Eigene Darstellung)

Kultur (und kulturnahe Bereiche)
a) Theater und Musik
b) Bibliotheken
c) Museen, Sammlungen und Ausstellungen
d) Denkmalschutz und Denkmalpflege
e) Kulturelle Angelegenheiten im Ausland (u. a. Kulturvermittlung durch Goethe-Institute)
f) Öffentliche Kunsthochschulen
g) Sonstige Kulturpflege (u. a. Filmförderung, Kultur der Vertriebenen, Volks- und Heimatkunde, Heimatpflege)
h) Verwaltung für kulturelle Angelegenheiten (u. a. Kulturämter, staatliche Ämter für Schlösser und Gärten)
i) Kulturnahe Bereiche (u. a. Rundfunkanstalten und Fernsehen, Volkshochschulen, Kirche)

Welcher der verschiedenen Systematisierungsansätze für die eigenen Zwecke auch herangezogen wird, es ist deutlich geworden, wie vielfältig und heterogen der Kulturbereich ist – und wie zahlreich damit die Arbeitsfelder und Wirkungsmöglichkeiten für im Kunst- und Kulturmanagement Tätige sind. Naturgemäß hat dies auch Konsequenzen für die wissenschaftliche Aufbereitung des Themas und gerade ein Grundlagenwerk kann dabei schnell an seine Grenzen stoßen. Ungeachtet der Unterschiede im Einzelnen gibt es jedoch auch zahlreiche Gemeinsamkeiten, die Kulturbetriebe aus ganz unterschiedlichen Sparten und Märkten teilen und die entsprechend im Vordergrund dieses Buchs stehen.

Dabei werden Kultur*betriebe* in vorliegendem Kontext klassisch betriebswirtschaftlich als Wirtschaftseinheiten verstanden, die (möglichst) planvoll organisiert, mit knappen Mitteln wirtschaftend und bei der Zielbildung und Zieldurchsetzung (weitgehend) autonom sind und in denen im Interesse bestimmter Träger oder Eigner Produktionsfaktoren (Arbeitskräfte, Sachmittel etc.) zur Erstellung von Gütern für die Fremdbedarfsdeckung kombiniert und auf Märkten zum Tausch angeboten werden (siehe hierzu auch Wöhe 2023, S. 27 ff.). Im Weiteren werden die Begriffe Kultur*anbieter,* Kultur*einrichtung* oder Kultur*institution* synonym hierzu verwendet, d. h. es ist immer eine mehr oder minder formalisierte Organisation mit (festen, freien und/oder ehrenamtlichen) Beschäftigten gemeint, die auf dem Kunst- und Kulturmarkt (dauerhaft oder auch temporär) aktiv ist.

Im Rahmen der oben diskutierten Systematisierungsansätze ist bereits punktuell herausgearbeitet worden, dass Kulturbetriebe öffentlich-rechtlich, privatrechtlich-gemeinnützig oder privatrechtlich-kommerziell sein können – eine Unterscheidung, die nicht zuletzt auch in ordnungs- und steuerpolitischer Hinsicht von Interesse ist. In engem Zusammenhang hiermit steht das *Drei-Sektoren-Modell* (siehe Abb. 1.1) von Weckerle/Söndermann (2003), das den öffentlichen Sektor („Staat"), privaten bzw. marktwirtschaftlichen Sektor („Wirtschaft", „Creative Industries") und intermediären bzw. gemeinnützigen Sektor („Zivilgesellschaft") modellhaft unterscheidet. In der Mitte finden sich Kunstschaffende bzw. Kreative oder Kulturproduzierende, die Aufträge aus allen drei Bereichen erhalten kann und damit versinnbildlichen, wie interdependent die Sektoren sind.

Wie aber unterscheiden sich diese drei Sektoren bzw. die Typen von Kulturbetrieben, die in diesen Sektoren anzutreffen sind? Hierauf wird nachfolgend unter Berücksichtigung der wichtigsten *Ordnungs-* bzw. *Unterscheidungskriterien* – Trägerschaft, Zielsetzung und Finanzierung – eingegangen. Es findet dabei eine Beschränkung auf idealtypische Betriebe und wesentliche Aspekte statt (ausführlich zur Kulturfinanzierung vgl. Kap. 4).

(a) Öffentlich-rechtliche Kulturbetriebe

Öffentlich-rechtliche Kulturbetriebe sind dadurch gekennzeichnet, dass sie in Trägerschaft der öffentlichen Hand stehen. *Träger* sind in der Regel Kommunen, ein Zweckverband aus mehreren Gemeinden und/oder Bundesländer. Der Bund engagiert sich auch, allerdings nur in ausgewählten Bereichen, wie z. B. bei der Hauptstadtförderung Berlins, der auswärtigen Kulturpolitik oder der Förderung gesamtstaatlich relevanter kultureller Einrichtungen und Projekte (z. B. Kunsthalle Bonn, Klassik Stiftung Weimar).

Die *Ziele* öffentlich-rechtlicher Kulturbetriebe sind typischerweise übergeordneter, kultur- und gesellschaftspolitischer Art (z. B. einer möglichst großen Zahl von Menschen den Besuch bzw. die Nutzung einer Musikschule, Bibliothek oder eines Theaters zu ermöglichen) sowie künstlerisch-inhaltlicher Art (z. B. ein Publikum politisch und kulturell zu bilden oder mit der Kulturgeschichte einer Region vertraut zu machen). Es ist explizit *kein* primäres Ziel von öffentlichen Kulturbetrieben, Gewinne zu erwirtschaften. Aufgrund des in den letzten Jahren zunehmenden Wirtschaftlichkeitsdrucks gewinnen jedoch auch bei öffentlich-rechtlichen Kulturbetrieben ökonomische Ziele (Erhöhung eigener Einnahmen, Senkung von Kosten etc.) an Bedeutung. Dies impliziert auch die Erwartung des Trägers, dass zumindest in einigen Bereichen der Leistungserstellung (z. B. bei den so genannten Blockbuster-Ausstellungen, die aufgrund ihrer

Abb. 1.1 Drei-Sektoren-Modell (Weckerle/Söndermann 2003)

populären Ausstellungsobjekte besonders viele Menschen anziehen) Überschüsse bzw. Deckungsbeiträge erzielt werden. Der Gesamtbetrieb wird allerdings immer defizitär bleiben, d. h. nicht kostendeckend arbeiten.

Im Hinblick auf die *Finanzierung* öffentlicher Kulturbetriebe lässt sich festhalten, dass die Zuschüsse und Zuwendungen der Träger einen großen, wenn nicht den größten Anteil an der Gesamtfinanzierung ausmachen. So speisten sich beispielsweise in der Spielzeit 2019/20 durchschnittlich rund 85 % der Etats der deutschen Theater aus öffentlichen Zuschüssen (vgl. DBV 2023, S. 233). Die Generierung eigener Einnahmen, z. B. aus dem Verkauf von Eintrittskarten oder Merchandising, und die Einwerbung öffentlicher und privater Drittmittel (EU-Projektgelder, Stiftungsgelder, Spenden, Sponsoring) spielt in vielen öffentlichen Kulturbetrieben nur eine nachgeordnete Rolle.

(b) Privatrechtlich-gemeinnützige Kulturbetriebe

Die *Träger* privatrechtlich-gemeinnütziger Kulturbetriebe können *natürliche* Personen sein, die beispielsweise einen Verein, eine Stiftung oder eine gemeinnützige Gesellschaft mit beschränkter Haftung (gGmbH) gründen. Aber auch *juristische* Personen des Privatrechts (GmbH, Aktiengesellschaft) oder des öffentlichen Rechts (Gemeinden, Landkreise etc.) können z. B. Gründungsmitglieder eines Vereins sein. Privatrechtliche Kulturbetriebe erlangen den Status der Gemeinnützigkeit, wenn ihre Tätigkeit darauf gerichtet ist, die Allgemeinheit auf materiellem, geistigem oder sittlichem Gebiet selbstlos zu fördern (§ 52 Abs. 1 Abgabenordnung). Damit dürfen sie zwar Einnahmen (und auch Überschüsse) zur Erreichung ihrer Ziele erwirtschaften, arbeiten aber – wie die öffentlichen Kulturbetriebe auch – in erster Linie *nicht* profitorientiert.

Ihre *Ziele* können vielfältig sein und sind abhängig von den in den Statuten einer Einrichtung (z. B. Vereins- oder Stiftungssatzung) festgelegten Aufgaben. Damit verfolgen privatrechtlich-gemeinnützige Kulturbetriebe keine übergeordneten kulturpolitischen Ziele, sondern die ihrer jeweiligen Träger.

Im Hinblick auf die *Finanzierung* lässt sich festhalten, dass sich diese bei privatrechtlich-gemeinnützigen Organisationen aus der Erwirtschaftung von eigenen Einnahmen (z. B. Mitgliedsbeiträge, Erlöse aus Verkauf von Produkten und Dienstleistungen, Verwaltung von Kapitalvermögen) sowie der Einwerbung von öffentlichen und privaten Mitteln (z. B. Spenden, Projektzuschüsse) zusammensetzt. Hinzu kommen Mittel der Träger, bei Stiftungen z. B. das Stiftungsvermögen (bzw. die Verwendung der Erträge hieraus).

(c) Privatrechtlich-kommerzielle Kulturbetriebe

Kommerzielle Kulturbetriebe sind Teil der oben vorgestellten *Kultur- und Kreativwirtschaft:* „Die Kultur- und Kreativwirtschaft ist der marktwirtschaftliche Teil des Kultursektors. Hier werden alle Unternehmen und wirtschaftlichen Aktivitäten des Profit-Sektors zugeordnet“ (Söndermann et al. 2009, S. 21). *Träger* bzw. *Eigner* können wie beim gemeinnützigen Kulturbetrieb natürliche oder juristische Personen des privaten und des öffentlichen Rechts sein; der Staat kann damit in allen drei Kultursektoren als Träger mitwirken.

Maßgebliches Unterscheidungskriterium zu den beiden vorgenannten Betriebstypen ist die *Gewinnorientierung*. Unternehmen aus der Kultur- und Kreativwirtschaft wollen mit Kunst, Kultur und Kreativität Geld verdienen (BMWi 2018, S. 3). Dieses Gewinnstreben ist dabei kein Selbstzweck, vielmehr muss es als *Ziel* prioritär sein, um z. B. Gehälter auszahlen zu können, Mittel für künftige Investitionen zu erwirtschaften und die langfristige Wettbewerbsfähigkeit zu sichern. Gleichzeitig schließt die Gewinnorientierung nicht aus, dass auch kommerzielle Kulturbetriebe dezidiert inhaltliche, künstlerische und/oder kulturpolitische Ziele verfolgen. Diese müssen jedoch viel stärker als im öffentlichen und gemeinnützigen Kulturbetrieb auf ihre ökonomische Machbarkeit überprüft werden.

Die Kosten der Kulturproduktion werden in diesem Sektor, anders als im öffentlichen Kulturbetrieb, weitgehend durch selbst erwirtschaftete Erlöse gedeckt – die *Finanzierung* erfolgt damit in erster Linie über den Markt bzw. die Nachfrage. Nachgeordnet finanzieren sich aber auch private Unternehmen über die Einwerbung von öffentlichen und privaten Mitteln.

Tab. 1.3 fasst die obigen Ausführungen zusammen und führt jeweils typische Beispiele aus der Praxis auf. Dabei wird deutlich, dass verschiedene Kulturanbieter, wie z. B. Musikschulen oder Festivals, aber auch Museen, Theater, Rundfunkanstalten und Fernsehsender, je nach ihrer Ausrichtung und Trägerschaft verschiedenen Bereichen zugeordnet werden können.

1.1.2 Merkmale und Rahmenbedingungen

In den vorangegangenen Ausführungen wurde deutlich, wie heterogen der Kulturbereich insgesamt ist und wie groß das Spektrum an Kulturbetrieben. Insbesondere zwischen dem öffentlichen und dem kommerziellen Kulturbereich finden sich dabei einige übergeordnete charakteristische Unterschiede, die das *Management* so wesentlich prägen, dass sie nachfolgend im Überblick skizziert werden. Begonnen wird mit einer Darstellung typischer Merkmale des öffentlichen Kulturbereichs:

Tab. 1.3 Idealtypischer Systematisierungsansatz für Kulturbetriebe. (Eigene Darstellung)

<table>
<tr><th></th><th>öffentlich-rechtliche Kulturbetriebe</th><th>privatrechtlich-gemeinnützige Kulturbetriebe</th><th>privatrechtlich-kommerzielle Kulturbetriebe</th></tr>
<tr><td>Ziele</td><td colspan="2">nicht-kommerzielle Ziele („non-profit“)</td><td>kommerzielle Ziele („profit“)</td></tr>
<tr><td>Träger-schaft</td><td>Staat (Kommunen, Länder und/oder Bund)</td><td colspan="2">natürliche und juristische Personen</td></tr>
<tr><td>Finan-zierung</td><td>v.a. Zuwendungen des Trägers sowie eigene Einnahmen und Drittmittel</td><td colspan="2">v.a. eigene Einnahmen sowie öffentliche und private Drittmittel</td></tr>
<tr><td>Typische Beispiele</td><td>▪ Archiv
▪ Ausstellungshalle
▪ Ballett/Tanz
▪ Bibliothek
▪ Denkmalschutz/-pflege
▪ Festival
▪ Filmarchiv
▪ Literaturhaus
▪ Museum
▪ Musikschule
▪ Oper
▪ Orchester
▪ Radio/Fernsehen
▪ Theater
▪ …</td><td>▪ Festival
▪ Galerie
▪ Kino
▪ Kleinkunst
▪ Kulturvereine
▪ Kulturwerkstätten
▪ Kunsthalle
▪ Musikschule
▪ Soziokulturelles Zentrum
▪ …</td><td>▪ Buchverlag/-handel
▪ Festival
▪ Filmproduktion/-verleih/-vertrieb
▪ Galerie
▪ Kabarett/Varieté/Comedy/Kleinkunst
▪ Kino
▪ Konzertveranstalter
▪ Kunsthandel
▪ Musical
▪ Musikschule
▪ Radio/Fernsehen
▪ Theater
▪ Zirkus
▪ …</td></tr>
</table>

(a) Öffentlicher Kulturbereich

- *Kostenintensität der Leistungserstellung:* In Volkswirtschaften besteht eine Gesetzmäßigkeit darin, dass sich die Produktivität des Faktors Arbeit – u. a. aufgrund des Einsatzes neuer Technologien (Fließband, Logistiksysteme, Künstliche Intelligenz etc.) – kontinuierlich erhöht und dadurch Effizienzgewinne möglich werden. Ein Effizienzgewinn stellt sich immer dann ein, wenn entweder mit weniger Input (Ressourcen) ein gleicher Output (Arbeitsergebnis) erzielt wird oder mit dem gleichen Input mehr Output. Diese Gesetzmäßigkeit findet sich im öffentlichen Kulturbereich allerdings oftmals ausgehebelt, insbesondere im Bereich der Darstellenden Kunst und Musik. Denn aufgrund des hohen Anteils an „handwerklich" produzierten Gütern – so ist für historische Werke eine bestimmte Anzahl von Schauspielerinnen, Musikern, Komparsen etc. weitgehend unveränderlich vorgegeben – und den kontinuierlich steigenden Personalkosten, die im Bereich von öffentlichen Theatern einen Anteil von rund 72 % an den Gesamtkosten ausmachen (vgl. DBV 2023, S. 235), können hier keine Effizienzgewinne realisiert werden. Viele Kulturbetriebe sind vielmehr von kontinuierlichen Kostensteigerungen betroffen – ein Umstand, der nach dem US-amerikanischen Wissenschaftler William J. Baumol als *„cost desease"* bezeichnet wird.

- *Meritorische Güter:* Öffentliche Kulturbetriebe erstellen sogenannte meritorische Güter (Musgrave 1959), d. h. solche Produkte und Leistungen, deren Allokation nicht dem Markt überlassen, sondern durch staatliche Eingriffe gesteuert werden soll. Grund hierfür ist, dass Nachfrage und Nutzungsintensität nach Auffassung politischer Entscheidungsträger ansonsten zu gering wären und deshalb stimuliert werden müssen. In aller Regel geht es darum, dass der „fürsorgliche" Staat Leistungen verbilligt oder sogar unentgeltlich anbietet, damit sie allen Mitgliedern einer Gesellschaft (unabhängig von ihrer Leistungsfähigkeit, ihrem Einkommen etc.) zugänglich sind. Da die Herstellung meritorischer Güter aus politischer Sicht wünschenswert ist, werden sie entsprechend staatlich gefördert – entweder *direkt* durch Zuschüsse oder *indirekt,* z. B. durch Steuererleichterungen (vgl. hierzu ausführlicher Kap. 4). Auch dies lässt sich gut am Beispiel des öffentlichen Theaterbereichs veranschaulichen: So lässt sich der jüngsten Theaterstatistik des Deutschen Bühnenvereins entnehmen, dass der Betriebszuschuss pro Besuch in der Spielzeit 2019/2020 im Durchschnitt 208,87 EUR betrug (vgl. DBV 2023, S. 235). Eine Spielzeit weiter zeigen sich dann auch erstmals in extremis die Auswirkungen der pandemiebedingten Schließungen von Theatern und anderen Kulturbetrieben: So betrug der Betriebszuschuss pro Besuch in der Spielzeit 2020/2021 beachtliche 1289,41 EUR (DBV 2023, S. 235).
- *Bürokratie und Hierarchie:* Öffentliche Kulturbetriebe sind oftmals – historisch gewachsen, aber auch systembedingt – in besonderem Maß durch bürokratische, stark formalisierte Entscheidungswege sowie wenig transparente Kommunikations- und Informationsstrukturen gekennzeichnet. Des Weiteren finden sich in vielen Organisationen vergleichsweise starre Hierarchiegefüge und überkommene Macht- und Abhängigkeitsverhältnisse, die nicht nur Ressourcen binden, sondern auch eine flexible Reaktion auf veränderte Markterfordernisse erschweren oder verhindern.

(b) Privatwirtschaftlicher Kulturbereich

- *Heterogenität/Kleinteiligkeit:* Zur Besonderheit des privaten Kultursektors gehört es, dass dort sehr heterogene Unternehmenstypen anzutreffen sind. So existiert neben sehr großen, umsatzstarken Unternehmen, v. a. im Bereich Software/Games, Werbung und Presse eine Vielzahl an sehr kleinen Kulturbetrieben mit geringen Umsätzen. Die wichtigsten Märkte für diese Kleinstunternehmer, die häufig als Freiberufler oder (Solo-)Selbständige auftreten, sind der Kunstmarkt, der Markt für darstellende Künste, die Designwirtschaft sowie der Architekturmarkt.
- *Marktnähe:* Da sich private Kulturbetriebe langfristig über Erlöse aus dem Verkauf von Waren und Dienstleistungen finanzieren müssen und es bei Verlusten (in der Regel) keine Deckung durch die öffentliche Hand gibt, sind sie häufig viel näher an ihren Absatzmärkten und versuchen über entsprechende Marketingmaßnahmen die Nachfrage langfristig zu stimulieren und Kundenbedürfnisse möglichst zielgruppenadäquat zu erfüllen.
- *Prekäre Einkommensverhältnisse:* Trotz dieser Marktnähe bleibt jedoch Fakt, dass viele Selbständige in der Kultur- und Kreativwirtschaft (zu) wenig verdienen. So sind etwa die sogenannten Mini- bzw. Soloselbständigen, deren jährlicher Umsatz weniger als 17.500 EUR beträgt, in der Kultur- und Kreativwirtschaft überdurchschnittlich häufig vertreten (und hier v. a. in der Designwirtschaft und den darstellenden Künsten). Aufgrund der Heterogenität der Kultur- und Kreativwirtschaft sind von dieser schwierigen Situation jedoch keineswegs alle Teilmärkte gleichermaßen betroffen. Vor allem in der Software- und Games-Industrie zeigen sich hohe Wertschöpfungs- und Wachstumsraten, die Beschäftigung in diesem Teilmarkt wächst kontinuierlich (vgl. BMWi 2022, S. 81 ff.).
- *Flexibilität:* Wie bereits angesprochen, müssen sich die Unternehmen der Kultur- und Kreativwirtschaft über den Markt finanzieren. Damit sind sie herausgefordert, viel flexibler als öffentliche Kulturbetriebe auf sich verändernde Kundenbedürfnisse, neue Wettbewerber oder neue Technologien zu reagieren. Ein kontinuierliches Monitoring der Marktsituation/-entwicklung und das Arbeiten in offenen Netzwerken und mit Kooperationspartnern aus ganz unterschiedlichen Arbeitsbereichen ist u. a. Ausdruck dieser hohen Flexibilität.

Im Anschluss an diese kursorische Darstellung spezifischer Merkmale des öffentlichen und privaten Kulturbereichs werden nachfolgend wichtige *Rahmenbedingungen* für das Kulturmanagement skizziert. Ziel ist es, einen Eindruck davon zu vermitteln, wie zahlreich und vielfältig die Faktoren sind, die Einfluss auf die Arbeit von Kulturbetrieben – und damit auch von im Kulturmanagement Tätigen – nehmen.

(a) Kulturpolitische Rahmenbedingungen

Kulturpolitik wird in Deutschland als gesellschaftliche Aufgabe verstanden, die Kunst und Kultur ermöglicht, verteidigt und mitgestaltet: „Sie soll die in der Individualisierung angelegten Möglichkeiten persönlicher Freiheit im Sinne von Selbstentfaltung und Selbstverwirklichung unterstützen. Notwendig ist dafür eine plurale Kulturpolitik, die sich darum bemüht, das soziale und kulturelle Kapital aller Menschen zu stärken und ihm Anerkennung zu verschaffen" (Kulturpolitische Gesellschaft 1998). Kulturpolitik ist dabei nicht nur staatliche Angelegenheit, sondern sie bezieht in einem *partizipativen* Ansatz Kulturschaffende, Verbände, Unternehmen, Stiftungen, freie Träger und sonstige gesellschaftliche Akteure ein. Zu den programmatischen Leitlinien und Errungenschaften der Kulturpolitik der vergangenen Jahre mit Gültigkeit bis heute gehören z. B. (vgl. ausführlich hierzu Kulturpolitische Gesellschaft 2012, S. 1 ff.):

- ein soziokulturelles Verständnis von Kultur, das die vorherrschende Orientierung an traditionellen Kulturwerten und die Fixierung auf Kunstwerke weitgehend überwunden und zu einem erweiterten Begriff von Kulturpolitik geführt hat;
- das „Bürgerrecht Kultur" und „Kultur für alle" sind zu weitgehend anerkannten Leitzielen kulturpolitischen Handelns geworden, haben zu einer Ausweitung des Kulturangebots und neuen kulturellen Tätigkeitsfeldern geführt und damit eine wachsende Teilhabe an kulturellen Aktivitäten hervorgebracht;
- viele traditionelle Kultureinrichtungen wie Museen und Theater haben ihre konzeptionelle Starrheit überwunden, zeitgemäße Vermittlungsformen entwickelt und neue Bevölkerungsgruppen gewonnen;
- die Notwendigkeit und Bedeutung der kulturellen Bildung, der Kulturarbeit mit Kindern und Jugendlichen und der sozialen Kulturarbeit ist inzwischen weitgehend anerkannt;
- frei-gemeinnützige Kultureinrichtungen und privatwirtschaftliche Kulturangebote bilden mit den staatlich getragenen Kulturinstituten eine neue vielgestaltige Kulturlandschaft, die ergänzt wird durch freiwilliges, bürgerschaftliches Engagement in der Kultur;

- die Grenzen zwischen traditionellen Kunsteinrichtungen und freien Kulturangeboten sowie zwischen Kultur und Unterhaltung, U- und E-Kultur sind durchlässiger geworden;
- viele Verbände und Netzwerke sind entstanden, um die Interessen der kulturellen Akteure zu formulieren und gegenüber der Politik zu vertreten; das Angebot an Aus- und Fortbildungsmöglichkeiten für kulturelle Praxis ist gewachsen; der Diskurs über kulturpolitische Fragen hat an Qualität und Intensität zugenommen.

(b) Rechtliche Rahmenbedingungen

Die Bundesrepublik Deutschland versteht sich als ein Kulturstaat. Allerdings gibt es bis auf § 5 Abs. 3 des Grundgesetzes, der die Freiheit von Kunst und Kultur aufgrund der Erfahrungen aus der Zeit des Nationalsozialismus explizit festlegt, keine rechtlichen Grundlagen auf Bundesebene. Wie oben ausgeführt, gehört Kultur nicht zu den Pflichtleistungen, sondern zu den *freiwilligen* Leistungen der öffentlichen Hand (eine Ausnahme hiervon findet sich z. B. im Kulturraumgesetz des Freistaats Sachsen; vgl. hierzu Abschn. 4.2). Dieser Umstand gewinnt v. a. auch in wirtschaftlich schwierigeren Zeiten an Bedeutung, wenn die Einnahmen der öffentlichen Haushalte sinken und der Wettbewerb zwischen den verschiedenen Ausgabepositionen der öffentlichen, v. a. kommunalen Daseinsvorsorge (Straßenbau, Schwimmbäder etc.) steigt.

Die konkreten rechtlichen Rahmenbedingungen von Kunst und Kultur leiten sich aus unterschiedlichen Rechtsquellen ab: „Auf internationaler und bilateraler Ebene werden diese durch die europäische Normsetzungskompetenz ausgestaltet. In verschiedenen Rechtsbereichen, wie zum Beispiel dem Urheber- und Steuerrecht, wird die nationale Gesetzgebung durch den europäischen Gesetzgeber bereits vorgeprägt. Zum anderen finden sich verfassungsrechtliche und gesetzliche Bestimmungen im Grundgesetz, in den Landesverfassungen, den Gemeinde- und Landkreisordnungen und Kulturfachgesetzen auf Landesebene (zum Denkmalschutz oder zur Weiterbildung) sowie Bundesgesetzen mit kulturellem Schwerpunkt (Urheber- und Künstlersozialversicherungsrecht). Daneben bestehen einzelne Bestimmungen, zum Beispiel im Bundesbaugesetz, Kinder- und Jugendhilfegesetz, Raumordnungsgesetz und Bundesvertriebenengesetz, die sich auf (einzelne) kulturelle Belange beziehen“ (EK 2007, S. 56).

Änderungen bei den rechtlichen Rahmenbedingungen können erhebliche, auch wirtschaftliche Konsequenzen für die Arbeit von Kulturbetrieben und anderen Kulturakteuren haben. Während sich beispielsweise die Neuregelung bzw. Vereinfachung des Spendenrechts und die Verdoppelung der Abzugsmöglichkeiten von Kulturspenden in der Vergangenheit positiv auswirkten, sind auch negative Folgen rechtlicher Vorgaben möglich, so etwa im Hinblick auf eine Abschaffung des ermäßigten Umsatzsteuersatzes von 7 % für kulturelle Leistungen oder die uneinheitliche Regelung von Umsatzsteuerermäßigungen für aus Sicht der Urhebenden vergleichbare kulturelle Leistungen (vgl. Deutscher Kulturrat 2022). Weitere komplexe rechtliche Problemstellungen, deren Lösung die Urheberinnen und Nutzer von Kunstwerken und anderen kreativen Leistungen gleichermaßen interessiert, betreffen beispielsweise den Bereich der Wahrung von Urheberrechten im Internet, z. B. auch im Kontext von Künstlicher Intelligenz (vgl. Deutscher Kulturrat 2023).

(c) Finanzielle Rahmenbedingungen
Wie im aktuell vorliegenden Kulturfinanzbericht nachzulesen ist, wurden Kunst und Kultur vom Staat im Jahr 2020 mit insgesamt 14,5 Mrd. EUR finanziert (vgl. Statistisches Bundesamt 2022, S. 19 f.). Grundsätzlich kann die staatliche Förderung als *direkte* Transferzahlung (Zuschüsse) erfolgen oder über *indirekte* Maßnahmen (vgl. hierzu auch Kap. 4). Zu letzteren gehören z. B. steuerliche Erleichterungen (Befreiung von bestimmten Steuerarten, ermäßigter Umsatzsteuersatz) oder die Ausschreibung von Stipendien, Preisen etc. Gegenüber 2019 stiegen die öffentlichen Kulturausgaben 2020 um beachtliche 15,6 %, im Vergleich zu 2010 um rund 55 %. Grund für diese starke Erhöhung der öffentlichen Kulturausgaben sind die erheblichen Mehrausgaben für Hilfs- und Unterstützungsprogramme von Bund und Ländern im Rahmen der Corona-Pandemie (Statistisches Bundesamt 2022, S. 21). Und auch für die nächsten Haushaltsjahre prognostiziert der Kulturfinanzbericht steigende Ausgaben. Allerdings haben die Kulturbetriebe auch jährlich steigende Kosten zu bewältigen, v. a. bei Personal, Sachmitteln und Energieverbrauch. Insgesamt bleibt der Verteilungskampf um die öffentliche Unterstützung – zwischen unterschiedlichen Kulturbetrieben, aber auch mit anderen Leistungen der öffentlichen Daseinsvorsorge – groß.

Bei den öffentlichen und gemeinnützigen Kulturbetrieben sind aus diesem Grund zunehmend private Förderer in den Mittelpunkt der Aufmerksamkeit gerückt. Anders als bei der Förderung durch die öffentliche Hand ist es allerdings deutlich schwieriger zu beziffern, wie hoch die Unterstützung konkret ist. Die Enquete-Kommission „Kultur in Deutschland" hat in ihrem Abschlussbericht folgende Minimal- und Maximalbeträge angesetzt: Zwischen 300 bis 1400 Mio. EUR an privaten Mitteln kommen aus Sponsoring, 111 bis 188 Mio. EUR aus Unternehmensspenden und 60 bis 125 Mio. EUR aus Spenden von Privatpersonen (vgl. EK 2007, S. 179).

Nicht überraschend ist der Wettbewerb um die Akquise von privaten Mitteln hoch und es werden nur jene Kulturbetriebe Erfolg haben, die sich auf die Anforderungen der potenziellen (privaten) Geldgeber möglichst umfassend einstellen. Erschwerend kommt hinzu, dass der Bereich der privaten Kulturfinanzierung stark abhängig ist von verschiedenen Faktoren, wie z. B. der aktuellen gesamtwirtschaftlichen Situation oder auch den (sich möglicherweise ändernden) kulturellen Interessen und Präferenzen von privaten Förderern. Insgesamt ist den im Kulturmanagement Tätigen zu empfehlen, eine mehrdimensionale Strategie zu entwickeln, um die Abhängigkeit von nur einer Finanzierungsquelle zu vermeiden (vgl. ausführlich Kap. 4).

1.1.3 Akteure und Anspruchsgruppen

Aus den bisherigen Ausführungen ist deutlich geworden, dass Kulturbetriebe nicht unabhängig von anderen Marktteilnehmern agieren, sondern durch eine Reihe von Akteuren beeinflusst und gesteuert werden. Für im Kulturmanagement Tätige ist es wichtig, diese Akteure, ihre jeweiligen Interessen und Forderungen sowie die zwischen verschiedenen Akteursgruppen bestehenden Interdependenzen zu kennen und im eigenen Handeln zu berücksichtigen. Für die Analyse kann eine grobe Unterscheidung in Angebots- und Nachfrageseite hilfreich sein, die allerdings nicht als überschneidungsfrei zu verstehen ist (so können z. B. die Medien kulturelle Leistungen sowohl anbieten als auch nachfragen).

Auf der *Angebotsseite* finden sich jene Akteure, die – im engeren oder weiteren Sinne – dazu beitragen, dass Kunst und Kultur geschaffen werden. Zuerst zu nennen sind die *Künstler* bzw. *Urheber,* die ein Werk (Theaterstück, Skulptur, Buch, Film etc.) hervorbringen, das den Kern der Arbeit eines Kulturbetriebs (Theater, Museum, Verlag, Kino etc.) darstellt. Um diese Werke aufführen, ausstellen, publizieren und/oder verbreiten zu können, bedarf es einer Vielzahl von *Mitarbeitenden.* Hierzu gehören in Abhängigkeit von der jeweiligen Kultursparte

z. B. Interpreten des Werks, die künstlerisch (Schauspieler, Tänzerin, Musiker) oder vermittelnd (Kuratorin, Dramaturg, Pädagogin) tätig werden, ebenso wie z. B. Wissenschaftler, Technikerin oder Marketingmanager. Unabhängig von ihrem konkreten Tätigkeitsschwerpunkt werden alle diese Personen gebraucht, um die Rezeption eines künstlerischen Werks zu ermöglichen.

Neben den bisher genannten Anspruchsgruppen finden sich zahlreiche weitere: Bereits oben diskutiert wurden die *Träger* bzw. *Eigner,* die im öffentlich-rechtlichen Bereich großen Einfluss auf die Aktivitäten von kulturellen Organisationen und Projekten nehmen (ohne aber, anders als bei vielen gemeinnützigen und den meisten privaten Kulturbetrieben, in die tägliche Arbeit vor Ort einbezogen zu sein). Eine wichtige Rolle spielen auch die *Gremien, Kommissionen, Verbände* und sonstigen Vertreter/innen der Kulturpolitik, wie z. B. die Kulturpolitische Gesellschaft oder der Deutsche Kulturrat, die übergeordnet und spartenübergreifend Einfluss nehmen auf die strukturellen, rechtlichen und sonstigen Rahmenbedingungen von Kulturbetrieben. Des Weiteren existieren *Lobbyverbände* für einzelne Sparten, wie z. B. der Deutsche Bühnenverein, der Deutsche Orchesterverband oder der Deutsche Museumsbund, die in erster Linie die Partikularinteressen ihrer Mitglieder vertreten (z. B. bei Themen wie Diversität, Klimaschutz, digitale Transformation etc.).

Je nach Sparte und Kulturbetrieb nehmen weitere Akteure Einfluss: Im Museumsbereich ist das z. B. der Kunsthandel, d. h. die privaten Sammler/innen und Galerien, der Auktionshandel und die Kunstmessen. Dabei ist zu berücksichtigen, dass die einzelnen Anspruchsgruppen zum Teil sehr unterschiedliche Interessen verfolgen, die zuweilen auch in Konflikt zueinander stehen können, wie das nachfolgende Beispiel zeigt: Während öffentliche Museen in der Regel daran interessiert sind, Kunstwerke für kommende Generationen zu konservieren, zu erforschen und zu bewahren, möchten private Sammler, die ihre Werke an Museen ausleihen, häufig eine Wertsteigerung dieser Werke und eine Steigerung der Bekanntheit sowie des Images ihres Unternehmens oder ihrer Person erreichen.

Auf der *Nachfrageseite* nehmen jene Menschen Einfluss auf den Kulturbetrieb, die Kunst und Kultur rezipieren, nutzen, sich an ihr erfreuen, durch sie angeregt, aufgerüttelt oder auch verstört werden (wollen). Diese Menschen können zusammenfassend als *Nachfrage* bezeichnet werden oder auch – in Abhängigkeit der jeweiligen Art von Kulturbetrieb – als Publikum, Gäste, Besucher, Nutzerinnen, Zuschauer, Teilnehmerinnen oder Kunden. Die Nachfrage spielt im Kulturbetrieb eine wesentliche Rolle, denn sie verfügt über wichtige monetäre und nicht-monetäre Ressourcen. Konkret stellt sie zur Verfügung: (a) *Geld* in Form von Eintrittsentgelten, Verkaufserlösen, Teilnehmergebühren, Spenden etc., (b) *Zeit* für den Besuch einer Einrichtung oder für die ehrenamtliche Arbeit im Freundeskreis, (c) *Weiterempfehlungen* im Freundes-/Familienkreis und damit kostenlose Werbung für den Kulturbetrieb, (d) *Engagement* in der kultur- und gesellschaftspolitischen Diskussion und damit einen Beitrag zur gesellschaftspolitischen Legitimierung von Kultur.

Wenngleich sich zahlreiche weitere Anspruchsgruppen (Öffentlichkeit, Medien, Sponsoren etc.) nennen und hinsichtlich ihrer Beziehung zum Kulturbetrieb darstellen ließen, wird aus dem oben Beschriebenen bereits deutlich, dass sich die Kultureinrichtungen in einem sehr komplexen Beziehungsgeflecht bewegen. Um diese Komplexität zu erfassen, ist das *Stakeholder-Konzept* (Freeman 2010) geeignet, das ein Gefüge von *Leistungen* (durch die Kultureinrichtung) und *Gegenleistungen* (durch die Anspruchsgruppen) beschreibt (siehe Kotler et al. 2008, S. 60 sowie ausführlich Hausmann 2001). In Abb. 1.2 werden ausgewählte Stakeholder exemplarisch für ein Orchester dargestellt.

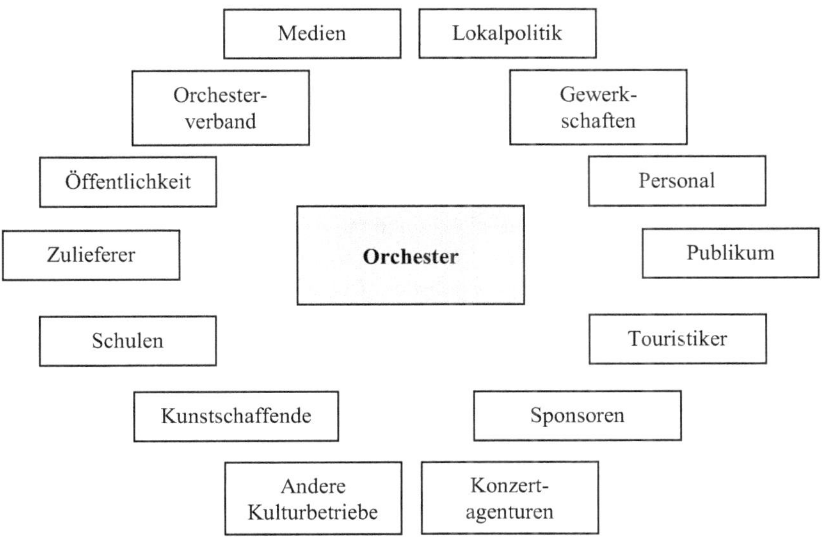

Abb. 1.2 Ausgewählte Anspruchsgruppen (Stakeholder) eines Orchesters. (Eigene Darstellung)

1.2 Kunst- und Kulturmanagement

1.2.1 Begriff und Aufgaben

Ähnlich wie im Themenfeld Kultur sind auch zum Management bereits zahlreiche Abhandlungen erschienen. Dem Charakter des vorliegenden Buchs treu bleibend, ist es nachfolgend weder beabsichtigt noch möglich, den Stand der Forschung in seiner Gänze darzustellen. Vielmehr wird wieder eine pragmatische Vorgehensweise gewählt, um der Leserschaft einen zügigen Einstieg in das Thema zu erleichtern. Hierzu ist es sinnvoll, zunächst einen Blick in die Klassiker der Managementliteratur zu werfen und sich an bewährten Begriffsabgrenzungen zu orientieren:

- „Management has to give direction to the institution it manages. It has to think through the institution's mission, has to set its objectives, and has to organize resources for the results the institution has to contribute" (Drucker 1973, S. 17).
- „Management ist ein Komplex von Steuerungsaufgaben, die bei der Leistungserstellung und -sicherung in arbeitsteiligen Systemen erbracht werden müssen" (Schreyögg und Koch 2014, S. 8).

Aus diesen Definitionen lässt sich bereits die Ziel- und Ressourcengerichtetheit und übergeordnete Koordinierungsaufgabe von Management ablesen. Darüber hinaus wird deutlich, dass Management eine gewisse Allgemeingültigkeit im Hinblick auf seinen Handlungs- und Gestaltungsbereich besitzt – und nicht etwa auf einen bestimmten Organisationstyp festgelegt ist. Im Gegenteil: „Management ist eine universelle gesellschaftliche Funktion. Es wird in allen gesellschaftlichen Institutionen gebraucht. Die Bezeichnungen, unter denen diese Funktionen im Einzelfall auftreten, sind bedeutungslos. Der Rektor einer Universität ist zu einem erheblichen Teil seiner Tätigkeit ein Manager […]. Das Gleiche gilt zum Beispiel auch für Opernintendanten, Orchesterdirigenten […] Entscheidend ist die Funktion, nicht ihre Bezeichnung" (Malik 2013, S. 33 f.). Damit ist geklärt, dass Management ganz selbstverständlich auch im Kulturbereich Anwendung findet.

In der Literatur ist es allgemein üblich, zwei grundlegende Bedeutungsvarianten bzw. Ansätze zu unterscheiden (siehe Abb. 1.3): Hierbei wird Management einerseits als *Institution* und andererseits als *Funktion* verstanden (vgl. u. a. Staehle et al. 2014, S. 71). Management in institutioneller Hinsicht bezieht sich auf eine *Person* (oder eine Gruppe von Personen), die in einer Organisation

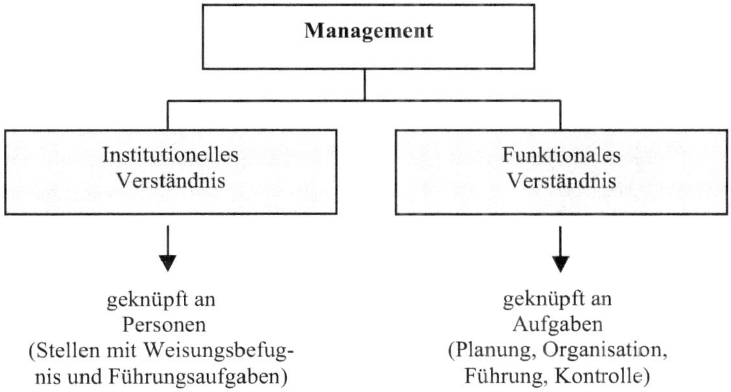

Abb. 1.3 Verständnis von Management. (Eigene Darstellung)

über *Weisungsbefugnisse* verfügt und *Vorgesetztenfunktionen* bzw. *Führungsaufgaben* wahrnimmt. Hierzu gehören z. B. in einem größeren Orchester neben der (künstlerischen) Intendantin und dem musikalischen Leiter (auch Chefdirigent oder Generalmusikdirektor genannt) nachgeordnet die Verwaltungsleiterin bzw. kaufmännische Geschäftsführerin, der Orchesterdirektor (Leiter Künstlerisches Betriebsbüro) oder die Marketingleiterin. Manager sind damit im Sinne dieses Buchs typischerweise auf der ersten und zweiten Hierarchieebene von Kulturbetrieben verortet (so genanntes oberes und mittleres Management); in Kulturbetrieben mit großer Leitungstiefe sind Managerinnen darüber hinaus auf weiteren Hierarchieebenen zu finden.

Demgegenüber knüpft der Funktionsansatz an jene *Aufgaben* an, die zur Steuerung der verschiedenen Leistungsprozesse im Kulturbetrieb erforderlich sind: Es geht damit zunächst nicht um einen speziellen Personenkreis oder um bestimmte Hierarchieebenen, „sondern vielmehr um einen Kranz von Aufgaben (Managementfunktionen), die erfüllt werden müssen, damit die Organisation ihre Ziele erreichen kann" (Schreyögg und Koch 2014, S. 7). In der Literatur gibt es kein einheitliches Verständnis darüber, was konkret zu diesen Managementaufgaben gehört (zu unterschiedlichen Abgrenzungen vgl. u. a. Malik 2019, S. 167 ff.; Schreyögg und Koch 2014, S. 9 ff.; Schierenbeck und Wöhle 2016, S. 113 ff. sowie auch Byrnes 2022, S. 22 ff.) – die nachfolgende Unterscheidung berücksichtigt vier allgemein als zentral anerkannte Aufgaben:

- *Planung:* Im Zuge der Planung wird festgelegt (ggf. in Abstimmung mit relevanten Gremien oder dem Träger), welche Ziele der Kulturbetrieb insgesamt (oder z. B. eine einzelne Abteilung) erreichen will (und nach Analyse der eigenen Situation auch erreichen kann) und mit welchen Ressourcen dies geschehen soll. Es ist naheliegend, dass es sich bei der Planung um eine besonders wichtige Managementaufgabe handelt, die den Rahmen für alle weiteren Aktivitäten vorgibt.
- *Organisation:* Im Fokus dieser Aufgabe steht die Schaffung geeigneter struktureller Voraussetzungen (Aufbau- und Ablauforganisation). Dazu werden organisatorische Einheiten (z. B. Abteilungen, Stellen) gebildet, die mit Kompetenzen ausgestattet und sowohl horizontal (d. h. auf derselben Hierarchieebene) als auch vertikal (d. h. auf unterschiedlichen Hierarchieebenen) sinnvoll verknüpft werden. Hinzu kommt z. B. die Einrichtung eines Kommunikationssystems, das die einzelnen Organisationseinheiten mit den zur Aufgabenerfüllung notwendigen Informationen versorgt.
- *Führung:* Im Mittelpunkt dieses Tätigkeitsbereichs steht die zielorientierte Ausrichtung und Zusammenführung der Einzelhandlungen innerhalb der Gesamtorganisation. Unter anderem durch Maßnahmen der Kommunikation, Koordination und Kontrolle (vgl. Hausmann/Zischler 2023), d. h. durch Führung im engeren Sinne, wird versucht, eine ziel- und ressourcenorientierte Aufgabenerfüllung der Mitarbeitenden zu fördern (und zu fordern).
- *Kontrolle:* Im Rahmen der Kontrolle geht es um einen Soll-Ist-Vergleich von tatsächlichen Ergebnissen und ursprünglichen Plandaten. Bei Abweichungen müssen Ursachen identifiziert und Korrekturmaßnahmen eingeleitet werden.

Wenn diese Aufgaben in eine lineare Abfolge gebracht werden, so ergibt sich ein *Managementkreislauf,* welcher in der Literatur auch als *Managementprozess* bezeichnet wird (vgl. Abb. 1.4). Da diese Abfolge allerdings keine Interdependenzen zwischen den Aufgaben berücksichtigt, handelt es sich hierbei um ein idealtypisches Modell, das mehr didaktischen Zwecken dient als einer detailgetreuen Abbildung der Realität von (Kultur-)Organisationen.

Von den bisher diskutierten Managementaufgaben, die auch als *Koordinations-* bzw. *Steuerungsfunktionen* (vgl. u. a. Wöhe 2023) bezeichnet werden, lassen sich jene abgrenzen, die sogenannte *Sachaufgaben* bzw. *Kernfunktionen* betrieblicher Tätigkeit darstellen, wie z. B. Produktion, Marketing oder Finanzierung, und die – in mehr oder weniger großem Umfang – ebenfalls von einer Führungskraft erledigt werden müssen: „Das funktionale Managementkonzept sieht das Management […] als Querschnittsfunktion, die den Einsatz der Ressourcen und das Zusammenwirken der Sachfunktionen steuert“ (Schreyögg und Koch

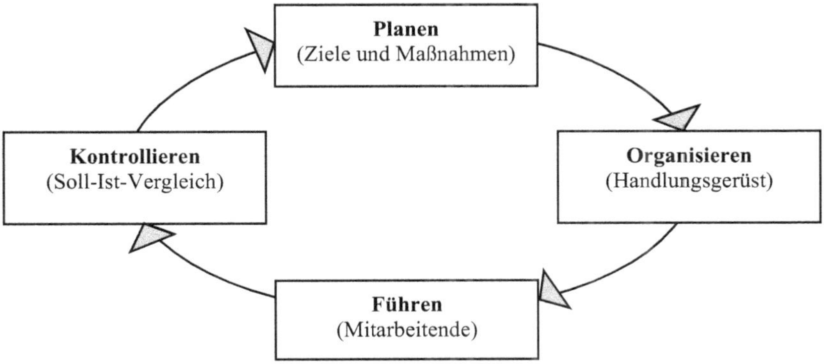

Abb. 1.4 Idealtypischer Managementkreislauf. (Eigene Darstellung)

2014, S. 8). Aus diesem Zusammenhang ergibt sich auch das Verhältnis von Betriebswirtschaftslehre und Management – zwei Begriffe, die nicht synonym zu verwenden sind, aber in engem Kontext stehen. Während ein Teil in der Autorenschaft Management und Betriebswirtschaftslehre als zwei verschiedene Disziplinen betrachtet (vgl. hierzu die Diskussion bei Malik 2013), wird in diesem Buch der Auffassung gefolgt, dass Management – auch unter dem Begriff der Unternehmensführung – eine *Teilfunktion* der Betriebswirtschaftslehre darstellt (siehe hierzu u. a. auch Schreyögg und Koch 2014; Schierenbeck und Wöhle 2016; Thommen et al. 2020; Wöhe 2023).

Im Anschluss an die Klärung des Managementbegriffs stellt sich nunmehr die Frage, was ein *Manager* ist bzw. wie er/sie beschaffen sein muss, um die an ihn/sie gestellten Aufgaben erfüllen zu können. Weiter oben ist im Zusammenhang mit dem institutionellen Verständnis von Management bereits hervorgehoben worden, dass Managerinnen typischerweise Personen mit *Weisungsbefugnissen* und *Vorgesetztenfunktion* sind. Über welche Fähigkeiten sollte eine solche Führungsperson nun konkret verfügen? Der einflussreiche Managementdenker *Drucker* hängt die Messlatte in diesem Zusammenhang hoch: „The one contribution he is uniquely expected to make is to give others vision and ability to perform" (Drucker 2007). Wenngleich es sicher wünschenswert wäre, wenn möglichst viele Manager eine solche Fähigkeit hätten, so erscheint es doch sinnvoll – und näher an der Realität –, weitere Schlüsselkompetenzen zu identifizieren (vgl. Schreyögg und Koch 2014, S. 25 f. sowie auch Mintzberg 2011, S. 120 ff.):

- *Fachliche Kompetenz:* Hierzu gehört zum einen die Kenntnis der zentralen Aufgaben, Funktionen und Techniken des Managements sowie zum anderen die Fähigkeit, dieses Wissen situations-, ziel- und ressourcengerecht anzuwenden.
- *Soziale Kompetenz:* Hierunter fallen diverse Fähigkeiten, wie z. B. mit anderen sach- und beziehungsorientiert zusammenarbeiten, Individuen und Gruppen ziel- und ressourcenorientiert führen, sich empathisch in andere hineinversetzen und situationsadäquat kommunizieren zu können.
- *Konzeptionelle Kompetenz:* Diese drückt sich u. a. darin aus, dass der Manager in der Lage ist, komplexe Probleme und Entscheidungssituationen zu strukturieren. Auch die Fähigkeit, eine Situation aus unterschiedlichen Perspektiven betrachten zu können, fällt in diese Kategorie.

Zum Abschluss dieser Diskussion sei noch einmal darauf hingewiesen, dass Managementaufgaben ganz grundsätzlich in jedem Funktionsbereich eines Kulturbetriebs und auf allen Hierarchieebenen anfallen – allerdings zwangsläufig unterschiedlich im Hinblick auf Art und Umfang dieser Aufgaben. Ganz allgemein kann dazu festgehalten werden, dass der Anteil der Managementaufgaben an den Gesamtaufgaben einer Führungskraft umso höher (geringer) ist, je höher (niedriger) diese in der Organisationshierarchie angesiedelt ist.

1.2.2 Besonderheiten des Managements im Kulturbereich

Im vorstehenden Kapitel wurde herausgearbeitet, dass Management einen universellen Charakter hat und unabhängig von einer bestimmten Branche oder einem Organisationstyp funktioniert. Damit ist festgelegt, dass Management auch im Kulturbereich anwendbar ist. Angesichts der Vorbehalte vieler Kulturschaffender und Kreativer gegenüber betriebswirtschaftlichen Themen erscheint es allerdings sinnvoll, zumindest kurz der Frage nachzugehen, ob die Ziel- und Ressourcengerichtetheit des Managements etwas ist, dass Kunst und Kultur auch tatsächlich brauchen. Dies soll im Folgenden unter Hinzuziehung eines einfachen Beispiels geschehen:

Ein etabliertes Musikfestival hat im zweiten Jahr nacheinander ein Defizit erwirtschaftet, das dieses Mal auf eine halbe Million Euro gestiegen ist. In Beschwerdebriefen, öffentlichen Diskussionen und auf Social Media haben zahlreiche Menschen ihre Enttäuschung über die fehlende Qualität des Programms und die Mängel im Service zum Ausdruck gebracht. Aus Verärgerung über die aus ihrer Sicht fehlende Rückendeckung durch die Stadt hat die amtierende Leiterin wenige Tage nach der letzten Veranstaltung ihren Rücktritt verkündet. Die Mitarbeitenden sind stark verunsichert, wie es im nächsten Jahr weitergehen wird.

Es liegt nahe, dass jede neue Führungskraft, die eine erfolgreiche Neuausrichtung des Festivals anstoßen will, in Abstimmung mit dem Träger neben zahlreichen inhaltlich-künstlerischen Fragen auch diverse Fragen in den Aufgabenfeldern des Managements – Planung, Organisation, Führung und Kontrolle – beantworten und damit bislang vernachlässigte Koordinations- und Steuerungsaufgaben wahrnehmen muss. Damit wird anhand dieses einfachen, für die Kulturpraxis sehr typischen Beispiels deutlich, dass Kulturbetriebe selbstverständlich wirksames, d. h. ziel- und ressourcenorientiertes Management brauchen, wollen sie langfristig existenz- und wettbewerbsfähig sein. Unter Berücksichtigung der Erkenntnisse aus dem vorangegangenen Kapitel kann damit (vorläufig) folgendes Begriffsverständnis von Kulturmanagement festgehalten werden:

Kulturmanagement i. e. S. bezieht sich auf die Wahrnehmung von Aufgaben zur Steuerung kulturbetrieblicher Tätigkeit.

Durch die Wahrnehmung dieser Aufgaben sollen die Organisationsziele im Rahmen eines planvollen Ressourceneinsatzes erreicht und soll der Prozess der Leistungserstellung und -verwertung langfristig gesichert werden. Aus obigem Beispiel und der Diskussion im vorangegangenen Kapitel ist allerdings auch deutlich geworden, dass die meisten Problemstellungen von Kulturbetrieben zusätzlich eine intensive Beschäftigung mit den Kernfunktionen betrieblicher Tätigkeit erfordern: So wäre eine künftige Festivalleiterin gut beraten, sich gründlich und strategisch mit den Möglichkeiten von Kulturmarketing und Kulturfinanzierung zu befassen, damit in der nächsten Spielzeit die Servicequalität steigt, neue Zielgruppen gewonnen und alternative Finanzierungsquellen erschlossen werden.

Dieser Aspekt wird im Weiteren noch einmal zu thematisieren sein. Zunächst soll jedoch im Anschluss an die vorläufige Begriffslegung zum Kulturmanagement geklärt werden, was ein/e Kulturmanager/in ist. Hierzu ist es sinnvoll, zunächst eine Unterscheidung nach in der Praxis regelmäßig anzutreffenden Typen von Managern und Managerinnen vorzunehmen:

- *Typ 1 „Manager/in im Kulturbetrieb mit künstlerisch-inhaltlichem oder wissenschaftlichem Arbeitsschwerpunkt“:* Dieser Typus ist im Kulturbetrieb angestellt, z. B. im Theater, Orchester oder Museum, auf höchster Hierarchieebene als Intendantin, Generalmusikdirektor, künstlerische Leiterin oder wissenschaftlicher Direktor tätig und nimmt neben seiner künstlerisch-inhaltlichen bzw. wissenschaftlichen Funktion ebenfalls Aufgaben des Managements wahr. Auch auf nachgeordneten Hierarchieebenen findet sich dieser Typus (z. B. als Leiterin Sammlung im Museum). Auch Manager mit einem technischen Arbeitsschwerpunkt (Technische Direktion, Leitung Werkstätten etc.) werden hier subsumiert.
- *Typ 2 „Manager/in im Kulturbetrieb mit betriebswirtschaftlichem und/oder juristischem Arbeitsschwerpunkt“:* Dieser Typus ist ebenfalls im Kulturbetrieb angestellt und in der Regel nicht selbst künstlerisch oder inhaltlich tätig. Er findet sich auf höchster Ebene im kaufmännischen Bereich (z. B. als kaufmännische Direktorin) sowie auch auf nachgeordneten Ebenen (z. B. als Marketing- oder Verwaltungsleiter).
- *Typ 3 „Selbständige/r Kulturmanager/in“:* Dieser Typus ist in erster Linie für andere Künstler/innen tätig, die sich vorrangig ihrer Kunst bzw. Kulturproduktion widmen und v. a. in betriebswirtschaftlichen Fragen „gemanagt“ werden wollen – denn nicht wenige Künstler/innen fühlen sich durch Managementaufgaben in ihrer künstlerischen Schaffenskraft eingeschränkt (wie das nachfolgende Beispiel eines freiberuflichen Cellisten verdeutlicht). Regelmäßig handelt es sich bei diesem dritten Typ um einen Einzel- bzw. Kleinunternehmer, der selbst nicht (mehr) künstlerisch tätig ist.

Sinnvolle Arbeitsteilung zwischen Kulturmanagement und Kunst
„Zu Beginn habe ich vor allem mit Ensembles gearbeitet. Später dann auch als Solist. Da musste ich mich natürlich auch um Konzertauftritte kümmern. Aber sich als Solist zu vermarkten, ist doch etwas anderes, als wenn man ein Ensemble im Rücken hat. Überhaupt sind mir eigentlich diese ganzen unternehmerischen Aufgaben wie Akquise, Verhandlungen führen und die ganzen Büroangelegenheiten eher unangenehm. Lieber beschäftige ich mich mit Musik, als diesen unternehmerischen Tätigkeiten nachzugehen. Natürlich weiß ich, dass man von der Musik allein nicht leben kann und man sich auch den anderen Aufgaben stellen muss. Aber das ist auch

der Grund, warum ich viele dieser Aufgaben an meinen Manager delegiere. Er macht die Akquisition, vermarktet meine künstlerische Tätigkeit, übernimmt meine Programme und Texte zu den Programmen und verhandelt mit Veranstaltern. Ich denke, wenn man diese Arbeiten nicht machen möchte, sollte man sich jemanden suchen" (Teichmanis 2006, S. 67).

- *Typ 4 „Selbständige/r Künstler/in und Manager/in in Personalunion":* Dieser Typus bewegt sich besonders stark im Spannungsfeld von Management und Kunst bzw. Kultur, da er sowohl (alleinverantwortlich) künstlerisch bzw. inhaltlich tätig ist als sich auch selbst „managt". Hierbei kann es sich sowohl um Künstler und Künstlerinnen handeln, die z. B. aufgrund finanzieller Engpässe alles in Eigenregie übernehmen (müssen), oder auch um solche, die neben ihren künstlerischen Fähigkeiten über besondere Managementkompetenzen verfügen (wie dies z. B. Picasso, Andy Warhol oder Jeff Koons attestiert wird).

Für eine weitere Annäherung an den Kulturmanager und die von ihm (bzw. ihr) grundlegend benötigten Fähigkeiten, ist ein Blick in Studien wie z. B. von Klein (2009a) mit rund 200 Führungskräften aus verschiedenen Kulturbetrieben oder von Winter et al. (2018) mit mehreren hundert Stellenanzeigen hilfreich. Die hierbei gewonnenen zentralen Erkenntnisse stehen in Zusammenhang mit der oben geführten Diskussion zu den klassischen Managementfunktionen einerseits und weiteren (Kern-)Funktionsbereichen kulturbetrieblicher Tätigkeit andererseits (vgl. ausführlich hierzu Klein 2009a, S. 43 ff.):

1. Als wichtige *persönliche* Kompetenzen von Kunst- und Kulturmanagern gelten Teamfähigkeit, Kommunikationsfähigkeit, selbständige Arbeitsweise, Organisationsvermögen, strukturiertes Denken und Engagement. Darüber hinaus sind Entscheidungsfähigkeit, Ausdauer und Belastbarkeit für den Kulturmanager wichtig, wie auch nachfolgendes Praxisbeispiel bestätigt.

Managementkompetenzen bei der Stiftung Preußischer Kulturbesitz

In einem Interview zu den besonderen Fähigkeiten eines Managers in seiner Position befragt, antwortete der Präsident der *Stiftung Preußischer Kulturbesitz* in Berlin wie folgt: „Schnelles Eindenken in die unterschiedlichsten

Frage- und Problemstellungen, zügige und zugleich wohlbegründete Entscheidungsprozesse, nach innen eine Mischung aus Transparenz und ‚klarer Ansage' und nach außen eine gelungene Kombination aus Diplomatie und Überzeugungskraft. [...] Darüber hinaus ist es aber unerlässlich, dass man an einem einmal eingeschlagenen Weg keinen Zweifel aufkommen lässt. Wankelmütigkeit ist schädlich, Mut und Fähigkeit zu einer begründeten Korrektur darf dies aber nicht ausschließen, die Gründe dafür sind dann aber auch zu vermitteln" (Schuster 2008, S. 16).

2. Als wichtige *theoretische* Kompetenzen gelten betriebswirtschaftliche Kenntnisse, insbesondere in den Themenfeldern Marketing, Finanzierung (v. a. Sponsoring, Fundraising) und – zunehmend auch – Personal und Organisation.

Aus diesen Ergebnissen kann geschlossen werden, dass in der Praxis des Kulturmanagements vielfach eine Zusammenfassung von klassischen Steuerungs- und Koordinationsaufgaben des Managements und den verschiedenen Sachaufgaben (z. B. Marketing) unter dem Oberbegriff Kulturmanagement stattfindet. Diese Vermutung bestätigt ein Blick in die Lehrpläne der vielen Aus- und Weiterbildungsangebote in diesem Bereich – wo neben dezidiert managementorientierten Angeboten zahlreiche Veranstaltungen zu typischen Funktionsbereichen bzw. Sachaufgaben kulturbetrieblicher Tätigkeit im Curriculum enthalten sind (siehe auch Heinze 2010, S. 12; Seger 2010, S. 9).

Damit aber trifft auch für den Kunst- und Kulturbereich zu, was Malik unter der Überschrift „Management ist nicht identisch mit Sachaufgaben" so treffend in seinem Buch kritisiert: „Gründliche Verwirrung entsteht dadurch, dass Managementaufgaben und Sachaufgaben nicht auseinandergehalten werden. Die in Wirtschaftsunternehmen typischen Funktionen, wie Forschung und Entwicklung, Marketing, Produktion, Finanzen, Rechnungswesen, Personal [...] werden irrigerweise häufig als Managementaufgaben angesehen. In Wahrheit sind es Sach- oder Fachaufgaben. Ihre Erfüllung benötigt vor allem Sach- und Fachkenntnisse" (Malik 2013, S. 40).

Doch auch wenn mit einer solchen Begriffsauslegung die Gefahr besteht, das eigentliche Verständnis von Management zu verwässern und gleichzeitig die Bedeutung der Betriebswirtschaftslehre für die Erklärung von Phänomenen im Kunst- und Kulturbereich zu unterschätzen, wird der in der Praxis und Forschung des Kulturmanagements üblichen Vorgehensweise in vorliegendem Buch nicht zuletzt aus Gründen der Praktikabilität für Studium und Praxis gefolgt. Damit ist obiges vorläufiges Begriffsverständnis unter Berücksichtigung der in diesem Unterkapitel gewonnenen Erkenntnisse wie folgt zu erweitern:

> Kulturmanagement i. w. S. bezieht sich auf (a) die Wahrnehmung von Aufgaben zur Steuerung und (b) typische Funktionsbereiche kulturbetrieblicher Tätigkeit.

Ergänzend sei auf Folgendes hingewiesen: Dass die in Abschn. 1.1 dargestellten Merkmale, Rahmenbedingungen und Mechanismen des Kulturbereichs darüber hinaus jedem Manager und jeder Managerin, der/die in diesem Arbeitsfeld erfolgreich arbeiten will, bekannt sein sollten, versteht sich im Rahmen dieses Buchs von selbst. Sie werden aber nicht als inhärenter Bestandteil des Kulturmanagements betrachtet, vielmehr finden sich hier Schnittstellen zu anderen großen Themen und Disziplinen, wie z. B. der Kulturpolitik, den Kulturwissenschaften etc.

Damit sind die zentralen Eckpunkte für das Kulturmanagement und die weitere Lektüre abgesteckt. Von den typischen Funktionsbereichen kulturbetrieblicher Tätigkeit, die jedem Manager bzw. jeder Managerin zumindest in ihren Grundzügen bekannt sein sollten, werden unter Berücksichtigung der Studien von Klein (2009a) und Winter et al. (2018) sowie verschiedener anderer Autoren (u. a. DiMaggio 1987; Rich und Martin 1997) Marketing, Finanzierung und Personal im Mittelpunkt der weiteren Darstellung stehen. Darüber hinaus wird im Schlusskapitel dieses Buchs mit dem Kulturtourismus ein Themenfeld besprochen, bei dem es sich nicht um einen Funktionsbereich handelt, sondern um einen Markt mit besonderen Merkmalen und Herausforderungen, der jedoch im Hinblick auf die typischen Berufsfelder und Aktivitätsschwerpunkte von im Kulturmanagement Tätigen von besonderer Bedeutung ist.

Um der Leserschaft einen schnellen Einstieg zu erleichtern und einen möglichst umfassenden Überblick zu den nachfolgenden Themen zu geben, wird auf eine vertiefte Diskussion an vielen Stellen verzichtet. In allen Kapiteln wird jedoch auf relevante Fachliteratur verwiesen. Abschließend bleibt daran zu erinnern, dass auch die beste Methodenkenntnis von im Kulturmanagement Tätigen langfristig nur bedingt zum Erfolg führen wird, wenn zwei wesentliche Aspekte fehlen: „An essential ingredient in the mix of knowledge, skills, and abilities that a person brings to any arts management job must include a *passion* for what he or she is doing and a strong sense of *purpose*“ (Byrnes 2022, S. 56; eigene Hervorhebung).

2 Das Management von Angebot und Nachfrage: Kulturmarketing

2.1 Begriff, Merkmale und Ziele

Eine der wichtigsten Aufgaben von im Kulturmanagement Tätigen ist die Vermittlung und Vermarktung der – selbst erstellten oder eingekauften – Leistungen von Kulturbetrieben. Denn ohne das kontinuierliche Zusammenbringen von Kultur*angebot* und Kultur*nachfrage* können Kulturbetriebe nicht existieren. Erwerbswirtschaftliche Kulturbetriebe nicht, weil sie ihre Kosten decken müssen, um langfristig am Markt überleben zu können – und öffentliche Kulturbetriebe ebenfalls nicht. Zwar müssen letztere ihre Existenz nicht über den Verkauf von Waren sichern – sie können es in der Regel auch nicht, u. a. aufgrund der Baumolschen Kostenkrankheit (vgl. hierzu Abschn. 1.1.2) –, aber sie sind per kulturpolitischem Auftrag dazu verpflichtet, sich einem möglichst großen Publikum zugänglich zu machen.

Die hiermit verbundenen Aufgaben werden dem *Marketing* zugeordnet, das in anderen Wirtschaftssektoren bereits seit langem erfolgreich umgesetzt wird und sich seit seiner Etablierung Anfang der 1950er Jahre in der betriebswirtschaftlichen Forschung und Praxis kontinuierlich weiterentwickelt hat. Es gilt in seinem heutigen Verständnis als prägendes, umfassendes Prinzip der modernen Unternehmensführung (vgl. hierzu ausführlich Meffert et al. 2018; Homburg 2020). Doch wenngleich die Potenziale des Marketings in der *Forschung* des Kulturmanagements mittlerweile als unumstritten gelten und sich bereits eine Reihe von Publikationen hiermit auseinandergesetzt hat (u. a. Klein 2012; Hausmann 2001, 2005 und 2021a; Colbert 2018; Bernstein 2007; Kotler et al. 2008; Bekmeier und Ober-Heilig 2014; Pöllmann 2021), wird Marketing in der Kultur*praxis* – besonders im öffentlichen Bereich – z. T. immer noch skeptisch beurteilt, v. a. von den marketingfernen Fachabteilungen und Tätigkeitsbereichen in den Kulturbetrieben:

A. Hausmann, *Kunst- und Kulturmanagement*, Kunst- und Kulturmanagement,
https://doi.org/10.1007/978-3-658-44400-6_2

In solchen Fällen wird dem Marketing unterstellt, dass seine Implementierung zulasten der künstlerisch-inhaltlichen Aufgaben von Kulturbetrieben gehen und zu einer unerwünschten Kommerzialisierung bzw. Anbiederung an den Markt führen würde und/oder zu einer Nivellierung künstlerischer Inhalte.

Solche Bedenken gegenüber dem Marketing sind häufig darin begründet, dass die entsprechenden Kenntnisse über die Mehrdimensionalität dieses betriebswirtschaftlichen Handlungsfeldes fehlen und der Wirkungskreis des Marketings auf einzelne Instrumente wie Werbung oder Vertrieb reduziert wird. Und auch wenn die Skepsis in den letzten Jahren weniger geworden sind, so ist doch in der Zusammenarbeit mit der Kulturpraxis festzustellen, dass der Fokus des Marketings auch weiterhin häufig

- wenig strategisch ausgerichtet ist, sondern weitgehend operativ bleibt,
- einzelne Instrumente eine starke Dominanz erfahren (v. a. die der Kommunikationspolitik) und die Potenziale eines integrativen Marketings nicht ausgeschöpft werden,
- besucherorientierte Maßnahmen in den beiden Funktionsbereichen Vermittlung und Marketing zu wenig zusammengedacht werden.

Vor diesem Hintergrund ist es Ziel der nachfolgenden Ausführungen, zu verdeutlichen, dass Kulturmarketing mehr ist als die Anwendung von Einzelmaßnahmen und dass ein richtiges Verständnis dieses Konzepts weder die originären Aufgaben von Kulturbetrieben negativ tangieren noch die künstlerisch-inhaltlichen Ansprüche oder wissenschaftlichen Standards gefährden muss (siehe hierzu auch den nachfolgenden Ausschnitt aus einem Interview mit der Marketingleiterin der *Berliner Philharmoniker*). Der Einsatz von Marketing kann vielmehr im Gegenteil die Erreichung kulturbetriebsspezifischer Ziele unterstützen und die Position der Kulturbetriebe in politischen (Legitimitäts-)Diskussionen maßgeblich stärken.

Marketingverständnis bei den Berliner Philharmonikern

„In der Regel sehe ich ein halbes Jahr im Voraus die Programmvorschau. Ich bin nicht in die Programmentstehung eingebunden. Was auch gut so ist, denn diese sollte nicht unter Vermarktungsaspekten erstellt werden. Die Herausforderungen bestehen darin, aus einem solch unkonventionellen Programm das Beste verkaufstechnisch herauszuholen. Wenn ich das Programm also erhalte, erstelle ich ein Marketing mit verschiedenen Konzepten“ (KM 2008, S. 34).

Nach diesen einführenden Worten sollen im Weiteren die charakteristischen Merkmale des Kulturmarketings herausgearbeitet werden. Zunächst geht es im Marketing grundsätzlich um die Herstellung von *Austauschbeziehungen* auf relevanten Märkten (vgl. ausführlich Meffert et al. 2018, S. 54 ff.): Unter Austausch ist dabei ein Prozess zu verstehen, durch den eine Partei eine gewünschte Leistung erhält, indem sie einer anderen Partei eine Gegenleistung dafür anbietet. Ob ein Austausch tatsächlich zustande kommt, hängt zwangsläufig davon ab, inwieweit dieser für die Bedürfnisbefriedigung beider Parteien geeignet ist.

Im Mittelpunkt des Kulturmarketings steht der Austausch der verschiedenen Kern- und Zusatzleistungen von Kulturbetrieben gegen die verschiedenen materiellen und nicht-materiellen Leistungen der Tauschpartner. Hierbei muss der Austausch im Sinne eine *Wertmehrung* wirken: Der Kulturbetrieb und die beteiligten Marktakteure müssen nach dem Austausch besser dastehen als vorher. Als mögliche Austauschpartner von Kulturbetrieben kommen dabei jene in Betracht, die in Kap. 1 im Rahmen des Stakeholder-Modells aufgeführt wurden: v. a. das Publikum (Nachfrage), aber auch die Träger, Sponsoren, Medien und viele andere, deren Gegenleistungen neben Geld (Eintrittsentgelte, Spenden etc.) auch Sachmittel, Know-how oder ehrenamtliche Unterstützung umfassen (ausführlich hierzu Hausmann 2005, S. 12 ff.).

In der Regel soll es im Kulturmarketing nicht bei einem einmaligen Austausch bleiben. Ausnahmen bestätigen dabei die Regel, wie z. B. dann, wenn Kulturtouristen und -touristinnen aus finanziellen, zeitlichen oder sonstigen Gründen nur einmal im Leben die Terrakotta-Armee in China, die Pyramiden von Gizeh oder das Tadsch Mahal in Indien besuchen wollen oder können (ähnliches kann natürlich für den Besuch von z. B. Spezialmuseen oder Gedenkstätten im eigenen Land gelten). Diese Ausnahmen beiseitelassend, steht im Mittelpunkt des Kulturmarketings das Zustandekommen wiederholter Transaktionen. Es geht damit um ein *beziehungsorientiertes* Marketing („Relationship-Marketing“), das sich mit den Beziehungen der am Austauschprozess beteiligten oder einwirkenden Partner zum Kulturbetrieb, aber auch untereinander befasst: „Relationship marketing focuses on going beyond ‚making a sale‘, such as getting a person to visit the museum, into forming a more long-lasting relationship with the person. […] The goal […] is to build a set of relationships with key stakeholders and prospective consumers that will result in support over a long period of time“ (Kotler et al. 2008, S. 26).

Neben dieser Austausch- und Beziehungsorientierung verfügt das Marketing über weitere Dimensionen, die nachfolgend skizziert werden und verdeutlichen, wie komplex das Marketing von Kulturbetrieben ist. Professionell umgesetztes Kulturmarketing verfügt also über mehrere Dimensionen und ist...

- durch die organisatorische Verankerung im Kulturbetrieb (idealerweise) ein eigenständiger *Funktionsbereich* neben anderen (wie im Theater z. B. die Dramaturgie, Verwaltung, Technik),
- durch die marktbezogene, funktionsübergreifende Koordination aller relevanten Aufgabenbereiche sowie eine konsequente Betrachtung der eigenen Leistungen durch die „Brille" des Publikums abteilungsübergreifende Denkhaltung und *Führungsleitlinie* im Kulturbetrieb,
- durch die im Rahmen der Entscheidungsfindung systematisch genutzten Techniken der Informationsgewinnung, -verarbeitung und -auswertung *Methode* und
- im Bemühen um die Schaffung von Nutzen bei der Nachfrage und damit von Wettbewerbsvorteilen durch den gezielten Einsatz marktbeeinflussender Maßnahmen (Marketing-Mix) ebenso *Mittel.*

Abb. 2.1 fasst die bisherigen Erkenntnisse zusammen.

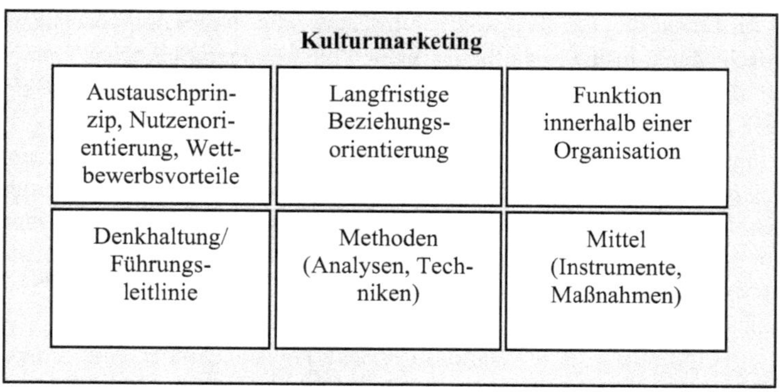

Abb. 2.1 Merkmale und Multidimensionalität des Kulturmarketings. (Eigene Darstellung)

Auf der Grundlage der vorangegangenen Ausführungen lässt sich der Begriff des Kulturmarketings wie folgt konkretisieren (Hausmann 2021a, S. 8):

Kulturmarketing ist eine Führungsleitlinie und abteilungsübergreifende Denkhaltung in Kulturbetrieben, die darauf abzielt, die marktbezogenen Aktivitäten und internen Voraussetzungen so auszugestalten, dass Wettbewerbsvorteile geschaffen, Besuchernutzen erzeugt und Organisationsziele erreicht werden.

Aus dieser Begriffsabgrenzung wird noch einmal der Austauschgedanke und das Prinzip der gegenseitigen Nutzenmehrung deutlich: Kulturmarketing ist in diesem Sinne kein Selbstzweck für den Kulturbetrieb, sondern soll die verschiedenen Ziele von Kultureinrichtungen – künstlerisch-inhaltliche, aber z. B. auch kultur- bzw. gesellschaftspolitische oder ökonomische Ziele – erreichen helfen. Damit das geschieht, müssen das Publikum und andere Akteure der Nachfrage einen Nutzen bzw. Mehrwert durch die Inanspruchnahme von Leistungen des Kulturbetriebs erfahren – dies setzt wiederum eine konsequente Erfassung der Besucherbedürfnisse und eine langfristige, konsequente Orientierung hieran voraus.

Dabei, und das sei an dieser Stelle betont, geht es nicht darum, alle möglichen, beliebigen Bedürfnisse der Nachfrage zu erfüllen, sondern vor allem jene, die im Zusammenhang mit einer (verbesserten, erleichterten, erhöhten) Zugänglichkeit, Verständlichkeit, Nutzbarkeit und Rezeption von Kulturangeboten stehen. Dass eine solcherart verstandene Bedürfnisorientierung und insgesamt der Leitgedanke von Marketing als Führungskonzept dennoch nicht immer so leicht im Kulturbetrieb umzusetzen sind, verdeutlich die (zeitlose) Aussage der Marketingleiterin der Berliner Philharmoniker (siehe Praxiskasten).

Mögliche Akzeptanzprobleme in der Kulturmarketingpraxis

Auf die Frage, ob sie denn auch schon einmal mit einem Marketingkonzept über das Ziel hinausgeschossen sei, antwortet die Leiterin: „Regelmäßig. Und das müssen sie auch! Denn wenn sie in einem solchen, traditionellen

Haus arbeiten – klassische Musik beruht nun einmal auf konservativem und traditionellem Gedankengut – dann treffen sie beinahe mit jeder Entscheidung an Grenzen. Und es ist wichtig, im Prozess zu sehen, ob es sich lohnt, diese Grenze gemeinsam zu überschreiten, oder man sich doch eher auf die gemeinsame Tradition besinnt. Ich allerdings gehe eher noch zwei Schritte über diese Grenze hinaus, teste die Grenze des Machbaren aus. Denn es existiert eine ganz unterschiedliche Wahrnehmung der Künstler und des Publikums. Künstler beginnen schon mit 5 Jahren mit ihrem Beruf, werden in einer ganz anderen Welt sozialisiert und manchmal ist es sehr schwierig diese Erfahrungen in Einklang mit den Veränderungen der Außenwelt zu bringen“ (KM 2008, S. 34).

Damit die einzelnen mit dem Marketing verbundenen Aufgaben *systematisch* geplant, umgesetzt und kontrolliert werden können – eine gerade auch im Kulturbereich mit seinen knappen Ressourcen wichtige Anforderung –, ist ein prozessuales Vorgehen sinnvoll (vgl. Abb. 2.2), das in der betriebswirtschaftlichen Literatur auch als *Marketingmanagement* (u. a. Meffert et al. 2018) oder als *Marketingplanung* (u. a. Kotler et al. 2022) und in Werken zum Kulturmarketing auch als *Ablaufschema* (Bekmeier und Ober-Heilig 2014) oder *Planungsprozess* (Hausmann 2021a) bezeichnet wird. Unabhängig von der konkreten Bezeichnung ist es jeweils Ziel, ganzheitliche, möglichst detaillierte *Marketingkonzepte* zu erstellen, die sich sowohl auf einen Kulturbetrieb als Ganzes als auch auf einzelne seiner Projekte, Produkte oder Dienstleistungen beziehen können.

Wie in Abb. 2.2 dargestellt, werden die Aufgaben der Planung, Umsetzung und Kontrolle sämtlicher Maßnahmen idealtypisch vier Phasen zugeordnet, die jeweils einen unterschiedlichen Fokus haben. Dies wird nachfolgend zunächst im Überblick und dann in den folgenden Kapiteln ausführlicher beschrieben. Ergänzend ergibt sich aus Abb. 2.2, dass in allen Phasen eine angemessene *interne Koordination* der Aktivitäten eines Kulturbetriebs relevant ist, die internen Bedingungen also stimmen müssen, z. B. auch durch eine angemessene Zuweisung von Ressourcen an das Marketing (Personen, Budgets etc.).

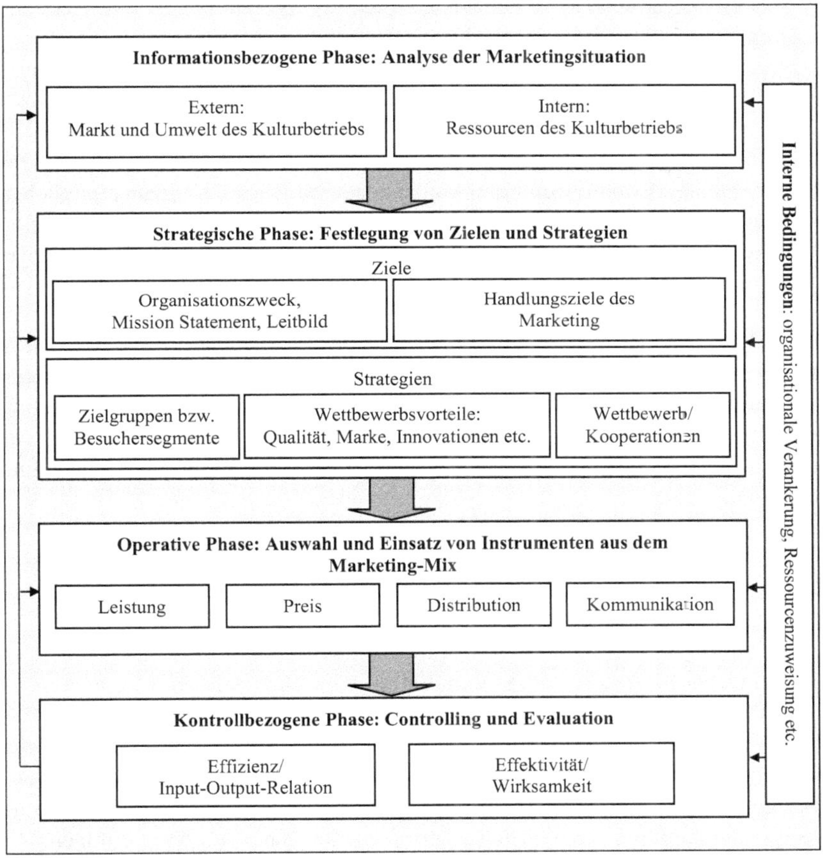

Abb. 2.2 Idealtypischer Planungsprozess im Kulturmarketing. (Eigene Darstellung)

- *Informationsbezogene Phase:* Die Analyse der für den Kulturbetrieb relevanten Umwelt und externen Anspruchsgruppen, wie z. B. der Wettbewerber, Kooperationspartner und Nachfrage, im Kontext der eigenen betriebsspezifischen Situation bzw. Ressourcen (Marketingbudget, Anzahl und Kompetenzen der Mitarbeitenden im Marketing etc.).
- *Strategische Phase:* Die Festlegung marktorientierter Ziele und Strategien, d. h. Entwurf eines längerfristig orientierten, auf die Anspruchsgruppen und die

Umwelt ausgerichteten Verhaltensplans, der als Orientierung und verbindliche Grundlage für die Auswahl konkreter Maßnahmen dient.

- *Operative Phase:* Die kurzfristiger ausgerichtete, ziel- und strategieorientierte Festlegung und spätere Umsetzung konkreter Maßnahmen („Marketing-Mix") in der Kulturpraxis.
- *Kontrollbezogene Phase:* Die Überprüfung von Effizienz und Effektivität bzw. Wirksamkeit der durchgeführten Maßnahmen mit Blick auf die ursprünglichen Ziele. Die hierbei gewonnenen Ergebnisse führen u. U. zur Anpassung von Aktivitäten in anderen Phasen und dienen auch der Rückkopplung für das künftige Marketing.

Nachfolgend werden die verschiedenen Phasen des Planungsprozesses in ihren Grundzügen vorgestellt. Ziel ist es hierbei, die im Kulturmanagement Tätigen mit den Kernaufgaben und wichtigsten Zusammenhängen im Kulturmarketing bekannt zu machen. Für eine ausführlichere Diskussion der dargestellten Sachverhalte wird jeweils auf entsprechende Standardwerke zum Kulturmarketing verwiesen.

2.2 Informationsbezogene Perspektive des Kulturmarketings

Marketingentscheidungen sollten grundsätzlich auf einer soliden Informationsbasis getroffen werden. Ohne eine fundierte *Analyse der Marketingsituation* – für ein Projekt, eine Veranstaltung oder den Kulturbetrieb im Ganzen – besteht die Gefahr, dass suboptimale Entscheidungen getroffen und knappe Ressourcen (Budget, Personal, Sachmittel etc.) nicht effektiv genug eingesetzt werden. Eine solche Analyse kann mithilfe verschiedener Methoden der Marktforschung erfolgen, mit denen sich systematisch entscheidungsrelevante Informationen für das Marketing erheben, analysieren und interpretieren lassen. Im Bereich der Marktforschung von Kulturbetrieben spielt neben der *Konkurrenzforschung, Umweltanalyse* und *internen Analyse* vor allem die *Besucheranalyse* eine wesentliche Rolle, weshalb hierauf nachfolgend näher eingegangen werden soll (ausführlich hierzu u. a. Glogner-Pilz 2019; Hausmann 2021a).

Die Gewinnung von Informationen über die Nachfrage kann grundsätzlich auf zwei Wegen erfolgen. Im Falle der *Sekundärmarktforschung* werden Daten ausgewertet, die für andere Zwecke und/oder von anderen Organisationen erhoben wurden, damit bereits vorliegen und relativ einfach genutzt werden können. Diese

Daten können z. B. dem Rechnungswesen eines Kulturbetriebs (Besuchsstatistiken, Verkaufsstatistiken etc.) entnommen werden oder aus Veröffentlichungen des statistischen Bundesamts (Destatis) oder einschlägiger Verbände und Institutionen (z. B. Deutscher Kulturrat, Deutscher Bühnenverein, Deutscher Orchesterverband, Institut für Museumsforschung) stammen. Infrage kommen auch die Ergebnisse aus Besucherbefragungen anderer Kulturbetriebe, die im Internet zuweilen frei verfügbar sind. Die Sekundärmarktforschung ist wenig aufwendig und damit kostengünstig. Allerdings ist ein typischer Nachteil, dass das bereits vorliegende Datenmaterial in der Regel nicht den konkreten Informationsbedarf deckt bzw. dass kulturbetriebsspezifische Besonderheiten – eigene oder die der anderen untersuchten Kulturbetriebe (z. B. hinsichtlich Standort, Besucherstruktur oder Leistungsangebot) – häufig die Verwendbarkeit von Sekundärdaten einschränken.

Zweckgerichteter sind Erhebungen der *Primärmarktforschung.* Bei dieser Form der Forschung werden Informationen erstmalig und für einen vorab konkretisierten Zweck erhoben (z. B. Gewinnung von Informationen zur Besucherzufriedenheit in einer Bibliothek). Die Primärmarktforschung bindet in der Regel mehr Ressourcen und die Informationsbeschaffung dauert länger, kann aber das spezifische Informationsbedürfnis eines bestimmten Kulturbetriebs besser erfüllen. Es stellt sich die Frage, wer *Träger* der Primärforschung sein soll. Dies kann zum einen der Kulturbetrieb selbst sein, der z. B. Leitfäden für die Erstellung von Publikumsanalysen (z. B. Butzer-Strothmann et al. 2000) für die Konzeption einer eigenen Studie nutzt oder sich im Internet an verfügbaren Studien anderer Einrichtungen orientiert. In eher seltenen Fällen wird für diese Aufgabe eine eigene Stelleeingerichtet, wie dies z. B. der Fall ist beim *Jüdischen Museum Berlin* („Visitor Experience und Research“, Stand Januar 2024), die sich dieser Aufgabe und den zahlreichen damit verbundenen Aktivitäten systematisch und professionell widmet.

Die Realität in den meisten Kulturbetrieben wird allerdings so aussehen, dass Maßnahmen der Informationsbeschaffung im Marketing, aber auch in der Öffentlichkeitsarbeit oder Vermittlung „nebenbei“, d. h. neben dem Alltagsgeschäft zu erledigen sind. In solchen Fällen wird es häufig sinnvoll sein, externe Expertise (Hochschulen, Agenturen etc.) bei der Konzeption, Durchführung und Auswertung einzubeziehen. Für die großen, touristisch relevanten Kultureinrichtungen in Berlin ist eine Lösung solcherart gefunden worden, dass die *Senatsverwaltung für Kultur und Wissenschaft* in Kooperation mit verschiedenen Partnern regelmäßig eine institutionenübergreifende Besucherforschung mit dem Namen „KulMon®“ durchführt, von der mehrere Kultureinrichtungen gleichzeitig profitieren (siehe hierzu das Praxisbeispiel am Ende dieses Kapitels).

Unabhängig von der Entscheidung, wer die Datenerhebung im Rahmen der Primärmarktforschung konkret vornimmt, stehen hierfür grundsätzlich folgende Instrumente zur Verfügung (ausführlich hierzu Glogner-Pilz und Föhl 2011; Glogner-Pilz 2019; Hausmann 2021a, S. 54 ff.):

- *Befragung:* Im Rahmen der Besucherforschung von Kulturbetrieben ist die Befragung das am weitesten verbreitete Erhebungsverfahren. Ziel und Aufgabe bestehen darin, ausgewählte Personen (in der Regel eine möglichst repräsentative Stichprobe aus einer Grundgesamtheit) zu vorab festgelegten Themenkreisen Auskunft geben zu lassen. Die Befragung kann sowohl mündlich (persönliches oder telefonisches Interview) als auch schriftlich mithilfe von Fragebögen (offline oder online) durchgeführt werden.
- *Beobachtung:* Hier werden bestimmte Tatbestände zum Zeitpunkt ihres Geschehens allein durch Wahrnehmung festgehalten (z. B. Besucheraufkommen in der Museumsgastronomie zu einer bestimmten Tageszeit, Laufwege des Publikums im Eingangsbereich einer Bibliothek oder Verhalten von Wartenden an der Abendkasse eines Theaters). Naturgemäß ist diese Methode auf solche Phänomene beschränkt, die sich tatsächlich visuell objektiv erfassen lassen.
- *Experiment:* Unter einem Experiment (Test) wird eine wiederholbare, unter kontrollierten, vorher festgelegten Bedingungen durchgeführte Versuchsanordnung verstanden. Ziel ist es, den Einfluss eines unabhängigen Faktors (z. B. Preis) auf eine abhängige Variable (z. B. Nachfrage nach Tickets) zu erfassen.

Insgesamt dient die Besucherforschung dazu, mehr über Nachfrage von Kultureinrichtungen zu erfahren. Hierzu gehören typischerweise Informationen zu

- *soziodemographischen* Merkmalen (Alter, Geschlecht, Einkommen, Beruf, Bildung etc.),
- *geographischen* Merkmalen (Wohnort),
- *verhaltensorientierten* Merkmalen (Besuchshäufigkeit, Besuchsanlässe, Besucherstatus, Informations- und Anreiseverhalten etc.) und
- *psychographischen* Merkmalen (Einstellungen, Nutzenvorstellungen, Nutzungsbarrieren, Besuchsmotive, Erwartungen und Zufriedenheit).

Nachfolgende Erläuterungen zum KULMON-Projekt verdeutlichen exemplarisch, welche konkreten Erkenntnisse über das Publikum im Rahmen einer Besucherbefragung gewonnen werden können. Auf Basis der erhobenen Informationen können die Kulturbetriebe in Berlin gezielt Maßnahmen einleiten, z. B. im Hinblick auf die Auswahl geeigneter Kooperationspartner oder die zielgruppenadäquate Nutzung von Kommunikationskanälen.

Das Berliner Besucherforschungsprojekt KulMon®

KulturMonitoring (KulMon®) ist das größte Besucher:innenforschungssystem im deutschsprachigen Raum. KulMon® hat das Ziel, Besucher:innenforschungsdaten zu generieren. KulMon®-Erhebungen werden in den Kultur- und Freizeiteinrichtungen als persönliche Befragungen durchgeführt. Die Ergebnisse sind gleichermaßen nutzbar für die strategische Arbeit von Kultur- und Freizeiteinrichtungen, von Tourismusmarketing und -management sowie Kulturpolitik und -verwaltung. Das KulMon®-Besucher:innenforschungssystem ist als Langzeitstudie angelegt. Für eine optimale vergleichende Betrachtung der Ergebnisse ist eine kontinuierliche Durchführung von Befragungen über längere Zeiträume empfehlenswert. Hierüber entsteht eine verlässliche Datengrundlage für die Steuerung von Kultureinrichtungen. KulMon®-Standarddaten ermöglichen den Einrichtungen Zeitvergleiche über ihre eigenen Erhebungen sowie ein Benchmarking innerhalb der jeweiligen Sparte (Bühnen, Museen, Gedenkstätten usw.) und spartenübergreifend. Über die Kenntnis der eigenen Daten hinaus bietet KulMon® eine Basis zum Austausch und zur Vernetzung der beteiligten Einrichtungen untereinander. KulMon® ist Non-Profit und steht für wissenschaftliche Qualität. Die dauerhafte Begleitung durch Wissenschaftler:innen sichert die methodische Qualität. Zu den Themenbereichen der KulMon®-Befragungen gehören unter anderem Fragen zu:

- der geografischen Herkunft (Anwohner:in/Tourist:in, Inland/Ausland)
- dem Informationsverhalten, der Mediennutzung (auch online, Social Media)
- der Besuchsmotivation, Besuchshäufigkeit und Begleitung während des Besuchs
- weiteren besuchten Kultur- und Freizeitangebote (etwa in der Umgebung)
- der Zufriedenheit mit Angebot, Vermittlung und Service
- Soziodemografie, Migrationshintergrund
- Zugehörigkeit zu Lebensstilen bzw. sozialen Milieus
- dem Besuchsverhalten unter Bedingungen der Corona-Pandemie (VisitBerlin 2024).

2.3 Strategische Perspektive des Kulturmarketings

Sobald ausreichend Informationen zur Marketingsituation eines Kulturbetriebes oder eines bestimmten Projekts vorliegen, können auf dieser Grundlage in der nächsten Phase des Planungsprozesses Entscheidungen zu geeigneten Zielen und Strategien getroffen werden: Während die Marketing*ziele* zukunftsgerichtete Vorgaben für einen Kulturbetrieb sind („Wo wollen wir hin?“), geben die Marketing*strategien* die grundsätzliche Vorgehensweise bzw. den strukturierenden Rahmen vor („Wie kommen wir dahin?“). Aufbauend hierauf können in einer weiteren Phase des Planungsprozesses die richtigen Instrumente (Marketing-Mix) ausgewählt festgelegt werden („Was muss dafür eingesetzt werden?“). Die beiden erstgenannten Ebenen werden nachfolgend näher betrachtet (zu den Marketinginstrumenten siehe Abschn 2.4).

2.3.1 Ziele

Ziele stellen wichtige *Orientierungsgrößen* für die (organisations- und marktbezogenen) Aktivitäten eines Kulturbetriebs dar. Mit ihrer Hilfe werden Aussagen über anzustrebende Soll-Zustände getroffen, die mit entsprechenden Strategien und Maßnahmen (hier: des Marketings) erreicht werden sollen. Trotz dieser zentralen Aufgabe ist die Formulierung von realistischen, verbindlichen und operationalisierbaren Zielen (und die Orientierung hieran) in der Praxis nicht durchgängig verbreitet, v. a. im öffentlichen und gemeinnützigen Kulturbereich tun sich die Akteure oftmals schwer mit der Nutzung von Zielen als Managementinstrument. Als Grund hierfür wird regelmäßig angeführt, dass Kulturbetriebe vorrangig Ziele verfolgen, die künstlerischer, ästhetischer, kultur-/gesellschaftspolitischer etc. Natur sind und sich damit einer verbindlichen Definition sowie einer intersubjektiv nachprüfbaren Messung weitgehend entziehen. Vor diesem Hintergrund werden im Übrigen auch von den Trägern in der Regel nur wenige oder nur vage Vorgaben gemacht. Häufig scheitert eine Vereinbarung und Kontrolle von Zielen aber schlichtweg auch daran, dass Führungskräfte und Beschäftigte sich aufgrund der vielen, ad hoc anfallenden (operativen) Aufgaben im Praxisalltag dafür kaum Zeit nehmen können (oder wollen).

Es liegt nahe, dass diese Situation – zunächst für die Kulturbetriebe selbst, aber im öffentlichen Bereich z. B. auch für ihre Träger – zu Problemen führen kann: Während den Verantwortlichen aus der Kulturpolitik und der Kulturverwaltung Maßstäbe fehlen, um die Effizienz und Effektivität der von ihnen mit öffentlichen Geldern geförderten Organisationen und Projekte zu überprüfen, kann der Kulturbetrieb seine gute Arbeit nicht über erreichte Ziele belegen und diese Zielerreichung im Weiteren auch nicht als Legitimationsnachweis in der Diskussion um die Sinnhaftigkeit öffentlicher Zuwendungen nutzen. Zudem läuft eine Organisation ohne den Prozess des Suchens und Findens von betrieblich wünschenswerten Zielen immer Gefahr, dass über einen längeren Zeitraum wenig planvoll und damit wenig ressourcenorientiert gearbeitet wird. Vor allem für erwerbswirtschaftliche Unternehmen in der Kultur- und Kreativwirtschaft können hieraus kritische oder sogar existenzbedrohliche Situationen entstehen.

Wie aber lassen sich Ziele festlegen? Diesbezüglich ist es zunächst sinnvoll, die Zielentwicklung zu systematisieren, den Zielbegriff breiter aufzufächern und eine Zielpyramide aufzustellen, wobei die Zahl und der Konkretisierungsgrad der Ziele von der Spitze bis zur Basis zunehmen (ausführlich hierzu Hausmann 2021a, S. 83 ff.):

- Auf der höchsten Handlungsebene eines Kulturbetriebs findet sich der übergeordnete, eher allgemein formulierte Organisationszweck (die „mission" des Kulturbetriebs),
- auf der mittleren Handlungsebene finden sich die Funktionsbereichsziele (d. h. z. B. des Funktionsbereichs Marketing),
- auf der untersten Handlungsebene stehen die Zwischen- und Unterziele, die sich auf einzelne Geschäftsfelder (z. B. Sparten eines Theaters oder Ausstellungsprojekte eines Museums) oder den Marketing-Mix (z. B. die Kommunikationspolitik) beziehen.

Der *Organisationszweck* – auch als Business Mission bezeichnet – definiert ganz grundsätzlich, welche Leistungen von einem Kulturbetrieb erbracht werden sollen. Diese oberste Zwecksetzung wird bei öffentlichen Kulturbetrieben vom Träger oder durch eine öffentliche, z. B. gesetzlich festgelegte Aufgabe vorgegeben und im privaten Kulturbetrieb von den Eignern oder Mitgliedern selbst bestimmt. Wie das Praxisbeispiel im Kasten zeigt, sind diese Vorgaben, die z. B. in einem Mission Statement verschriftlicht sein können, in der Regel allerdings zu wenig präzise, um als unmittelbarer Orientierungsrahmen für die Ableitung von Handlungszielen dienen zu können.

Das Mission Statement des Volkskundemuseums Wien
„Das Volkskundemuseum Wien ist eines der großen internationalen ethnographischen Museen mit umfangreichen Sammlungen zur Volkskunst sowie zu historischen und gegenwärtigen Alltagskulturen Europas. In unserem Programm behandeln wir vielfältige Themen des Zusammenlebens in einer sich ständig verändernden Welt“ (https://www.volkskundemuseum.at/mission_statement, Stand Januar 2024).

Ergänzend können *Leitbilder* für die Identifizierung geeigneter, mit dem Organisationszweck konform gehender Marketingziele herangezogen werden. Leitbilder umfassen typischerweise nicht nur Aussagen über den Charakter und die primären Leistungen bzw. die zentrale Aufgabe eines Kulturbetriebs, sondern auch über die Art und Weise, wie die Beteiligten miteinander arbeiten wollen, und wer mit dem kulturellen (Dienstleistungs-)Angebot in erster Linie erreicht werden soll – sie liefern also über das Mission Statement hinausgehende Informationen (ausführlich zu Leitbildern und ihrer Entwicklung Hausmann 2021b, S. 13 ff.).

In engem Zusammenhang mit dem Mission Statement und dem Leitbild steht die *Organisationsidentität* (Corporate Identity), die daher hier der Vollständigkeit halber genannt werden soll. In der Corporate Identity drücken sich die Tradition und Organisationskultur eines Kulturbetriebs sowie die geteilten und im Arbeitsalltag gelebten Einstellungen, Werte und Normen der Mitarbeitenden aus. Sie zeigt sich im Handeln und Verhalten der Beschäftigten gegenüber den verschiedenen Austauschgruppen und wird von diesen auch entsprechend wahrgenommen. Es können drei grundlegende Elemente der Corporate Identity unterschieden werden:

- *Corporate Behaviour* umfasst das Verhalten der Beschäftigten, z. B. untereinander oder gegenüber dem Publikum, und das Auftreten der Organisation insgesamt, z. B. gegenüber den Medien oder der Kulturpolitik,
- *Corporate Communication* zielt auf eine einheitliche Strategie für alle Kommunikationsaktivitäten des Kulturbetriebs ab (v. a. nach außen, aber auch nach innen) und
- *Corporate Design* bezieht sich auf ein einheitliches visuelles Erscheinungsbild des Kulturbetriebs und seiner Kommunikationsmittel.

Basierend auf Mission Statement und Leitbild können in einem nächsten Schritt Ziele in den verschiedenen Funktionsbereichen festgelegt werden. In Abhängigkeit von der konkreten Art bzw. Sparte eines Kulturbetriebs lassen sich Funktionen wie z. B. Verwaltung, Marketing, Besucherservice, Technik, Restaurierung oder Programme unterscheiden; der übergeordnete Organisationszweck kann nur über die Zusammenführung der Beiträge jedes einzelnen dieser Funktionsbereiche erreicht werden.

Aus dem Mission Statement und/oder Leitbild sowie den Funktionsbereichsvorgaben lassen sich schließlich konkrete *Handlungsziele* ableiten. Damit diese ihrer Funktion als Orientierungs- bzw. Steuerungsinstrument gerecht werden können, müssen sie *realistisch* sein, d. h. mit den im Kulturbetrieb vorhandenen Ressourcen erreichbar sowie *operationalisierbar*, d. h. der Grad ihrer Erreichung muss sich mit entsprechenden – qualitativen und quantitativen – Methoden (Auswertung von Umsatzstatistiken, Durchführung von Besucherbefragungen, Analyse des Pressespiegels etc.) messen bzw. erfassen lassen. Bei der konkreten Zielformulierung hilft es, die folgenden vier Dimensionen zu beachten:

- Der *Zielinhalt* (oder auch: das *Zielobjekt*) enthält Aussagen darüber, was konkret von einem Kulturbetrieb angestrebt wird (Erhöhung des Anteils junger Besucher und Besucherinnen, Erhöhung des Bekanntheitsgrads, Erhöhung der Wirtschaftlichkeit bei der Leistungserstellung etc.).
- Das *Zielausmaß* beschreibt, in welchem Umfang ein Ziel erreicht werden soll (z. B. Erhöhung der Einnahmen aus Eintrittskartenverkauf um 10 %).
- Der *Zeitbezug* grenzt den Zeitraum ab, innerhalb dessen ein Ziel erreicht werden soll (z. B. in der nächsten Spielzeit, bis Ende eines Wirtschaftsjahres). Hierbei kann zwischen kurz-, mittel- und langfristigen Zielen unterschieden werden.
- Das *Zielsubjekt* beschreibt jene Person(en), die für die Zielerreichung und die dazu erforderliche Koordination entsprechender Ressourcen verantwortlich ist bzw. sind (z. B. Leitungsperson der Abteilung Marketing und Kommunikation, Mitarbeitende in der Abteilung Kulturelle Bildung).

In der Kulturpraxis ist es allerdings eher typisch, dass nur eine der o.g. Zieldimensionen berücksichtigt wird. Wie das Beispiel im Praxiskasten zeigt, bleibt eine Zielvereinbarung damit aber zwangsläufig vage und ist als Orientierungsgröße für den Einsatz von Ressourcen nur bedingt geeignet.

Zielvereinbarungen mit Theatern und Landesbühnen in Niedersachsen
Das *Ministerium für Wissenschaft und Kultur (MWK)* fördert sechs Bühnen in kommunaler Trägerschaft. Die vier Stadttheater in Celle, Göttingen, Lüneburg und Osnabrück bieten ihrem Publikum als Ensemble- und Repertoiretheater einen abwechslungsreichen Spielplan an. Das Theater für Niedersachsen und die Landesbühne Niedersachsen Nord nehmen für das ganze Land die Funktion einer Landesbühne wahr. Eine Besonderheit stellt das Göttinger Symphonieorchester dar, das ebenfalls vom Land gefördert wird.

Mit den Trägern und Leitungen aller sechs Theater und des Orchesters hat das MWK eine vierjährige Zielvereinbarung für die Jahre 2020–2023 abgeschlossen. Seit 2019 konnte eine Erhöhung der Gesamtfördersumme seitens des Landes um mehr als 3 Mio. Euro erreicht werden und auch in der aktuellen Zielvereinbarung verstetigt werden, sodass für die Theater und das Orchester Planungssicherheit durch einen vom Land garantierten Förderbetrag geschaffen wird.

Das Land hat sich in den Vereinbarungen mit den Kommunaltheatern auf gemeinsame kulturpolitische Ziele verständigt. Die Gewinnung neuer Publikumsschichten und die Kooperation mit anderen Kulturakteuren sind dabei vorrangig. Die Theater sind aufgefordert, zielgruppenspezifische Angebote zu erarbeiten, durch die neue Zuschauergruppen angesprochen werden. Die theaterpädagogische Arbeit mit Kindern und Jugendlichen wird in allen Einrichtungen fortgeführt (MWK o. J.).

Die Vereinbarung von Zielen ist nur sinnvoll, wenn auch ein verbindlicher Zeitpunkt bestimmt wird, zu dem der Grad der Zielerreichung überprüft wird. Denn nur durch eine Messung bzw. einen Soll-Ist-Vergleich lässt sich feststellen, ob das Kulturmarketing „auf Kurs“ ist und die knappen Ressourcen an den richtigen Stellen eingesetzt werden. Diese Zielüberprüfung stellt den Baustein eines umfassenden *Marketingcontrollings* dar (vgl. Abschn 2.5). Zu beachten ist dabei, dass es zwei Kategorien von Zielen gibt: Während sich *ökonomische, quantitative* bzw. *monetäre* Ziele anhand von Markttransaktionen (Kauf einer Eintrittskarte, Buchung von Führungen, Kauf im Museumsshop etc.) leicht messen und vergleichen lassen, beziehen sich *psychologische* bzw. *qualitative* Ziele demgegenüber auf die mentalen, nicht beobachtbaren Prozesse bei der Nachfrage, durch die das Besuchs- und Nutzungsverhalten gesteuert wird (Einstellung zu einem Museum,

Zufriedenheit mit dem Theaterbesuch etc.); sie sind nur indirekt zu erfassen (etwa im Rahmen von Publikumsbefragungen).

2.3.2 Strategien

Die Marketingstrategien stellen das Scharnier zwischen Zielen und Instrumenten dar, indem sie – basierend auf den Zielen – die grundsätzliche Ausrichtung des Marketings bestimmen. Den Kultureinrichtungen steht dabei eine Vielzahl von Strategieoptionen zur Verfügung; Tab. 2.1 zeigt in Anlehnung an Meffert et al. (2018) eine mögliche Strategiesystematik. Die dieser Systematik zugrunde liegenden Überlegungen können hier lediglich skizziert werden; für eine ausführliche Diskussion sei auf Hausmann (2021a, S. 92 ff.) verwiesen. Hervorzuheben ist, dass sich ein Kulturbetrieb auf *jeder* der in Tab. 2.4 aufgeführten strategischen Ebenen festlegen muss. Dabei lassen sich zwei übergeordnete Strategietypen unterscheiden, denen jeweils konkrete Handlungsoptionen zugeordnet werden können:

- Bei den Markt*wahl*strategien geht es um eine Bestimmung von Produkt-Markt-Kombinationen, die Reichweite bzw. das Einzugsgebiet eines Kulturanbieters und den Differenzierungsgrad seiner Marktbearbeitung.
- Bei den Markt*teilnehmer*strategien geht es um das Verhalten gegenüber den relevanten Marktakteuren, wobei hier Nachfrage und Wettbewerb (bzw. Kooperationen) im Vordergrund stehen.

Zu den Strategien im Einzelnen: Auf der ersten Ebene *(Marktfeldstrategien)* ist festzulegen, welche Aktivitätsbereiche das Kulturmarketing umfasst. Eine Produkt-Markt-Kombination steckt das jeweilige „strategische Geschäftsfeld“ ab, für das eine Strategie gelten soll. Im Theaterbereich kommen hier z. B. die einzelnen Sparten in Betracht (Sprechtheater, Musiktheater, Ballett/Tanztheater, Kinder- und Jugendtheater). Die von Ansoff (1966) entwickelten vier Basisoptionen der Marktdurchdringung, Marktentwicklung, Produkt-/Dienstleistungsentwicklung und Diversifikation gelten mit Einschränkungen und Modifikationen auch für Kulturbetriebe. Ihr Inhalt ist die Entscheidung, ob sich eine Kultureinrichtung an das bisherige Publikum wendet oder (auch) ein neues Publikum erschließt – mit Angeboten, die auch bisher schon zur Verfügung gestellt wurden (Marktdurchdringung bzw. Marktentwicklung) oder mit neuen Ideen (Produkt-/Dienstleistungsentwicklung bzw. Diversifikation). Eine weitere Option kann der Rückzug aus einem Markt sein, z. B. weil die Nachfrage nach

Tab. 2.1 Systematisierungsraster für Kulturmarketingstrategien. (Eigene Darstellung)

Strategietyp	**Strategiedimension**	**Inhalt der strategischen Festlegung**	**Strategische Optionen**
Markt*wahl*strategien	Marktfeldstrategie	Festlegung der Produkt-Markt-Kombination(en)	• Gegenwärtige oder neue Produkte in gegenwärtigen oder neuen Märkten • Rückzug aus Märkten
	Marktarealstrategie	Bestimmung des Markt- bzw. Absatzraumes	• Lokal, regional, national, international
	Marktsegmentierungsstrategie	Differenziertheit der Marktbearbeitung	• Undifferenziert • Differenziert
Markt*teilnehmer*strategien	Nachfragebezogene Strategien	Erschließung und Bearbeitung der Nachfrage	• Innovationsstrategie • Qualitätsstrategie • Markenstrategie • Programm-/Servicestrategie • Preis-Mengen-Strategie • Bindungsstrategie
	Wettbewerbsbezogene Strategie	Verhalten gegenüber dem Wettbewerb	• Kooperation • Anpassung • Vermeidung • Konflikt

einer Leistung sinkt oder die personellen Ressourcen zur Bearbeitung dieses Markts nicht (mehr) ausreichen.

Die nächste Ebene des Rasters betrifft *Marktarealstrategien,* die den geographischen Aktionsradius eines Kulturbetriebs bestimmen. Unter Berücksichtigung von Kosten, Erlösen und der Business Mission wird hier geprüft, ob sich ein Kulturbetrieb vorrangig auf die Ansprache eines lokalen und regionalen Publikums konzentriert oder ob die eigenen Leistungen so attraktiv sind, dass auch überregionale bzw. kulturtouristische Zielgruppen gewonnen werden können. Letzteres kommt insbesondere für Anbieter mit einem unverwechselbaren (künstlerisch-inhaltlichen oder z. B. architektonischen) Alleinstellungsmerkmal, hoher Reputation und solider Ressourcenausstattung in Frage (wie dies z. B. der Fall ist bei der Bayerischen Staatsoper, dem Guggenheim Bilbao, dem Jüdischen Museum Berlin oder den Bregenzer Festspielen).

Auf der dritten Ebene *(Markt- bzw. Besuchersegmentierungsstrategie)* wird über den Differenzierungsgrad der Marktbearbeitung entschieden. Unter Marktsegmentierung wird die Aufteilung eines sich aus einer Vielzahl aktueller bzw. potenzieller Besucher und Besucherinnen zusammensetzenden (heterogenen) Gesamtmarkts in bezüglich ihres Verhaltens und ihrer Bedürfnisse möglichst homogene Teilmärkte (Besuchersegmente) verstanden. Hierbei ist es vorrangiges Ziel, zwischen den vom Kulturbetrieb angebotenen Leistungen und den Bedürfnissen der verschiedenen Zielgruppen eine möglichst hohe Kongruenz herzustellen: So hat junges Theaterpublikum in der Regel andere Vorkenntnisse, Bedürfnisse und Erwartungen als älteres Theaterpublikum, Erstbesucher eines Museums andere als dessen Stammbesucher, Kulturtouristinnen andere als die lokale Bevölkerung etc. Die Segmentierungsstrategie kann als eine *der* Strategieoptionen im Kulturmarketing gelten.

Die Segmentierung von Ausstellungsbesuchern und -besucherinnen

Museen bieten ihrem Publikum neben ihrer Dauerausstellung typischerweise mindestens eine Sonderausstellung pro Jahr an. Dabei lässt sich empirisch belegen, dass diese beiden Ausstellungsarten unterschiedliche Besuchersegmente ansprechen, die sich in ihren Besuchsmotiven und -erwartungen unterscheiden und daher im Rahmen des Marketings differenziert angesprochen werden können. In ihrer Untersuchung in fünf Museen unterschiedlicher Gattung identifizierte Wegner (2015, S. 25 ff.) folgende Segmente:

- Typ G: Gezielt *inhaltsorientierte* Sonderausstellungsbesucher stellten mit 50 % die größte Gruppe dar. Ihr Besuch war länger im Voraus geplant und erfolgte aufgrund des Ausstellungsthemas. Besonders ältere, hoch gebildete und museumsaffine Befragte fanden sich in dieser Gruppe.
- Typ U: *Unternehmungs-* und *erlebnisorientierte* Sonderausstellungsbesucherinnen (11 %) zeichneten sich durch einen kurzfristigen, gemeinschaftlichen Ausflug in eine für sie neue und unterhaltsame Sonderausstellung aus. Dies waren vor allem jüngere Personen, die eher gelegentlich in Museen gehen.
- Typ O: *Objektorientierte* Sightseeing-Dauerausstellungsbesuchertypen (14 %) waren Personen, die in den Ausstellungen vor allem seltene Exponate sehen wollten. Ihr Besuch fand häufig im Rahmen eines touristischen Aufenthalts statt, sie waren museumsaffin, hoch gebildet und in höherem Alter.
- Typ E: *Edutainmentorientierte* Spontanbesucher (25 %) erwarteten die Kombination einer lehrreichen („education") und unterhaltsamen („entertainment") Ausstellung. Mehrheitlich waren darunter Familien, die kurzfristig etwas am Wohnort unternehmen wollten.

Im Anschluss an die Festlegung der Marktwahlstrategien geht es um die Bestimmung geeigneter Verhaltenspläne gegenüber den relevanten Marktteilnehmern. Im ersten Schritt muss über die Strategieoptionen entschieden werden, die zu einer Kauf-/Nutzungspräferenz bei der Nachfrage und zu einem Wettbewerbsvorteil führen *(nachfragebezogene Strategien)*. Solche Präferenzen und Vorteile lassen sich z. B. durch *Innovationen* (innovative Art der Aufführung, Einsatz neuer Technologien etc.), *Qualität* (sowohl im künstlerischen als z. B. auch im Servicebereich), *Markenführung* (durch Schaffung eines einzigartigen Profils und klaren Vorstellungsbildes in den Köpfen der Nachfrage), herausragenden *Service* in den verschiedenen Besucherkontaktbereichen und den Aufbau langfristiger Beziehungen mit dem Publikum *(Besucherbindung)* schaffen.

Auf der fünften Ebene *(wettbewerbsbezogene Strategien)* werden Entscheidungen zum Verhalten gegenüber der Konkurrenz getroffen. Neben imitativen, vermeidenden und konfliktären Strategien, also z. B. durch Imitation von Produkten oder Preisen, durch die Ansprache anderer Zielgruppen oder durch die Einleitung von u. U. konkurrenzschädigender Maßnahmen (Preissenkung unterhalb der Vollkostendeckung, Schaffung von Allianzen mit Kulturpolitik oder

Medien etc.), empfiehlt sich im Kulturbereich v. a. die Kooperation mit anderen Kultur-, Freizeit- oder sonstigen Anbietern als Wettbewerbsstrategie. Derartige Netzwerke sind dann besonders erwägenswert, wenn durch die Bündelung von Ressourcen Kosten gesenkt, neue Zielgruppen erschlossen oder bestimmte Angebote überhaupt erst möglich gemacht werden können (vgl. hierzu auch Abschn. 5.3).

Strategieentwicklung als wiederkehrende Herausforderung für die Praxis
Im Kulturmarketing Tätige betonen in Gesprächen überdurchschnittlich häufig, dass Maßnahmen in der Praxis eher ad hoc ergriffen werden und kaum Zeit für eine strategische Planung ist. Hierdurch bleibt das Marketing jedoch ohne Fundament und in seiner Wirkungskraft eingeschränkt. Nicht nur in der Forschung, sondern auch in der Kulturberatung gilt das strategische Element im Kulturmarketing als zentral, auch und gerade für das zunehmend wichtiger werdende Marketing über Websites, Social Media und Co., das vielleicht besonders anfällig ist für strategieloses Agieren: „Darum an dieser Stelle ein Plädoyer für weniger wilden Aktionismus in der digitalen Kommunikation und mehr strategische Ansätze in Form einer dokumentierten Content-Strategie. Eine Content-Strategie kostet Zeit und Geld. Es müssen Kompetenzen erworben oder eingekauft, Strukturen und Prozesse verändert werden. Das geht nicht von heute auf morgen, sondern ist ein langfristiger Prozess. Ist dieser einmal angestoßen, hört er nicht mehr auf. Es ist ein Kreislauf, der zu Anfang sehr ressourcenhungrig ist, mit der Zeit aber an Intensität abnimmt und zu einem integrierten Geschäftsprozess wird. Hört sich abschreckend an, oder? Aber: Eine Content-Strategie ist und bleibt die Grundlage für ein erfolgreiches Content-Marketing" (Zand 2017, S. 9).

In Abhängigkeit davon, welche konkreten Strategien ein Kulturanbieter auf den verschiedenen Ebenen ausgewählt hat, entsteht ein *mehrdimensionales Strategieprofil,* das die langfristige Ausrichtung des Kulturmarketings zeigt. Die hierin enthaltenen Informationen bilden die Basis für die operative Marketingplanung, in der es um die Auswahl der konkreten Maßnahmen geht.

2.4 Operative bzw. instrumentelle Perspektive des Kulturmarketings

2.4.1 Der Marketing-Mix im Überblick

Wie bereits dargelegt, ist Marketing im Bemühen um die Schaffung von Präferenzen und damit die Erringung von Wettbewerbsvorteilen durch den gezielten Einsatz marktbeeinflussender Maßnahmen auch Mittel. Die hierbei zur Verfügung stehenden *Instrumente* werden in der Literatur als *Marketing-Mix* oder – v. a. auch im englischsprachigen Raum (u. a. Kotler et al. 2008; Armstrong et al. 2015 sowie z. B. auch Meffert et al. 2018) – als die vier „Ps" bezeichnet (vgl. Abb. 2.3).

Zum operativen Kulturmarketing gehören damit folgende Instrumente, die in den nachfolgenden Kapiteln ausführlicher besprochen werden:

product (Entwicklung, Variation, Differenzierung etc. von Leistungen)	*price* (Festlegung, Bündelung, Differenzierung etc. von Entgelten)
place (Entscheidung über Absatzwege, Gestaltung der „physical facilities")	*promotion* (Gewinnung, Aufbereitung und Vermittlung von Informationen)

Abb. 2.3 Kulturmarketing-Mix. (Eigene Darstellung)

- Die Produktpolitik („product"), die sich mit der Konzipierung und Erstellung von Angeboten im Kern- und Zusatzbereich von Kulturbetrieben befasst. Da der Anteil von Gütern mit einem hohen Anteil an Immaterialität überwiegt, Kulturbetriebe also v. a. Dienstleistungen anbieten (wie z. B. Ausstellungen, Aufführungen, Konzerte, Führungen, Workshops etc.) wird im Weiteren nicht von Produkt-, sondern von Leistungspolitik gesprochen.
- Die Preispolitik („price"), die sämtliche Entscheidungen hinsichtlich der Art und Höhe der für die verschiedenen Leistungen zu entrichtenden Entgelte umfasst.
- Die Distributionspolitik („place"), in deren Mittelpunkt Absatzwegeentscheidungen stehen, aber auch Maßnahmen zur Ausgestaltung des physischen Ortes („physical facilities"), an dem kulturelle Leistungen bezogen oder genutzt werden können.
- Die Kommunikationspolitik („promotion"), die sich mit der Gewinnung, Aufbereitung und Vermittlung von Informationen zwischen Kulturanbietern und ihren Austauschgruppen befasst.

Einige Autoren und Autorinnen zählen weitere „Ps" zum Kanon, vor allem „people" wird in der Literatur häufig genannt (u. a. Kotler et al. 2008, S. 28; Meffert et al. 2018, S. 269 f.). Diese Erweiterung des Marketing-Mix ergibt sich aus der zentralen Bedeutung, die Mitarbeitende, v. a. in den Kundenkontaktbereichen, für die Leistungserstellung und das Leistungsergebnis in Dienstleistungsbetrieben typischerweise haben. Kotler et al. (2008, S. 28) bringen es für den Museumssektor wie folgt auf den Punkt: „A museum's staff can either enhance a visitor's value or diminish it, based on their behavior. It is essential in a museum for a staff to be welcoming, courteous, and informative."

Doch obwohl diese grundsätzliche Bedeutung des Personals für den Erfolg der Arbeit von Kulturbetrieben von der Autorin vollumfänglich anerkannt wird, werden die Mitarbeitenden hier nicht als ein Instrument des Marketings diskutiert, sondern aus Gründen der Stringenz im Aufbau dieses Buchs als weitere Kernfunktion kulturbetrieblicher Tätigkeit (siehe hierzu Kap. 1 und 3). Auf diese Weise soll es gerade auch angehenden Kulturmanagern erleichtert werden, die unterschiedlichen Funktionsbereiche dieses Fachs in ihrer Eigenständigkeit zu sehen und im Gesamtkontext zu verstehen. Dessen ungeachtet bleibt zu betonen, dass personal- und marketingbezogene Aspekte im Dienstleistungsbereich eng miteinander verwoben sind.

Abschließend sei darauf hingewiesen, dass der Erfolg des Marketings grundsätzlich vom Gesamtkonzept und damit von einer sorgfältigen Abstimmung der einzelnen Instrumente aufeinander abhängt (*integratives* Marketing). Die zwischen den Instrumenten bestehenden Wechselbeziehungen können sowohl *indifferent* (ein Instrument verhält sich neutral gegenüber dem Einsatz eines oder mehrerer anderer Instrumente), *komplementär* (die Anwendung eines Instruments fördert die Wirkung eines oder mehrerer anderer Instrumente) als auch *konkurrierend* (die Wirkungseffekte verschiedener Instrumente konterkarieren sich) sein. Bei der Planung des Marketing-Mix ist im Hinblick auf die Erreichung der Marketingziele daher nicht nur die Frage zu beantworten, welche einzelnen Marketinginstrumente wie auszugestalten und mit welcher Intensität einzusetzen sind, sondern auch in welcher Kombination.

2.4.2 Leistungspolitik

Die Leistung eines Kulturbetriebs kann allgemein charakterisiert werden als ein Bündel von Eigenschaften, die kombiniert werden und die erlauben, die verschiedenen Bedürfnisse des Publikums und anderen Akteuren der Nachfrage (z. B. Auseinandersetzung mit Kunst und Kultur, abwechslungsreiches Bildungserlebnis, kritische Anregungen, unterhaltsame Freizeitgestaltung, interessante „Location" für ein Treffen mit Freunden) zu befriedigen und damit einen möglichst großen Kunden- bzw. Besuchernutzen zu schaffen. Innerhalb des Leistungsbündels werden die sogenannten Kern- und Zusatzleistungen unterschieden, wobei die Grenzen zwischen beiden Arten in der Praxis fließend sind (ausführlicher hierzu Hausmann 2001 und 2005). Grundsätzlich gehören zum *Kernbereich* jene Leistungen, die maßgeblich den originären Aufgabenbereich von Kultureinrichtungen konstituieren, wie z. B. bei einem Musikfestival die einzelnen „Acts" oder im Museum die Ausstellungen. Aber auch Leistungen der Dramaturgie, Bildung bzw. Pädagogik, die den Zugang zu kulturellen Leistungen erleichtern (z. B. Werkeinführung im Theater oder Orchester, Ausstellungsführung), können den „core services" zugerechnet werden.

Neben diesen Kernleistungen enthält das Leistungsbündel von Kulturbetrieben Produkte und Dienstleistungen aus dem sogenannten *Zusatz- bzw. Servicebereich.* Zu diesen „value added services" zählen etwa Gastronomie, Shop, Kinderbetreuung, Bühnenführungen, Singleevents oder die Vermietung von Räumen für private Zwecke. Diese zusätzlichen, die Kernleistungen ergänzenden Angebote tragen zur Generierung eines (Mehr-)Werts bei, der nicht allein durch die Kernleistung begründet werden kann. Sie dienen außerdem der Abgrenzung gegenüber Wettbewerbern mit ähnlichen Kulturangeboten. Zusatzleistungen dürfen in ihrer Bedeutung für die Zufriedenheit des Publikums mit seinem Aufenthalt im Kulturbetrieb nicht unterschätzt werden, denn Kern- und Zusatzbereich sind eng miteinander verwoben: Sie bilden zusammen das Erlebnis „Kulturbesuch“ und prägen daher gemeinsam den Gesamteindruck von einem Kulturbetrieb.

Die Leistungspolitik umfasst die Analyse, Planung, Umsetzung und Kontrolle aller Aktivitäten bezüglich der Kern- und Zusatzleistungen eines Kulturbetriebs. Hierbei lassen sich vier Handlungsfelder abgrenzen, die zwei grundsätzliche Entscheidungstatbestände betreffen: (1) Das Management *neuer* Produkte und Dienstleistungen (Innovation) und (2) das Management bereits *bestehender* Produkte und Dienstleistungen (Variation, Differenzierung und Eliminierung).

(1) Das Management neuer Leistungen

- *Leistungsinnovation:* Unter Leistungsinnovation wird die Entwicklung und Einführung neuer Produkte und Dienstleistungen verstanden. Dabei kann unterschieden werden zwischen einer *echten* Innovation (d. h. die Leistung ist für die Nachfrage und den Kulturbetrieb neu) und einer *unechten* Innovation (d. h. die Leistung ist neu für den Kulturbetrieb, nicht jedoch für die Nachfrage) – letzteres wird deutlich häufiger der Fall sein, oft werden Innovationen aus anderen Branchen übernommen (z. B. Online-Ticketing, SMS-Informationsservice für Last-Minute-Tickets, Einsatz von Künstlicher Intelligenz). Durch Leistungsinnovationen soll das bisherige Leistungsspektrum um weitere attraktive Angebote ergänzt und der Kulturbetrieb langfristig wettbewerbsfähig bleiben.

(2) Das Management bestehender Leistungen

- *Leistungsvariation:* Im Rahmen einer Leistungsvariation werden bestimmte Eigenschaften einer bereits bestehenden Leistung modifiziert, z. B. die Dauer der Werkeinführung in einer Oper, die Anzahl der Karten im Wahl-Abonnement eines Orchesters oder das Material/die Verpackung eines bestimmten Merchandising-Artikels im Museumsshop. Die Leistung an sich bleibt unverändert, d. h. es entsteht *kein* neues oder zusätzliches Produkt, das Leistungsprogramm wird also *nicht* erweitert. Durch die Variation werden Leistungen stärker auf die (sich ändernden) Bedürfnisse von Zielgruppen zugeschnitten.
- *Leistungsdifferenzierung:* Ziel der Differenzierung von Leistungen ist es, der Heterogenität von Zielgruppen besser gerecht zu werden, eine Bedürfnisbefriedigung bei unterschiedlichen Zielgruppen zu erreichen und sowohl neue Besuchersegmente zu erschließen als auch bereits vorhandene zu binden. Dazu

werden neben bereits eingeführten und etablierten Produkten und Dienstleistungen *weitere* Varianten aufgenommen (z. B. stärkere Ausdifferenzierung der Abonnementformen im Theater oder Führungen im Museum). Leistungsdifferenzierungen führen zu einer *Erweiterung* des Leistungsprogramms.

- *Leistungseliminierung:* Die Herausnahme eines Angebots aus dem Leistungsprogramm führt zu dessen Reduzierung bzw. Straffung. Die Gründe für die Entscheidung zur Einstellung einer Leistung können vielfältig sein, in der Regel sind es sinkende Nachfrage und/oder Erlöse, fehlende Kostendeckung, Engpässe bei den personellen Ressourcen, technische Neuerungen oder ein negativer Einfluss auf das Image (z. B. bei bestimmten Produkten im Shop eines Kulturanbieters).

2.4.3 Preispolitik

Die Preispolitik umfasst sämtliche Entscheidungen im Hinblick auf das von der Nachfrage für die Leistungen eines Kulturbetriebs zu entrichtende Entgelt und dessen Durchsetzung am Markt. Der Preis ist ein besonders wichtiges marketingpolitisches Instrument: Er beeinflusst nicht nur die Entscheidung der Nachfrage, *überhaupt* eine Leistung in Anspruch zu nehmen, sondern auch ihre *Wahl* zwischen verschiedenen Angeboten.

Unter Berücksichtigung der zwei übergeordneten Entscheidungssituationen im Rahmen der Leistungspolitik (vgl. Abschn. 2.4.2) werden preispolitische Entscheidungen dann getroffen, wenn es um

- die *Festsetzung* eines Preises für eine *neue* Leistung geht oder
- die *Änderung* eines Preises für bereits *bestehende* Leistungen. Dies entweder bedingt durch exogene Faktoren (z. B. steigende oder sinkende Nachfrage, Reaktionen des Wettbewerbs, neue Konditionen bei Zulieferern oder technische Entwicklungen) oder endogene Faktoren (z. B. Kostensenkung bei der Leistungserstellung, Wunsch nach höherem Deckungsbeitrag).

Während die Preispolitik im Marketing von privaten (Kultur-)Unternehmen ein wichtiges Instrument darstellt, spielt sie im öffentlichen Kulturbetrieb eine deutlich geringere Rolle. So werden etwa die Eintrittspreise im Regelfall nicht unter betriebswirtschaftlichen Aspekten festgelegt und an den Kosten orientiert, sondern unterliegen kulturpolitischen Vorgaben der Träger (vgl. Abschn. 1.1.1). Grund hierfür ist das Ziel, einem möglichst großen Kreis von Personen die Nutzung von Kultur (die ja, jedenfalls im öffentlichen Bereich, ein meritorisches Gut darstellt; vgl. Kap. 1) zu ermöglichen und einkommensbedingte Zugangsbarrieren für bestimmte Bevölkerungsgruppen zu senken („Kultur für alle"). Auch hieraus erklärt sich, dass z. B. im Theaterbereich überhaupt nur 12 % der Erlöse aus dem Kartenverkauf stammen. In der Spielzeit 2018/19 bezuschusste die öffentliche Hand jeden Theaterbesuch mit durchschnittlich 141 EUR, in der Spielzeit 2019/20, in der die Häuser wegen der Coronapandemie allerdings eine Zeit lang geschlossen waren, lag der Betriebszuschuss je Besuch bereits bei knapp 209 EUR (vgl. hierzu auch Kap. 4).

Eine solche kulturpolitisch motivierte Festlegung von Preisen sollte jedoch nicht per se die (unterschiedlichen) Zahlungsbereitschaften verschiedener Zielgruppen außer Acht lassen. Denn durch den umsichtigen Einsatz preispolitischer Instrumente (z. B. *Dynamic Pricing,* d. h. die Anpassung von Preisen je nach aktuellem Marktbedarf) im Zusatz- bzw. Servicebereich, aber anlassbezogen durchaus auch im Kernbereich ist eine Optimierung der Einnahmen grundsätzlich möglich. Dadurch kann die Finanzierungssituation im öffentlichen Kulturbetrieb in einem gewissen Umfang verbessert werden, was den schönen Nebeneffekt haben kann, wie auch das Praxisbeispiel im Kasten zeigt, dass durch Mehreinnahmen bei einer Leistung, weniger umsatzstarke Angebote in anderen Bereichen gefördert werden können (vgl. ausführlich hierzu Schößler 2016a).

Dynamic Pricing in Theaterbetrieben

„In einigen Häusern außerhalb Deutschlands wird Dynamic Pricing allerdings bereits erfolgreich eingesetzt. Nach dem Chicago Symphony Orchestra, das als weltweiter Pionier im Kulturbereich gilt, sind auch anerkannte europäische Opernhäuser etwa in Amsterdam, Kopenhagen und Malmö ins Dynamic Pricing eingestiegen. Lohnt sich der Aufwand, die Investition in die Software, der mögliche Ärger mit Besuchern? Selbst wenn der Anteil der Eintrittseinnahmen gering ist, mit 50.000 oder 100.000 € mehr im Jahr könnte so manches Kinder- und Jugendprojekt, soziale Engagement, ein Kompositionsauftrag oder experimentelles Format mehr realisiert werden. Das wiederum funktioniert nur, wenn die Kulturbetriebe eventuelle Mehreinnahmen auch behalten bzw. in die entsprechenden Budgets umwidmen dürfen. Damit wäre die Brücke zu eingangs erwähnter Kulturpolitik geschlagen. Den Rahmen für die Preisgestaltung im öffentlichen Kulturbetrieb muss die Kulturpolitik schaffen. Das Kulturmanagement ist für die effiziente und zugleich verantwortungsvolle Umsetzung zuständig" (Schößler 2016b).

Wie bei der Ausgestaltung der anderen Instrumente im Marketingmix auch, empfiehlt sich bei der Findung und Durchsetzung von Preisen auf dem Kultur- und Freizeitmarkt eine strukturierte Vorgehensweise. Nach der *Analyse* des preispolitischen Spielraums eines Kulturbetriebs im Hinblick auf Positionierung bzw. Image, Leistungsqualität, Wettbewerbssituation, Preisbereitschaft bei der Nachfrage sind die *Ziele* festzulegen, die mit preispolitischen Maßnahmen erreicht werden sollen: Neben *kulturbetriebsbezogenen* Zielen (Kostendeckung, Verlustminimierung, Kapazitätsauslastung etc.) können *markt- bzw. nutzerorientierte* Ziele (Etablierung neuer Angebote am Markt, Abschöpfung der Zahlungsbereitschaft bestimmter Zielgruppen, Erschließung neuer Zielgruppen oder Bindung von Wiederholungsgästen) im Vordergrund stehen.

Im Anschluss hieran werden die preispolitischen *Strategien* festgelegt: In dieser Phase des Planungsprozesses geht es um Entscheidungen im Bereich der

- *Preispositionierung* (Hoch-, Mittel- oder Niedrigpreisstrategie, z. B. im Bereich des Merchandising, bei Premieren und anderen Sonderveranstaltungen),
- *Preisdifferenzierung* (dauerhafte Unterschiede im Preis bei ein und derselben Leistung, z. B. im Hinblick auf unterschiedliche Altersgruppen, verschiedene Wochentage und Aufführungszeiten),
- *Preisvariation* (temporäre Absenkung eines Preises, d. h. Sonder- und Rabatt- bzw. Ermäßigungsaktionen) und der
- *Preisbündelung* (z. B. Entwicklung eines Kombi-Tickets, das zusätzlich zum Besuch einer Kulturveranstaltung zur Nutzung öffentlicher Verkehrsmittel berechtigt).

In einem nächsten Schritt des Entscheidungsprozesses werden die preispolitischen *Maßnahmen* festgelegt. Ganz allgemein lassen sich die Methode der (1) *kosten*orientierten und die der (2) *markt*orientierten Preisfindung unterscheiden. Letztere Verfahrensweise lässt sich weiter aufschlüsseln in die (2a) *nachfrage*bezogene und in die (2b) *konkurrenz*bezogene Preisbestimmung: Während sich die nachfragebezogene Festlegung an der Preisbereitschaft und Preisakzeptanz (potenzieller) der Nachfrage orientiert, werden bei der konkurrenzbezogenen Festlegung Ticketpreise, Nutzungsgebühren etc. der Wettbewerber untersucht und bei der eigenen Preisfindung berücksichtigt. Insgesamt wird es in der Regel sinnvoll sein, markt- *und* kostenorientierte Überlegungen zu verknüpfen, um einen Preis festzusetzen, der aus Nachfrage- und aus Kulturbetriebssicht „richtig" bzw. angemessen ist. So würde eine ausschließliche Orientierung an den Kosten für die Herstellung oder den Einkauf einer bestimmten Dienstleistung z. B. unter

Umständen dazu führen, dass der hieraus abgeleitete Preis von der Nachfrage als zu hoch empfunden wird.

Als letzter Schritt erfolgt die *Kontrolle* der preispolitischen Maßnahmen im Hinblick auf ihre Wirksamkeit. Hierüber geben u. a. Verkaufszahlen und Besucherstatistiken Auskunft. Weiterführende Informationen können im Rahmen von Besucherbefragungen gewonnen werden. Allerdings kann die Kontrolle preispolitischer Aktivitäten z. B. durch die möglicherweise von anderen Instrumenten des Kulturmarketings (z. B. Social Media) oder von Marketingmaßnahmen anderer Marktakteure (Wettbewerber, Kooperationspartner etc.) ausgehenden Wirkungen erschwert werden.

2.4.4 Distributionspolitik

Die Distributionspolitik bezieht sich auf sämtliche Entscheidungen, die im Zusammenhang mit der Übermittlung einer Leistung vom Anbieter zur Nachfrage getroffen werden. Die konkrete Auswahl und Ausgestaltung der Distributionskanäle orientiert sich dabei auch im Kulturbereich an der Art der zu vertreibenden Leistung. So erfordern etwa die Kernleistungen von Museen, Kleinkunstbühnen oder Kinos eine *lokale* Leistungserstellung, da sie aufgrund ihres hohen Anteils an immateriellen Eigenschaften nicht handelbar sind. Damit kann lediglich das *Leistungsversprechen* vertrieben werden, d. h. die Verpflichtung eines Kulturbetriebs, zu einem festgelegten Zeitpunkt eine bestimmte Leistung zu erbringen; dies wird über ein materielles Trägermedium (Eintrittskarte) dokumentiert. Anders sieht es z. B. bei Galerien und Auktionshäusern aus, die zwar im Rahmen ihrer Kerntätigkeit zunächst gleichfalls Leistungsversprechen anbieten, dann aber z. B. die im Rahmen einer Ausstellung oder Versteigerung gezeigten Kunstwerke auch handeln bzw. vertreiben; dabei müssen die Kunden und Kundinnen nicht einmal anwesend sein, sie können ihre Order auch telefonisch oder via Internet abgeben.

Der Vertrieb von Leistungen und Leistungsversprechen kann auf direktem oder indirektem Weg erfolgen. Bei der *direkten Distribution* wird zwischen Kulturbetrieb und Nachfrage kein Mittler eingeschaltet, d. h. der Vertrieb wird vom Kulturbetrieb selbst übernommen (an der Kasse, über die eigene Website etc.). Auf diese Weise kann der Kulturbetrieb die Vertriebsqualität kontinuierlich überprüfen und durch entsprechende Schulungen des Besucherkontaktpersonals auch laufend verbessern. Allerdings bleibt der Radius dieses Vertriebswegs zwangsläufig beschränkt.

Demgegenüber werden bei der *indirekten Distribution* externe Organe eingeschaltet, auf die der Absatz des Leistungsversprechens oder der Leistung übergeht. Dem Nachteil der schwierigeren Qualitätssicherung stehen Effektivitäts- und Effizienzvorteile eines auf den Vertrieb von (kulturellen) Leistungen oder Leistungsversprechen spezialisierten Partners gegenüber (z. B. aufgrund der Kompetenz des Partners beim Online-Ticketing). Mögliche externe Partner sind u. a. Besucherorganisationen, Vorverkaufsstellen oder Ticketing-Unternehmen, Tourismusorganisationen, aber z. B. auch Hotels, mit denen ein „all inclusive"-Paket für die kulturtouristische Nachfrage entwickelt wird.

Zusätzlich zu den genannten Entscheidungsfeldern der Distributionspolitik wird in der internationalen Literatur zum Kulturmarketing auch die Ausgestaltung des physischen (Veranstaltungs-)Ortes, der „location", als Teil der Distributionspolitik gesehen: „Location is the choice of a physical site, such as the store where the product can be bought (in the case of a book or CD, for example) or the place where the product can be consumed (in the case of a play, movie, or museum, for example)" (Colbert 2007, S. 200). Auf Ähnliches verweist Dickman: „The venue at which the activity takes place. This includes the location, the facilities available, the parking, the comfort, and the size of the venue" (Dickman 1997, S. 6); auch Kotler et al. nehmen hierauf Bezug (2008, S. 324).

Nach diesem Verständnis gehört zur Distributionspolitik im Kulturbereich damit auch die Beantwortung der Frage, wie *zugänglich* eine kulturelle Leistung für die Nachfrage ist: Burgen, Schlösser oder Gartenanlagen, die nur unzureichend ausgeschildert und daher schwer zu finden sind, aber auch Museen mit Öffnungszeiten, die Berufstätigen einen Besuch unter der Woche erschweren, sind z. B. nicht leicht zugänglich. Ähnliches gilt für Kulturbetriebe, die nicht an den öffentlichen Personennahverkehr angeschlossen sind, keine ausreichenden Parkmöglichkeiten bieten oder bei denen die Ausschilderung zu möglichen Parkplätzen unzureichend ist. Darüber hinaus geht es hier um den Zustand der baulichen Substanz eines Kulturbetriebs, auch und gerade im unmittelbaren Besucherkontaktbereich (Eingangsbereich, sanitäre Anlagen etc.), und insgesamt die Schaffung einer Atmosphäre, bei der sich die Gäste im Haus „willkommen fühlen" – also um Themen, die in engem Zusammenhang mit anderen Aspekten des Kulturmarketings stehen (z. B. Besucherorientierung).

2.4.5 Kommunikationspolitik

Die Kommunikationspolitik umfasst die Gewinnung, Aufbereitung und Vermittlung von Informationen zwischen einem Kulturbetrieb und seinen Stakeholdern mit dem Ziel, Aufmerksamkeit zu erzielen, Wissen zu schaffen und Einstellungen, Erwartungen sowie Verhaltensweisen zu beeinflussen. Die Kommunikation kann dabei *einstufig* erfolgen, d. h. der Kulturbetrieb übermittelt seine Botschaft direkt an die Empfänger (z. B. über ein Plakat oder die Website). Bei der *mehrstufigen* Kommunikation richtet der Kulturbetrieb seine Botschaften zunächst an sogenannte Multiplikatoren (Lehrende, Stadtführende, Busreiseveranstalter, Medien, Bloggende etc.), die dann ihrerseits – u. U. verändert und ergänzt – die Informationen weitergeben. Des Weiteren kann die Kommunikation *persönlich* erfolgen, d. h. zwischen Kulturbetrieb und Empfänger besteht ein unmittelbarer Kontakt (z. B. an der Kasse oder Ausleihe, im Ausstellungsbereich, bei der Premierenfeier etc.), oder *unpersönlich*, d. h. es kommt zu einer zeitlich-räumlichen Trennung zwischen dem Senden der Botschaft (z. B. auf Flyern und Plakaten) und der Rezeption durch den Empfänger.

Grundsätzlich steht den Kulturanbietern eine Vielzahl von Instrumenten der Kommunikationspolitik zur Verfügung, die im Rahmen dieses Buchs nur umrissen werden sollen (ausführlicher hierzu Hausmann 2021a):

- *Werbung:* Aufgabe ist die Verbreitung von Botschaften über die Belegung ausgewählter Werbeträger mit entsprechenden Werbemitteln. Klassische *Werbeträger* sind z. B. Zeitungen, Zeitschriften, Szene-Magazine, Plakate, City-Light-Poster, Flyer, Litfaßsäulen, Videoboards, Magazine von Multiplikatoren (z. B. Busreiseveranstalter), öffentliche Verkehrsmittel, Radio, Fernsehen und mit – dynamisch zunehmender Bedeutung – das Internet. Diese Träger enthalten ein *Werbemittel,* d. h. eine bestimmte Werbeinformation (z. B. die Ankündigung einer Weltpremiere oder der Langen Nacht der Museen), um die Aufmerksamkeit der relevanten Adressaten zu gewinnen.
- *Öffentlichkeits- und Pressearbeit* (auch *Public Relations*): Dieses Instrument zielt auf die systematische Gestaltung der Beziehungen zwischen einem Kulturbetrieb und gesellschaftlichen Gruppen im Allgemeinen (z. B. Bevölkerung am Standort des Kulturanbieters, Medien und ihre Vertreter, Behörden, Politiker, Fachwelt) sowie Anspruchsgruppen im Speziellen (z. B. Beschäftigte, Lieferanten, Publikum) ab. Im Kulturbereich stellt insbesondere die Kommunikation mit den (lokalen, regionalen und nationalen, aber in Abhängigkeit von der Positionierung des Kulturbetriebs auch internationalen) Medien ein

zentrales Aufgabenfeld der Kommunikationspolitik dar. Wichtige Maßnahmen sind regelmäßige Presseveröffentlichungen, professionell durchgeführte Pressekonferenzen, Reportagen und Interviews sowie eine laufende Wirkungskontrolle, z. B. über die Analyse von Art und Umfang der Berichterstattung („Pressespiegel").

- *Verkaufsförderung:* Umfasst zeitlich begrenzte Maßnahmen, die dazu dienen, bei aktuellen und potenziellen Zielgruppen kurzfristig (zusätzliche) Anreize zum Besuch eines Kulturbetriebs oder einer Kulturveranstaltung zu setzen. Mögliche Aktionen der Verkaufsförderung sind u. a. Ausschreibung von Gewinnspielen und Gutscheine (z. B. für einen ermäßigten Eintritt einer Theateraufführung oder den ermäßigten Erwerb eines Produktes aus dem Orchestershop).
- *Direktkommunikation/-marketing:* Hier wird eine persönliche, individualisierte Ansprache einzelner Adressaten verfolgt. Als Mittel eignet sich im Kulturbereich sowohl der gezielte Versand von Werbebriefen oder -mails (Direct Mailing) an Interessenten mit der Möglichkeit zur Rückantwort (wie z. B. Fragebogen, Gewinnspiel, Rabattgewährung) als auch die Kontaktaufnahme vor Ort (z. B. an einem Informationsstand im Kulturbetrieb).
- *Messen:* Zeitlich und örtlich festgelegte Veranstaltungen, auf denen neben der Möglichkeit zur allgemeinen Leistungspräsentation und Selbstdarstellung von Kulturbetrieben die Gelegenheit zur Informierung eines Fachpublikums und der interessierten Allgemeinheit besteht (z. B. Internationale Tourismusbörse Berlin, ArtCologne).
- *Events:* Besondere, ggf. einmalige Veranstaltungen oder Ereignisse, die als Plattform für eine angenehme, zwanglose, erlebnis- und dialogorientierte Präsentation von kulturellen Angeboten geeignet sind. Typische Beispiele für Events im Kulturbereich sind die „Langen Nächte" von Museen und Theatern oder andere außergewöhnliche, genre- und/oder generationenübergreifende Live-Veranstaltungen.
- *Onlinekommunikation:* In diesen Bereich fällt die Verbreitung von Informationen mittels elektronischer bzw. internetbasierter Medien an die relevanten Zielgruppen. Bezüglich der internetbasierten Medien zeigen empirische Untersuchungen, dass die Website von Kultureinrichtungen bislang noch das am meisten genutzte digitale Instrument ist. Eine immer größere Bedeutung haben darüber hinaus Social Media, die den Kulturbetrieben aufgrund ihrer technischen Möglichkeiten und großen Reichweite vielfältige Optionen der Informationsaufbereitung und -verbreitung bieten und zudem für den interaktiven Austausch mit der Nachfrage besonders geeignet sind (ausführlicher hierzu Hausmann 2021a, S. 152 ff.).

Abschließend bleibt festzuhalten, dass in der Praxis des Kulturmarketings die o.g. Instrumente der Kommunikationspolitik typischerweise nicht isoliert Anwendung finden, sondern vielmehr eine Vielzahl verschiedener Maßnahmen off- und online miteinander kombiniert wird. Für die Bewerbung der Blockbuster-Ausstellung eines Kunstmuseums können z. B. im Offline-Bereich Citylight-Poster, Ganz- bzw. Litfaßsäulen, Plakate/Dreiecksständer, Anzeigen in verschiedenen Medien (Tages- und Wochenpresse, Kunstpublikationen, Stadtmagazine und Tourismuspublikationen), Hörfunk- und Fernsehbeiträge, Pressekonferenzen, Pressereisen, Newsletter, Messen und Stadtbildaktionen über die Dauer der Ausstellungszeit einmal oder wiederholt eingesetzt werden. Hinzu kommen die verschiedenen Instrumente der Onlinekommunikation, die auch im Kulturbereich zunehmend wichtiger werden und dabei entsprechende Ressourcen binden, wie nachfolgendes Praxisbeispiel zeigt.

Zunehmende Bedeutung der Onlinekommunikation und organisatorische Konsequenzen in der Praxis

Auf die Frage, welchen Raum die Onlinekommunikation im *Deutschen Historischen Museum* (DHM) einnimmt, antwortet die Abteilungsdirektorin Kommunikation unter Verweis auf die organisatorischen Auswirkungen wie folgt: „Was wir aktuell beobachten können, ist eine Verschiebung von klassischer Kommunikation hin zu Onlinekommunikation. Die klassische Kommunikation spielt sicher noch eine wichtige Rolle und wird diese weiterhin behalten. Allerdings spüren wir, dass die Onlinemedien immens an Bedeutung gewinnen und natürlich einen großen Raum bei unserer Arbeit einnehmen. Das spiegelt sich beispielsweise auch in unserer internen Struktur, bei der verstärkt die MitarbeiterInnen – sowohl jene für klassisches Marketing als auch jene für Onlinemarketing – strategisch wie räumlich eng zusammenarbeiten. Die Aufgabenbereiche lassen sich nicht mehr strikt trennen. Wir reagieren hier auf eindeutige Tendenzen. Ein Beispiel: Das DHM hat ca. 800.000 physische BesucherInnen pro Jahr. Die Summe der UserInnen auf allen unseren digitalen Kanälen beläuft sich auf ungefähr 1 Million pro Monat. Wenn man sich diese Verhältnisse ansieht, dann weiß man, dass man hier nicht ohne strategische Überlegungen agieren kann. Vielmehr ist es ein Muss" (Schuster 2017, S. 29).

2.5 Kontrollbezogene Perspektive des Kulturmarketings und Implementierung

Um die Effizienz (Kosten/Nutzen- bzw. Input/Output-Relation) und Effektivität (Wirksamkeit) der Marketingmaßnahmen prüfen zu können, ist es wichtig ein funktionsfähiges *Marketingcontrolling* einzurichten. Controlling ist grundsätzlich ein Konzept zur Unterstützung einer ganzheitlichen, ergebnisorientierten Kulturbetriebsführung, in dem Aufgaben der Informationsversorgung, Planung, Koordination und Kontrolle auf unterschiedlichen Ebenen miteinander verknüpft werden. Dem Marketingcontrolling kommt innerhalb dieses umfassenden Aufgabenspektrums ein besonderer Stellenwert zu. Dieser ergibt sich zum einen aus der Notwendigkeit zur Kombination von Daten des internen Rechnungswesens – soweit im Kulturbetrieb eingeführt – mit externen Marktforschungsinformationen und der umfassenden Berücksichtigung nicht-monetärer Zielgrößen (Besucherzufriedenheit etc.). Zum anderen werden an der Schnittstelle zwischen Kulturbetrieb und Markt häufig Planrevisionen erforderlich, sodass laufenden Soll-Ist-Vergleichen, Abweichungsanalysen sowie, falls erforderlich, entsprechenden Anpassungsmaßnahmen im Rahmen des Marketingcontrollings besonderes Augenmerk zukommt. Das Marketingcontrolling übernimmt damit sowohl die Aufgabe einer kontinuierlichen *Rückkopplung* („Feed-back-Prinzip") als auch eine *zukunftsorientierte* Steuerungsaufgabe („Feed-forward-Prinzip"). Insgesamt ist es Ziel des Marketingcontrollings, die Planung und Kontrolle sämtlicher Aktivitäten im Kulturmarketing durch eine entsprechende Informationsversorgung zu unterstützen, um die Wirksamkeit und Wirtschaftlichkeit von Marketingmaßnahmen sicherzustellen (ausführlich hierzu Hausmann 2021a, S. 184 ff.).

In engem Zusammenhang mit den Aktivitäten von Kontrolle, Prüfung und Evaluation steht die erfolgreiche Implementierung des Marketings, die in der Kulturpraxis durch bestimmte (organisatorische) Voraussetzungen begünstigt wird, wie nachfolgend skizziert werden soll (ausführlicher hierzu Hausmann 2021a, S. 171 ff.). Zunächst bedarf es einer markt- und besucherbezogenen *Organisation* des Kulturbetriebs. Die Organisation umfasst dabei sämtliche Strukturen, Abläufe und Regelungen, die zur Realisierung der Zwecksetzung („Mission") des Kulturbetriebs erforderlich sind. Während sich die strukturbezogene *Aufbauorganisation* mit Fragen der Aufgabenverteilung, Zuständigkeitsabgrenzung und Verantwortungszuteilung befasst („Wer arbeitet an was?"), beschäftigt sich die *Ablauforganisation* mit Regelungen für die Abfolge und Koordination der verschiedenen Teilaktivitäten des Kulturmarketings („Wie wird gearbeitet?").

Bei der Aufbauorganisation lassen sich zwei idealtypische Formen unterscheiden. In einer *funktionsorientierten* Organisation wird die Aufbauorganisation nach

Funktionen ausgerichtet, neben der Abteilung Marketing sind das im Theater z. B. noch die Abteilungen Technik und Ausstattung, Kostüm und Maske, Verwaltung und Dramaturgie. Bei der *objektorientierten* Aufbauorganisation wird demgegenüber nach Bezugsobjekten bzw. Sparten gegliedert (so findet sich in Mehrspartenhäusern typischerweise eine Aufteilung nach Oper, Tanz und Theater). Fragen des Marketings wären bei einer solchen Aufbauorganisation in jedem Objektbereich bzw. Geschäftsfeld grundsätzlich „separat" zu beantworten. Da dies jedoch zu Überschneidungen, Doppelarbeit und Effizienzverlusten führen würde, kommt es in der Praxis regelmäßig zu einer Kombination beider Typen, d. h. Funktionen finden sich neben Sparten.

Organisatorische Verankerung des Marketings in der Kulturpraxis
In der betriebswirtschaftlichen Auseinandersetzung mit dem Marketing ist es seit langem geklärt: Marketing ist der übergeordnete Begriff und das ganzheitliche Konzept, dem sich die Kommunikationspolitik oder die Besucherforschung als Instrumente und Methoden unterordnen. Anders sieht die Sache jedoch typischerweise in der Marketingpraxis von Kulturbetrieben aus. Zum einen finden sich in vielen Häusern die Abteilungsbezeichnung „Kommunikation" oder „Kommunikation und Marketing"; in der Regel darin begründet, dass die Kommunikationsarbeit traditionell das dominierende Element des Marketings im Kulturbereich darstellt(e). Zum anderen finden sich die verschiedenen Aufgaben und Handlungsfelder des Marketings häufig in verschiedenen Abteilungen verortet. Ein Beispiel hierfür findet sich im Organigramm des Jüdischen Museums Berlin: So ist hier die Stelle „Besucherforschung" (mittlerweile) einer anderen Organisationseinheit zugeordnet als die Stelle „Marketing und Kommunikation". (https://www.jmberlin.de/sites/default/files/organigramm-okt-2023-de.pdf; Stand Januar 2024).

Neben der Organisation ist die *Koordination* sämtlicher Aktivitäten des Kulturmarketings wesentlich für den Umsetzungserfolg in der Praxis. Es ist zwangsläufig, dass die Aufbauorganisation zu „künstlichen" Abteilungsgrenzen und damit zu Zuständigkeitsüberlappungen und Aufgabenüberschneidungen führt, die häufig Effizienzverluste bedingen; Ressortegoismen, typischerweise in den Abteilungen Marketing und Vermittlung, aber insbesondere auch zwischen künstlerischem und administrativem Bereich tun ihr Übriges. Aus Sicht des Marketings kann es dadurch zu Schwierigkeiten bei der konsequenten Umsetzung von Markt- und

Besucherorientierung kommen. Dies gilt es durch eine entsprechende *Ablauforganisation* bzw. ein adäquates Prozessmanagement zu verhindern. Ziel ist es, die Koordinations- und Abstimmungsprobleme, die durch eine bestimmte Aufbauorganisation entstehen, durch eine entsprechende Ausgestaltung von funktionsübergreifenden Prozessen – auch und gerade zwischen künstlerischem, kaufmännischem und technischem Bereich – im Kulturbetrieb zu minimieren.

3 Das Management von Mitarbeitenden: Personalmanagement

3.1 Begriffe und Ziele

Im Kulturmanagement Tätige, die eine Leitungsposition innehaben, sind auf verschiedenen Hierarchieebenen dafür verantwortlich, qualifizierte Mitarbeitende zu suchen, zu gewinnen, einzustellen, in ein Team zu integrieren (oder ein Team aufzubauen), ihre Aufgabenerfüllung zu prüfen und sie im Hinblick auf die Erreichung der obersten Zwecksetzung des Kulturbetriebs zu führen. Die zentrale Bedeutung des Personals im Kulturbetrieb ergibt sich dabei aus der Art der Leistungserstellung und dem „Produkt" Kultur: So könnte es z. B. ohne Schauspieler keine Theateraufführung, ohne Musikerinnen kein Konzert, ohne Shop- und Garderobenpersonal keinen Museumsservice, ohne Galeriepersonal keine Kunstberatung und ohne Bibliothekare keine Buchbeschaffung und Bestandspflege geben. Und selbst im Kulturmanagement Tätige, die als Einzelunternehmer bzw. Solo-Selbständige in der Kultur- und Kreativwirtschaft tätig sind und über kein fest angestelltes Personal verfügen, werden typischerweise mit anderen freiberuflich oder selbständig Tätigen projektweise zusammenarbeiten und sollten daher zumindest über Basiskenntnisse im Umgang mit Personal verfügen.

Die im Zusammenhang mit der Beschaffung, Einstellung, Steuerung, Führung etc. von Personal anfallenden Aufgaben werden dem *Personalmanagement* – in der Literatur auch als Human Resource Management (HRM), Personalpolitik, Personalwesen oder Personalwirtschaft bezeichnet – zugeordnet. Während dem Thema in der betriebswirtschaftlichen Literatur seit langem große Aufmerksamkeit gewidmet wird (siehe hierzu u. a. die Standardwerke von Stock-Homburg & Groß 2019; Olfert 2015; Scherm & Süß 2016; Jung 2017), hat sich die Forschung im Kulturmanagement erst in den letzten Jahren zunehmend damit beschäftigt. Exemplarisch sei hier u. a. verwiesen auf die Publikationen von Börner (2002),

A. Hausmann, *Kunst- und Kulturmanagement*, Kunst- und Kulturmanagement,
https://doi.org/10.1007/978-3-658-44400-6_3

Klein (2009), Hausmann (2019b), Hausmann/Zischler (2023), die sich in ihren Büchern zur Führung bzw. zum Leadership dezidiert mit einem bedeutsamen Teilbereich des Personalmanagements beschäftigen, sowie Mertens (2019) und Schmidt (2012, 2020), die in ihren Publikationen zum Orchester- bzw. Theatermanagement neben anderen Aspekten auch auf Fragen der Personalpolitik in diesen Kultursparten eingehen.

Bevor im Weiteren vertiefend in die Besonderheiten und Herausforderungen des Personalmanagements im Kunst- und Kulturbereich eingestiegen wird, sollen zunächst die relevanten Begriffe geklärt werden. Als *Mitarbeitende* werden im Rahmen dieses Buchs jene Personen bezeichnet, die in

- *abhängiger* Stellung, dauerhaft oder befristet *beschäftigt* bzw. *angestellt*
- projektweise in *freier* Mitarbeit oder
- auf *freiwilliger* Basis ohne Entlohnung (Ehrenamtliche)

für einen Kulturanbieter arbeiten und in arbeitsteiliger Form Leistungen für dessen übergeordnete Ziele erbringen. Nicht alle Mitarbeitenden sind dabei vertraglich unmittelbar an den Kulturbetrieb gebunden: So finden sich z. B. im Servicebereich sogenannte Dienstleisterkräfte (Reinigungskräfte, Aufsichtspersonal etc.), die bei einem externen Dienstleistungsunternehmen (z. B. Dussmann Service GmbH) beschäftigt sind. Das Publikum nimmt diese externen Beschäftigten im Zweifel aber dennoch als „Aushängeschilder" des Kulturbetriebs war – was auf eine erste Besonderheit und typische Herausforderung im Personalmanagement von Kulturbetrieben verweist.

Nachfolgendes Begriffsverständnis enthält erste Anhaltspunkte zu den im Weiteren diskutierten *Handlungsfeldern* des Personalmanagements:

> Personalmanagement stellt die Summe der mitarbeiterbezogenen Maßnahmen zur Verwirklichung des Organisationszwecks eines Kulturbetriebs dar. Hierzu gehören insbesondere Aktivitäten der Bedarfsplanung, Beschaffung, Führung, Entwicklung und Freisetzung von Mitarbeitenden.

Aus der Begriffsabgrenzung ergibt sich, dass das Personalmanagement – ähnlich wie das Kulturmarketing (vgl. Abschn. 2.1) – kein Selbstzweck ist. Dieser Funktionsbereich soll vielmehr genutzt werden, um Ziele möglichst ressourcenorientiert zu erreichen, in erster Linie die *kulturbetriebsbezogenen.* So sind die Träger,

Eignerinnen oder Manager eines Kulturbetriebs daran interessiert, durch entsprechende Maßnahmen des Personalmanagements den übergeordneten *Organisationszweck* zu erfüllen (z. B. durch Einstellung neuer oder Weiterqualifizierung vorhandener Mitarbeitender). Darüber hinaus ist die Erreichung *wirtschaftlicher Ziele* – auch in öffentlichen und gemeinnützigen Kulturbetrieben – von Bedeutung, sodass Maßnahmen des Personalmanagements gleichfalls hierzu beitragen sollen (z. B. durch Straffung von Arbeitsabläufen, Neustrukturierung der Aufbauorganisation, Umwandlung von Planstellen).

Neben diese kulturbetriebsbezogenen treten die *mitarbeiterbezogenen* Ziele: Hierbei handelt es sich um individuelle Erwartungen, Bedürfnisse und Interessen der Mitarbeitenden, deren Berücksichtigung durch den Arbeitgeber positiv mit der Arbeitszufriedenheit und Motivation von Arbeitnehmenden korrelieren können. In manchen Fällen stehen die individuellen Ziele allerdings auch in einem Spannungsverhältnis zu den organisationalen Zielen, z. B. dann, wenn die von einer Mitarbeiterin gewünschten Weiterbildungsmaßnahme nicht unmittelbar arbeitsplatzbezogen und damit auch nicht auf die Erreichung der Organisationsziele gerichtet sind – und vom Arbeitgeber daher auch nicht während der Arbeitszeit gefördert werden (sollten). In solchen Fällen ist es auch Aufgabe des Personalmanagements, daraus entstehende Konflikte zu antizipieren und zu bearbeiten.

3.2 Besonderheiten im Arbeitsfeld Kultur

Der Kunst- und Kulturbereich weist im Hinblick auf die Mitarbeitenden, ihre Tätigkeitsbereiche und die allgemeine Arbeitssituation charakteristische Merkmale auf, die das Personalmanagement und den Einsatz bestimmter Instrumente beeinflussen (siehe hierzu auch Hausmann 2019b, S. 15 ff.). Hierzu gehören beispielsweise:

(1) Heterogenität der Berufsgruppen und. Arbeitsbereiche
In den klassischen Kulturbetrieben, wie z. B. in Opern, Orchestern, Theatern, Bibliotheken oder Museen, wird typischerweise unterschieden zwischen dem *künstlerischen* Personal (Schauspieler, Musikerin, Tänzer, Regisseurin etc.) bzw. *wissenschaftlichen* Personal (Historiker, Restauratorin, Kuratoren, Bibliothekarin etc.) sowie dem Personal aus der *Verwaltung* bzw. dem *kaufmännischen Bereich* (Buchhaltung, Finanzen, Marketing, Personal etc.). Als weitere übergeordnete Berufsgruppe kommen die Mitarbeitenden aus dem *technischen Bereich* (u. a. Beleuchtung, Werkstätten, Bühnenbetrieb, Requisiten) hinzu. Ferner zu

nennen ist das *Service* – bzw. *Besucherkontaktpersonal* (Kasse, Garderobe, Aufsicht etc.), das in der Hierarchie von Kulturbetrieben zwar nachgeordnet ist (und intern manchmal auch so behandelt wird), allerdings für die Nachfrage häufig die wichtigste Ansprechstation darstellt.

Es liegt nahe, dass sich die Mitarbeitenden dieser verschiedenen Arbeitsbereiche stark unterscheiden im Hinblick auf ihre Ausbildungswege, Fachsprache, Arbeits- und Denkweise sowie z. B. auch ihre Entlohnung und organisatorische Einbindung. Hieraus resultieren unterschiedliche Ziel- und Wertvorstellungen, aus denen sich wiederum Verständigungsschwierigkeiten und wiederkehrende Konflikte an den Schnittstellen zwischen unterschiedlichen Arbeitsbereichen ergeben, die in vielen Kulturbetrieben ähnlich gelagert sind (z. B. im Hinblick auf den Kunst- und Qualitätsbegriff, die Verteilung von knappen Ressourcen, den Stellenwert von Kundenbedürfnissen oder die Notwendigkeit zu wirtschaftlichem Handeln). Das Personalmanagement von Kulturbetrieben muss hierauf u. a. mit Maßnahmen der Personalführung und -entwicklung (Kommunikation, Konfliktmanagement etc.), aber auch der Gestaltung von Aufbau- und Ablauforganisation reagieren.

(2) Besucherkontaktintensität

Die Heterogenität der Berufsgruppen ist auch dadurch geprägt, dass ein Teil der Mitarbeitenden, wie v. a. das Personal an den typischen Service- bzw. Besucherkontaktpunkten wie v. a. Kasse, Garderobe, Shop und Gastronomie, aber z. B. auch die Kunst- und Kulturvermittlerinnen, in engem und regelmäßigem Kontakt mit der Nachfrage stehen und vielfältige Austauschsituationen mit diesen erleben. Demgegenüber hat ein anderer Teil der Mitarbeitenden selten oder gar keinen Besucherkontakt und erfährt daher auch nicht aus „erster Hand“, an welchen Stellen der Kulturbetrieb kundenfreundlich agiert und es dem Publikum und anderen Akteuren der Nachfrage leichtmacht, seine Angebote zu nutzen – und an welchen nicht. Auch diesbezüglich ist das Personalmanagement in Kulturbetrieben herausgefordert, z. B. im Hinblick auf die Ergreifung von Maßnahmen der Personalentwicklung, die dem Besucherkontaktpersonal dabei helfen, auch in schwierigen Situationen mit dem Publikum (z. B. bei berechtigten Beschwerden oder unangemessenem Verhalten) serviceorientiert zu handeln. Maßnahmen der Organisations- oder Leitbildentwicklung können darüber hinaus den Blick aller Beschäftigten für die Bedeutung von Kundenorientierung, Servicequalität und Besucherzufriedenheit schärfen.

(3) Immaterialität der Leistungen

Im Zusammenhang mit der Kontaktintensität ist auch von Bedeutung, dass die meisten Kulturbetriebe, wie bereits in Kap. 2 diskutiert, Leistungen mit einem hohen immateriellen Anteil anbieten. In solchen Dienstleistungsbetrieben spielt der Faktor „Personal" zwangsläufig eine besonders wichtige Rolle: Da der Erstellungs- und Nutzungsprozess häufig zusammenfallen (z. B. im Rahmen einer Ballettaufführung, eines Theaterworkshops, einer Bibliotheksführung), gibt es für die Mitarbeitenden keine Möglichkeit der Nachbesserung. Das beteiligte Personal muss sein Leistungsvermögen also „auf den Punkt" abrufen können. Gleichzeitig dienen, wie bereits oben erwähnt, vor allem auch die Mitarbeitenden im klassischen Servicebereich (z. B. an der Kasse) als Qualitätssurrogat für den gesamten Kulturbetrieb: Ihre (fehlende) Freundlichkeit, Auskunftsbereitschaft oder Beratungskompetenz kann manchmal darüber entscheiden, ob eine Besucherin tatsächlich eine Eintrittskarte kauft – oder sich am Ende doch für ein anderes Kultur-/Freizeitangebot entscheidet.

(4) Ehrenamtlich Mitarbeitende

In öffentlichen und privat-gemeinnützigen Kulturbetrieben ist es üblich, dass nicht nur Festangestellte, sondern auch viele Ehrenamtliche (so genannte „Volunteers") an der Leistungserstellung mitwirken. Dies stellt regelmäßig besondere Anforderungen an das Personalmanagement: Während die hauptamtlichen, in Teil- oder Vollzeit Angestellten für ihre Leistungen entlohnt werden, arbeitet das ehrenamtliche Personal ohne Entgelt. Dies bedeutet allerdings nicht, dass von den Volunteers keine anderen, nicht-monetären Gegenleistungen vom Kulturbetrieb erwartet werden, wie z. B. Zugehörigkeit, Einbeziehung, Feedback, sinnvolle Aufgaben und Gemeinschaft.

Trotz vieler positiver Beispiele im Kulturbereich kommt es zwischen den beiden Gruppen der Haupt- und Ehrenamtlichen regelmäßig zu Spannungen. Zu den häufigsten Ursachen für Störungen, die durch Maßnahmen des Personalmanagements und insbesondere der Personalführung angegangen werden müssen, gehören:

- unklare organisatorische Zuordnung (wer ist für die Volunteers verantwortlich und weist ihnen Aufgaben zu bzw. kontrolliert ihre Aufgabenerfüllung?),
- Macht- bzw. Kompetenzüberschreitungen (welche Aufgaben sollen von den Volunteers konkret erfüllt werden und welche fallen explizit nicht in ihren Verantwortungsbereich?),

- mangelhafte räumliche Verortung und materielle Ausstattung (wo ist der Arbeitsplatz der Volunteers und welche Hard- und Software stehen ihnen zur Verfügung?).

(5) Interkulturelle Teams

Vor allem in Kulturbetrieben der darstellenden Kunst und der Musik ist die Zusammenarbeit von Menschen unterschiedlicher Nationalitäten die Regel. So kommt beispielsweise fast die Hälfte der über fünfzig Musiker der *Neuen Lausitzer Philharmonie* aus einem anderen Kulturkreis als dem deutschen. Wenngleich die unterschiedlichen Herkunftsmilieus als positiv und bereichernd für die künstlerische Qualität gelten, so können hierdurch doch auch personalpolitische Herausforderung erwachsen. Ein mögliches – auf den ersten Blick eher unspektakuläres – Konfliktthema kann z. B. im Bereich der Entscheidungsfindung bei einer Orchesterprobe entstehen: „Während manche Kulturen an Machtgefügen orientiert sind und das Dominanzgefälle vom Konzertmeister über Stimmführer bis hin ans letzte Pult akzeptieren und ‚leben', ist ein an demokratische Vorgänge gewöhnter Mitteleuropäer wahrscheinlich mehr an Mitsprachemöglichkeiten und Diskussionen interessiert. […] In Ländern wie Japan werden Verbesserungsvorschläge oder gar Kritik niemals direkt ausgesprochen, weil dies als sehr unhöflich gilt" (Mächtel 2009, S. 11). Hieraus können interkulturelle Konflikte entstehen, die im Rahmen eines professionellen Personalmanagements antizipiert und durch entsprechende Maßnahmen gelöst oder zumindest minimiert werden müssen.

Das 360°-Projekt als Treiber für mehr Diversität im Personal
Wenngleich es im künstlerischen Bereich traditionell üblich ist, dass Menschen mit sehr unterschiedlichen Herkunftsmilieus zusammenarbeiten, lässt sich das für viele andere Tätigkeitsbereich im Kulturbetrieb nicht bestätigen. Diesem Umstand entgegenzuwirken, ist ein Anliegen des 360° – Fonds für Kulturen der neuen Stadtgesellschaft: „Migration hat die Gesellschaft in Deutschland in der Vergangenheit verändert und wird dies auch in Zukunft tun. Deutschland ist ein Einwanderungsland und besonders Städte sind geprägt durch gesellschaftliche Vielfalt. Viele Institutionen haben begonnen, die neue Stadtgesellschaft mitzugestalten, jedoch spiegelt sich die kulturelle Diversität der Städte in den Programmangeboten, im Personal und im Publikum von Kultureinrichtungen noch selten wider. Weder in Entscheidungspositionen noch im Publikum entspricht der Anteil von Menschen mit Migrationsgeschichte ihrem Anteil an der Bevölkerung. (…).

Das Ziel von diversitätsorientierter Öffnung auf der Ebene des Personals ist es, dauerhaft eine vielfältigere Belegschaft aufzubauen. Insbesondere in Bezug auf fehlende (post-)migrantische Perspektiven und Expertisen ist man in Kultureinrichtungen seit Jahren darum bemüht, die Repräsentanz zu erhöhen. Diese Bestrebungen beschränken sich allerdings immer noch viel zu oft auf Sonderprojekte zu speziellen Anlässen. Von allen drei Ps (Personal, Publikum, Programm), die im 360°-Programm bearbeitet worden sind, ist die Personalebene das „dickste Brett", das es zu bohren gilt. Das hängt hauptsächlich mit zwei Faktoren zusammen: Zum einem wirken unterbewusste Anstellungspraktiken, die oft zu einem Ausschluss führen. Eine Studie zu Diskriminierung im Bewerbungsprozess von Forscher*innen des Wissenschaftszentrums Berlin für Sozialforschung (WZB) hat 2018 bestätigt, dass eine Einladung zu Bewerbungsgesprächen stark von Herkunft, religiöser Zugehörigkeit, Hautfarbe und nicht zuletzt vom Geschlecht der Bewerber*innen abhängt. Es existiert eine starke Neigung, Personen anzustellen, die einem „institutionellen Habitus" entsprechen und dem Erscheinungsbild der bisherigen Belegschaft ähneln. Der zweite Hindernisfaktor betrifft insbesondere die Leitungs- und Führungskräfte-Ebene einer Kulturinstitution: Diese rekrutiert sich zu großen Teilen aus einem in der Regel sozio-ökonomisch überdurchschnittlich gut ausgestatteten akademischen Herkunftsmilieu, das immer noch weniger divers als die Gesamtbevölkerung ist. Die gezielte Einführung von Steuerungsinstrumenten ermöglicht die Erhöhung der Diversitätskompetenz im Personal und gleichzeitig die Senkung der Zugangsbarrieren für potenzielle neue Mitarbeitende" (Kulturstiftung des Bundes 2022).

(6) Individualität vs. Kollektivität

Gleichfalls ein vorrangiges Thema im Bereich von Theatern, Orchestern, Musikensembles oder Musicals ist die Polarität der Tätigkeit von Kunstschaffenden. Auf der einen Seite stehen hochindividualisierte *Solisten* mit ihren künstlerisch-technischen Fertigkeiten (und sonstigen Eigenheiten), auf der anderen Seite zwingt die Aufführungspraxis zu einer sehr starken *Teamorientierung,* die zu einem „emotionalen Gleichklang" der Musikerinnen (aber auch Schauspieler, Tänzerinnen etc.) führen soll: „Ein einheitliches Klangbild etwa lässt sich nur dann erreichen, wenn alle beteiligten Musiker z. B. die Intonation (die Tongestaltung) und Dynamik (die Gestaltung der Lautstärke) ihres Spiels exakt synchronisieren" (Börner & Streit 2006, 246). Pointiert zusammengefasst findet sich dieser Sachverhalt im Thesenpapier des Deutschen Orchesterverbands (DOV) zur Personal- und Organisationsentwicklung in Orchestern: „Dieser im Prinzip zwanghafte Zusammenschluss einzelner Künstlerpersönlichkeiten zu einer Gemeinschaft bietet ein erhöhtes Konfliktpotenzial, aber auch Chancen höchster kollektiver, musikalischer und beruflicher Erfüllung. Die Konfliktentstehung in Orchestern als solche ist völlig normal" (DOV 2009, S. 2). Damit wird noch einmal deutlich, dass Konfliktmanagement im Personalmanagement von Kulturbetrieben eine besondere Rolle spielt und insgesamt die Bedeutung der internen Kommunikation für die Führung von Mitarbeitenden nicht oft genug betont werden kann.

(7) Stellenabbau und Unterbesetzung

Angesichts der vielerorts knappen Trägerhaushalte sind bei öffentlichen Kultureinrichtungen der Erhalt und die Wiederbesetzung von freiwerdenden Stellen nicht selbstverständlich. Häufig genug müssen immer weniger Mitarbeitende immer mehr Aufgaben übernehmen – für die sie im Zweifelsfall nicht (ausreichend) qualifiziert sind. Zudem kommen mit der Erschließung neuer Marktsegmente, wie z. B. dem Kulturtourismus, oder der Bearbeitung neuer kultur- und gesellschaftspolitischer Vorgaben, wie z. B. der Diversitätsöffnung, neue Anforderungen auf die Mitarbeitenden zu und nur wenige (große) Kultureinrichtungen, wie z. B. die *Stiftung Preußische Schlösser und Gärten Berlin-Brandenburg* mit ihrem der Abteilung Marketing zugeordneten Referat „Tourismus und Marktforschung" (Stand 11. Januar 2024) oder die *Bühnen Köln,* die in 2022 eine Position „Vermittler*in für Diversitätsmanagement" ausgeschrieben haben, können sich im Stellenplan eine eigenständige Position für solche zusätzlichen Aufgaben leisten.

Digitales Marketing als Ressourcenherausforderung für die Praxis

Mit Blick auf die betriebswirtschaftlichen Funktionsfelder ist es v. a. das Marketing, und hier insbesondere der digitale Bereich, der zu einer ressourcenbezogenen Herausforderung – auch für das Personalmanagement – geworden ist: „Das Thema ‚Marketing' beschäftigt das Kulturmanagement seit Jahren. Ein Trend folgt dem anderen, ob nun Guerilla- oder Social-Media-Marketing inklusive Blog, Facebook-Auftritt, Twitter, Instagram – you name it. Aber nach den Jahren des extrem hohen Tempos in der digitalen Kommunikation scheint eine gewisse Müdigkeit eingetreten zu sein. Immer mehr Kanäle, immer mehr Formate, immer mehr Anforderungen. Aber immer weniger Ressourcen, diese Anforderungen auch umsetzen zu können" (Zand 2017, S. 9). Diese Bestandsaufnahme ist zeitlos gültig, auch und insbesondere mit Blick auf die marketingrelevanten Entwicklungen im Bereich Künstlicher Intelligenz (KI).

Neben der fachlichen Überforderung von Beschäftigten, die in manchen Fällen auch negative gesundheitliche Folgen (Burnout etc.) nach sich ziehen kann, führt eine kontinuierlich steigende Arbeitsbelastung häufig zu Demotivation und „innerer Kündigung" bei den Betroffenen. Dieser Umstand wiegt umso schwerer, als die Unzufriedenheit in Teilen der Belegschaft in der Regel nicht ohne Auswirkung auf die Qualität ihrer Leistungserstellung bleibt und in vielen Fällen sowohl auf die Kollegen und Kolleginnen als auch das Publikum eines Kulturbetriebs (und dessen Zufriedenheit) abfärben wird.

Naturgemäß bleiben die Probleme der Unterbesetzung nicht auf den öffentlichen Kulturbereich beschränkt. Sie sind vielmehr gerade auch in der Kultur- und Kreativwirtschaft bekannt, wo in den zahlreichen Klein- und Kleinstunternehmen zu wenige – und häufig ihrer (qualifizierten) Ausbildung nicht angemessen bezahlte – Mitarbeitende von der Kulturproduktentwicklung über die Einwerbung von Fördergeldern bis hin zur Angebotsvermarktung und den Gesprächen mit Behörden etc. alle Aufgaben in Personalunion ausführen müssen (und deshalb eine „Work-Life-Balance" nur selten genug herstellen können).

3.3 Ausgewählte Handlungsfelder im Kulturbetrieb

In der betriebswirtschaftlichen Literatur (siehe u. a. Scherm & Süß 2016; Scholz 2014; Stock-Homburg & Groß 2019) haben sich übergeordnete Handlungsfelder des Personalmanagements herauskristallisiert, von denen nachfolgend die für den vorliegenden Kontext wichtigsten unter Berücksichtigung kulturbetriebsspezifischer Besonderheiten diskutiert werden. Abb. 3.1 fasst relevante Entscheidungsaspekte in den einzelnen Handlungsfeldern, die in eine idealtypische Reihenfolge gebracht wurden, im Vorgriff auf die weiteren Ausführungen zusammen.

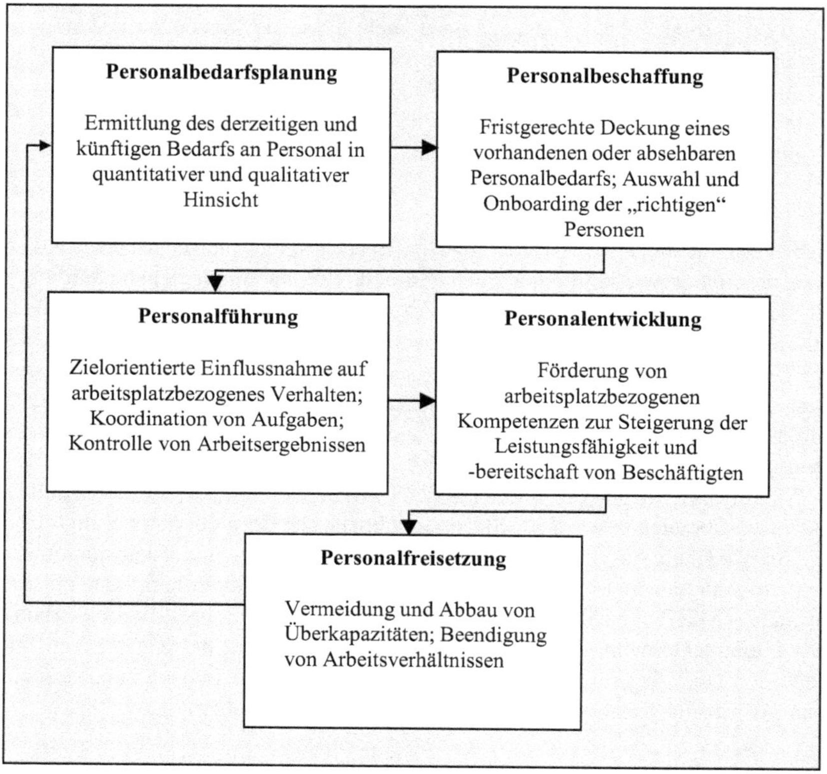

Abb. 3.1 Ausgewählte Handlungsfelder des Personalmanagements. (Eigene Darstellung)

3.3.1 Personalbedarfsplanung

Eine grundlegende, zukunftssichernde Aufgabe im Personalmanagement ist die Bedarfsplanung, d. h. die Ermittlung des derzeitigen und künftigen Bedarfs an Mitarbeitenden für den Kulturbetrieb insgesamt, einzelne Organisationseinheiten, Drittmittelprojekte etc. Zu unterscheiden sind

- die *quantitative* Bedarfsplanung, die sich mit der Frage beschäftigt, wie viele Personen zu einem bestimmten Zeitpunkt beschäftigt werden müssen, damit der Kulturanbieter leistungs- und wettbewerbsfähig ist, und

- die *qualitative* Bedarfsplanung, bei der es um die Bestimmung der Kenntnisse und Fähigkeiten geht, die Mitarbeitende für die Leistungserbringung jetzt und in Zukunft besitzen sollen.

Eine solche Bedarfsplanung profitiert davon, wenn der Kulturbetrieb nicht nur seine aktuellen Aufgaben und Anspruchsgruppen kennt, sondern auch über eine mittel- bis langfristige Orientierung verfügt (vgl. Kap. 2). Damit wird erneut deutlich, wie interdependent die verschiedenen Funktionsbereiche des Kulturmanagements sind, v. a. Marketing und Personal.

Die Ermittlung des *quantitativen* Personalbedarfs, d. h. der Anzahl an Personen, die für die Aufgabenerfüllung eines Kulturbetriebs erforderlich sind, kann z. B. auf *Fortführungsbasis* erfolgen. Dies setzt voraus, dass der gegenwärtige Personalbestand dem tatsächlichen Personalbedarf entspricht und deshalb nur Veränderungen (z. B. Kündigung, Erschließung neuer Aufgabenfelder) eine Bedarfsermittlung erforderlich machen. Grundlage für eine solche Vorgehensweise ist in der Regel der *Stellenplan,* in dem alle im Kulturbetrieb vorgesehenen – besetzten und unbesetzten – Stellen abgebildet sind. Der Stellenplan leitet sich aus der Organisationsstruktur bzw. dem Organigramm eines Kulturbetriebs ab und enthält neben der Anzahl an Stellen u. a. Informationen darüber,

- wie diese Stellen konkret bezeichnet sind,
- wann sie besetzt wurden und
- in welcher Lohn- bzw. Gehaltsstufe sie eingeordnet sind.

In Stellenplänen von Kulturbetrieben der öffentlichen Hand findet sich zudem gelegentlich ein sogenannter *Haushalts-* bzw. *Wegfallvermerk* mit dem Kürzel „kw". Dieses steht für „künftig wegfallend", d. h. eine Stelle wird nicht wiederbesetzt, sondern fällt zu einem bestimmten Zeitpunkt weg, in der Regel nach Ausscheiden der Person, die die Stelle aktuell besetzt.

Ein wichtiges Instrument der *qualitativen* Personalbedarfsermittlung ist die *Stellenbeschreibung.* Eine solche Beschreibung enthält die schriftliche, *unabhängig* von einer Person angelegte Abbildung einer Stelle mit ihrer hierarchischen Einordnung, ihren Zielen, Aufgaben, Kompetenzen und Befugnissen sowie ihren Beziehungen zu anderen Stellen. Hieraus kann ein *Anforderungsprofil* abgeleitet werden, das die erforderlichen Qualifikationen einer für diese bestimmte Stelle geeigneten Person festlegt: Neben fachlichen Fähigkeiten (z. B. Art der Ausbildung bzw. Berufserfahrung, Branchenkenntnisse) sind hierin auch Aussagen über erforderliche soziale Fähigkeiten (z. B. Team- und Kommunikationsfähigkeit) enthalten.

Personalbedarfsplanung beim Landschaftsverband Westfalen-Lippe
Nachfolgend findet sich ein Bericht aus dem Kulturdezernat des *Landschaftsverbands Westfalen-Lippe* (LWL), der Aufschluss über das Anforderungsprofil für neu zu besetzende Stellen in den Kultureinrichtungen des LWL gibt und seit der zweiten Auflage dieses Buchs nicht an Aktualität verloren hat: „Je nachdem, welches Amt besetzt werden muss, das gilt insbesondere für die Führungsebene, ist es unabdingbar, fachliche Qualifikation zu besitzen. Wir haben jedoch gerade in den letzten Jahren immer wieder festgestellt, dass diese allein für solche Positionen nicht mehr ausreicht. Unser Hauptanliegen ist es, Kultur und Kultureinrichtungen sichtbar zu machen und gerade im Museumsbereich sind wir darauf angewiesen, zu vermitteln und auch zu vermarkten. Es ist nicht mehr möglich, sich ausschließlich mit der reinen Wissenschaft im stillen Kämmerchen zu beschäftigen. Die Bewerber brauchen hierfür nicht nur Führungspersönlichkeit, sondern zudem ausreichend Kenntnisse im Kulturmanagement. Kulturmanagement heißt, strategisch denken, Finanz- und Marketingpläne entwickeln, Controlling durchführen usw. Für uns ist eine Aus- oder Fortbildung in diesem Fach natürlich ein Pluspunkt und es lässt sich am Bewerberfeld erkennen, dass zunehmend vergleichbare Zusatzqualifikationen erworben werden. Das wirkt sich nicht nur positiv auf den Kulturbetrieb aus, ich halte es für zukunftsweisend. Ein wichtiger Faktor für uns ist ferner das Vorhandensein von Sozialkompetenz […]“ (Schuster 2010, S. 16 f.).

3.3.2 Personalbeschaffung

Im Mittelpunkt dieses Handlungsfelds steht die fristgerechte *Deckung* eines vorhandenen oder absehbaren Personalbedarfs in quantitativer und/oder qualitativer Hinsicht. Eine solche Notwendigkeit zur Personalbeschaffung kann sich z. B. ergeben, wenn im Kulturbetrieb *neue* Stellen eingerichtet werden (müssen), wie in den letzten Jahren z. B. im Bereich Social Media, Diversität oder Nachhaltigkeit, oder wenn bereits *vorhandene* Stellen aufgrund von Kündigungen, Ruhestand oder Elternzeit der bisherigen Stelleninhaber wiederbesetzt werden müssen.

Diversitätssensible Bewerbungsverfahren

„Die Forderung nach mehr Diversität in der Belegschaft von Kulturbetrieben betrifft auch die Personalbeschaffung und hier insbesondere das Bewerbungsverfahren. Im Diversitätskompass des 360°-Projekts werden diesbezüglich folgende Empfehlungen ausgesprochen: gezieltes Anwerben von diversem Personal, Umformulierung von Stellenausschreibungen, z. B. durch die Ergänzung um Hinweise zu diversitätsorientierten Personalmaßnahmen wie Empowerment-Angeboten, Nutzung von neuen Plattformen und Verteilern zur Streuung der Stellen und gezielten Ansprache von diversem Personal, Aufnahme von Diversitätskompetenzen in Stellenprofile sowie Abfrage der Kompetenzen in Bewerbungsgesprächen (in Abhängigkeit vom Tätigkeitsbereich). Insgesamt besteht ein Bedarf an einer Flexibilisierung der Einstellungspraxis, z. B. mehr Offenheit für Bewerber*innen mit unterschiedlichen Ausbildungshintergründen und Anwerbung von Quereinsteiger*innen, Entwicklung neuer Ausbildungsprofile, v. a. in der kuratorischen und vermittelnden Arbeit, einfachere Anerkennung von ausländischen Abschlüssen“ (Kulturstiftung des Bundes 2022, S. 52 f.).

Für die Beschaffung – synonym auch: die Gewinnung oder das Recruiting – von Personal können zwei grundsätzliche Wege eingeschlagen werden (ausführlich hierzu Hausmann & Braun 2021: Die *interne* Beschaffung erfolgt durch Versetzung von dem Kulturbetrieb bereits zugehörigen Beschäftigten, z. B. wird eine Mitarbeiterin in der Abteilung Kulturelle Bildung nach Ausscheiden des bisherigen Stelleninhabers (und Stellenausschreibung) zur Abteilungsleiterin befördert. Die Vorteile einer solchen internen Stellenbesetzung liegen u. a. darin, dass hierdurch

- die Besetzung einer Stelle kurzfristig erfolgen und damit eine längere Vakanz, v. a. auch in Führungspositionen, vermieden werden kann,
- die betroffene Person den Kollegen und Kolleginnen sowie Vorgesetzten bereits hinsichtlich ihrer Leistungsfähigkeit, Kompetenzen etc. bekannt ist,
- die betroffene Person über Organisationskenntnis verfügt und sich damit die Einarbeitungszeit deutlich verkürzt,
- die Beschaffungskosten geringer sind (z. B. keine Schaltung von Stellenanzeigen) und der Prozess insgesamt schneller (erfolgreich) beendet werden kann,

- temporär Möglichkeiten zur „job rotation", z. B. im Falle sogenannter Stellvertreterübergangslösungen, oder sogar dauerhaft Aufstiegschancen und damit Anreize für fähige Mitarbeitende geschaffen werden.

Andererseits hat die interne Stellenbesetzung auch Nachteile: So steht ggf. nur eine beschränkte Auswahl von geeigneten Personen zur Verfügung, eine Versetzung oder Beförderung einer bestimmten Kandidatin stößt auf Ablehnung, Neid etc. bei den Kollegen (v. a. bei jenen, die sich selbst Hoffnung auf eine Beförderung gemacht haben), oder es werden neue Impulse von außen sowie bislang nicht vorhandene Kenntnisse im Kulturbetrieb benötigt.

Aus diesen und weiteren Gründen kann eine *externe* Beschaffung, bei der die potenziellen Mitarbeitenden auf dem externen Arbeitsmarkt gesucht werden, sinnvoll sein. Im Kulturbereich werden dazu neben Stellenanzeigen auf der Website, auf Social Media, in einschlägigen Zeitschriften, wie z. B. dem Fachmagazin „das Orchester" der Deutschen Orchestervereinigung, und auf spartenbezogenen oder spartenübergreifenden Portalen im Internet, wie z. B. www.kulturmanagement.net oder www.museumsbund.de, vor allem informelle Netzwerke und persönliche Kontakte der Beschäftigten, Gremienmitglieder (z. B. Freundeskreis, Beirat) oder auch Träger eines Kulturbetriebs genutzt.

Zu den Vorteilen einer externen Beschaffung gehört, dass in der Regel unter einer größeren Bewerberzahl ausgewählt werden kann (wenngleich die Zahl an Bewerbungen von geeigneten Fachkräften in den letzten Jahren auch im Kulturbereich deutlich zurückgegangen ist). Zudem bringen Externe im Idealfall neue Ideen und Erfahrungen ein, durch die der Kulturbetrieb insgesamt neue Dynamik erhält (anstatt eines „so haben wir das hier schon immer gemacht"). Andererseits ist die Gefahr einer Fehlentscheidung größer, die Kosten der Beschaffung (neben monetären, v. a. die aufgewendete Zeit für die Sichtung der Bewerbungen, die Durchführung von Auswahlgesprächen etc.) sind höher, der Beschaffungsprozess kann selbst zum Zeitpunkt der Vertragsunterzeichnung (oder in den ersten Wochen danach) noch scheitern und es kann zu Abwanderung von bereits. vorhandenen, gut qualifizierten Beschäftigten kommen, die sich eigentlich Hoffnung auf die freigewordene Stelle und einen Karrieresprung gemacht hatten.

Speziell für die Gewinnung von Führungskräften werden auch im Kulturbereich zunehmend häufiger Personalberatungen in Anspruch genommen (ausführlicher hierzu Hausmann & Braun 2021). Personalberatungen bieten zum einen im Vorfeld der Suche Unterstützung an (z. B. bei der Formulierung des Anforderungsprofils oder der Stellenausschreibung) und begleiten zum anderen auch den gesamten Einstellungsprozess (z. B. durch Vorauswahl der potenziellen

Kandidaten, Moderation der Auswahlgespräche und Übernahme der Vertragsverhandlungen). Diese Einbeziehung externer Experten und Expertinnen bei der Personalbeschaffung ermöglicht es den Kulturbetrieben, eine höhere Professionalität bei der externen Personalbeschaffung zu erreichen. Zudem werden (knappe) hausinterne Ressourcen durch die Auslagerung bestimmter Beschaffungsaufgaben entlastet. Andererseits entstehen bei der Einbeziehung von Personalberatungen Kosten – in der Regel werden Beraterhonorare in Höhe eines bestimmten Prozentsatzes vom Jahreseinkommen der neuen Person angesetzt. Eine Entscheidung über den richtigen Kanal bzw. das richtige Verfahren für die Personalbeschaffung sollte in Abwägung von Kosten und Nutzen getroffen werden.

Neubesetzung der Schauspielintendanz an den Bühnen Köln

Bei zu besetzenden Positionen auf der ersten Hierarchieebene, v. a. bei großen, renommierten Häusern, werden regelmäßig auch *Findungskommissionen* eingesetzt. Eine solche haben u. a. die *Bühnen Köln* für die Neubesetzung ihrer Intendanz zur Spielzeit 2024/25 eingerichtet. Gesucht wurde eine Nachfolge des scheidenden, an das *Burgtheater Wien* wechselnden Intendanten. Gefordert wurde von der Theater-Community nicht nur ein transparentes Verfahren, sondern auch eine stärkere Berücksichtigung der Bedürfnisse der Mitarbeitenden des Theaters; dies war im Bewerbungsverfahren in 2019 offenbar nicht (hinreichend) gelungen. Und so wurde eine sechsköpfige Findungskommission mit folgender Zusammensetzung eingerichtet: Geleitet wurde sie von der Oberbürgermeisterin der Stadt Köln. Ihr gehörten des Weiteren drei Intendanten und Intendantinnen aus Deutschland an, von denen eine Person unter anderem auch Vorsitzende der Intendantengruppe im Deutschen Bühnenverein ist, sowie ein Beigeordneter für Kunst und Kultur der Stadt Köln. Die Besonderheit dieser Findungskommission bestand darin, dass als weiteres Mitglied eine Person aus der Personalvertretung des Theaters aufgenommen wurde. Begleitet wurde der Auswahlprozess von einer externen Personalberatung. Das Beispiel ist nur eines unter anderen, das zeigt, dass die immer wieder kritisierte Intransparenz bei der Intendanzfindung (z. B. hinsichtlich der Zusammensetzung der Kommission) von den Mitarbeitenden, der Kulturpolitik und der Stadtgesellschaft nicht länger widerspruchslos hingenommen wird (https://www.report-k.de/schauspielintendanz-koeln-wer-sitzt-in-der-findungskommission/; Stand Juli 2024).

Ein sich anschließender Aktionsbereich, der hier dem Handlungsfeld der Personalbeschaffung zugeordnet wird, ist die *Personalauswahl,* d. h. die Prüfung von Bewerbungen hinsichtlich ihrer Eignung für die speziellen Anforderungen einer ausgeschriebenen Stelle. Hierzu wird der Kulturbetrieb, zumindest in allen managementnahen und administrativen Tätigkeitsfeldern, zunächst *Bewerbungsunterlagen* (Lebenslauf, Leistungsnachweise etc.) potenzieller Kandidaten und Kandidatinnen sichten, um aus den dort angegebenen biographischen Merkmalen künftige Verhaltensweisen und deren Eignung für die zu besetzende Stelle abzuleiten bzw. abzuprüfen. In einem nächsten Schritt wird typischerweise, zumindest in allen nicht-künstlerischen Tätigkeitsbereichen, ein *Auswahlgespräch* durchgeführt. Dieses dient dazu, die Personen, die sich beworben haben, besser kennen zu lernen und bestimmte Aspekte, die aus den formalen Bewerbungsunterlagen nicht oder nicht deutlich genug herauszulesen waren, zu überprüfen oder zu hinterfragen. In Abhängigkeit von der Bedeutung der zu besetzenden Stelle sowie der Anzahl an Bewerbungen können Auswahlgespräche auch in einem mehrstufigen Verfahren durchgeführt werden, indem z. B. unterschiedliche Abteilungen involviert werden.

Auswahlverfahren für Tänzer und Tänzerinnen an der Mailänder Scala
Naturgemäß läuft das Auswahlverfahren bei Künstlern und Künstlerinnen gänzlich anders ab, wie hier exemplarisch für das *Teatro alla Scala* und die Berufsgruppe Tanz aufgezeigt werden soll. Interessierte müssen zunächst die „application form" ausfüllen, in der sie u. a. bestätigen, dass sie mindestens 18 Jahre alt sind und über bestimmte Ausbildungsdiplome verfügen. Diese Unterlagen können ausschließlich online eingereicht werden. Die dann im Weiteren vom Theater ausgewählten Personen müssen an einem festgelegten Termin Folgendes künstlerisch leisten „full classical dance lesson, en point too; classical variation of repertoire lasting no more than 90 s at the candidate's choice" und sich dabei auch formal an eine bestimmte Kleiderordnung halten „female dancers: pink tights, leotard/body, pointe shoes, demi-pointe shoes, no skirts or other elements. Male dancers: tights and t-shirt". Am Ende des Auswahlverfahrens wird eine Rankingliste erstellt und die Eingeladenen werden in der Reihenfolge ihrer Platzierung benachrichtigt (www.teatroallascala.org/en, Stand Januar 2024).

Last but not least soll hier das *Onboarding* als der Teil der Personalbeschaffung skizziert werden, der ab dem Zeitpunkt der Vertragsunterzeichnung beginnt (vgl. Hausmann/Braun *2021*, S. 18 f.). Als Onboarding (auch: Personaleinführung) wird die systematische Einführung und Integration von neuem Personal in einen Kulturbetrieb in fachlicher und sozialer Hinsicht verstanden. Damit ist ein dynamischer Prozess verbunden, der je nach Aufgabenbereich, Abteilung und Hierarchieebene unterschiedlich intensiv abläuft. Das Onboarding gilt als erfolgreich, wenn die neue Person nicht nur ihre Aufgaben kennengelernt hat, sondern z. B. auch die Informations- und Entscheidungswege im Haus, das Team bzw. ggf. das ihr zugeordnete Personal sowie einige der (un)geschriebenen Organisationsgesetze. Ist dies gelungen, so wird die Bindung zwischen Kulturbetrieb und neuer Person innerhalb dieses Prozesses positiv gestärkt und damit die Zugehörigkeit und Identität. Um das Onboarding so professionell wie möglich anzugehen, ist die Konzeption eines *Einarbeitungsprogramms* sinnvoll. Teil dessen können z. B. sein: Einarbeitungsgespräche (inklusive Überreichung einer Einführungsmappe mit wichtigen Informationen zu Aufbauorganisation/Organigramm, Leitbild, Dienstvereinbarungen, Möglichkeiten mobiler Arbeit, Gleitzeiten, Urlaubsansprüchen etc.), das strukturierte Kennenlernen aller wichtigen Arbeitsbereiche und Personen des Kulturbetriebs sowie eine transparente Planung der Reihenfolge der anfangs zu erledigenden Aufgaben. Der Praxiskasten zeigt exemplarisch anhand von (anonymen) Nutzerkommentaren auf der Social Media-Plattform *Reddit,* welche Konsequenzen ein fehlendes oder unzulängliches Onboarding auf die Stimmung der betroffenen Personen haben kann; zum Schluss findet sich dann ein Best Practice (Stand aller Posts: Dezember 2023; Originalzitate).

What does onboarding look like at your museum?

- „There is no process. People get told where their office is and then, they have to find out and awkwardly ask around for themselves until they know enough to start working because no one on the team feels responsible for it. It is highly ineffective, cannot recommend".
- „Every place I work, I end up making my own training manual for the person that will come after me because of how much I hated my onboarding. It's extra labor but it's better than getting emails from my old job asking me how I did my job".

- „The last place I started, my predecessor was long gone. I was a department of one who had previously reported directly to the president, but in practice had been self-managed. Of course I didn't know that. Another manager had, in the meantime, been appointed director. So I assumed my new boss knew something about my job, but in fact she knew nothing and had never managed the role before (…)".
- „I work in education management at a medium-large science museum. One recent improvement we made to our onboarding process that I highly recommend is using the first day only to establish culture and relationships. There's enough information to learn that four or five hours of cramming more in really wasn't making that much of a difference. Instead, we start them with a tour of our department's spaces and introductions to their peers, the history and future plans of the organization, the department's role in the organization, and a conversation about what they're excited about in their new job and their goals. Then they have lunch with a couple of members of our department's management team, get set up with their uniform, email address, and benefits info before going to the institution-wide orientation from HR. It's been very successful so far and I highly recommend you consider it for each department to implement. After this culture day, we get them started learning our most frequent program right away. They're teaching with a partner on their third day. We focus on teaching them the skills to do the job rather than memorizing information, so once they've learned how to teach one field trip, they are able to learn another field trip quickly and confidently".

(https://www.reddit.com/r/MuseumPros/comments/18cjbam/what_does_onboarding_look_like_at_your_museum/?rdt=61166; Stand Januar 2024).

3.3.3 Personalführung

Personalführung (auch: Leadership oder Cultural Leadership) strebt den Aufbau und die Pflege von *Arbeitsbeziehungen* zwischen Führenden und Geführten an, denen einen Ziel- bzw. Ergebnisorientierung zugrunde liegt (Hausmann 2019a, S. 5). Durch Maßnahmen der Personalführung soll also sichergestellt werden, dass die Ziele des Kulturbetriebs erreicht werden – und dies mit möglichst ökonomischem Ressourceneinsatz. Allerdings, und darauf ist oben bereits hingewiesen worden, lassen sich Mitarbeitende nicht ausschließlich von Organisationszielen leiten, sondern verfolgen eigene Ziele, sodass immer auch die individuellen Interessen der Mitarbeitenden zu berücksichtigen sind. Aus der Tatsache, dass sowohl die Ziele des Kulturbetriebs als auch die der Beschäftigten relevant (und beide nicht immer deckungsgleich) sind, ergeben sich verschiedene grundsätzliche Aufgaben der Führung, die von einer Führungskraft nicht delegierbar sind (ausführlich hierzu Hausmann/Zischler 2023) und zu denen u. a. gehören:

- die *Festlegung* der konkret von Mitarbeitenden zu erfüllenden Aufgaben,
- die *Koordination* des arbeitsteiligen Handelns der verschiedenen Mitarbeitenden im laufenden Prozess,
- die *Kontrolle* bzw. Evaluation von Arbeitsergebnissen (inklusive Feedback),
- die *Sicherstellung* der zur Aufgabenerfüllung wesentlichen Rahmenbedingungen (Ausstattung mit Hard- und Software, Budget, Räume, Informationen etc.).

Die Führungssituation ist allgemein dadurch gekennzeichnet, dass soziale Interaktionen zwischen Führungsperson und Mitarbeitenden stattfinden – die zwischenmenschlichen *(Arbeits-)Beziehungen* spielen also eine wesentliche Rolle für das Gelingen bzw. Nichtgelingen von Personalführung im Kulturbetrieb. Diese Beziehungen sind grundsätzlich asymmetrisch ausgelegt, da die Führungsperson qua Hierarchie und sonstiger formaler Regelungen über mehr Macht verfügt (auch verfügen muss) und damit – theoretisch – ihre Vorstellungen besser durchsetzen kann. Praktisch üben jedoch auch die geführten Mitarbeitenden einen wesentlichen Einfluss auf ihre Vorgesetzen und damit auf die Führungssituation sowie den Führungserfolg von Kulturbetrieben aus. Es findet also eine wechselseitige Einflussnahme und Orientierung aneinander statt und damit trägt ein/e jede/r die (Eigen-)Verantwortung, im Rahmen seiner/ihrer Möglichkeiten einen Teil zur Gestaltung gelingender Arbeitsbeziehungen zu leisten.

Typische Führungspersonen in Kulturbetrieben finden sich auf der obersten Leitungsebene – Intendantin in der Oper, Künstlerischer Leiter im Theater, Direktorin im Museum, Kaufmännische Geschäftsführerin im Orchester – sowie auf der zweiten Hierarchieebene (Abteilungsleitung, Geschäftsbereichsleitung etc.); weitere Führungsebenen sind möglich (z. B. Referats- oder Teamleitung). Neben diesen *formellen* Führungskräften gibt es zuweilen auch *informell* Führende, die diese Position unabhängig von ihrer konkreten hierarchischen Zuordnung einnehmen, z. B. aufgrund ihrer langjährigen Zugehörigkeit in der Organisation, fachlichen Expertise oder Persönlichkeit (zu den Vor- und Nachteilen solcher informellen Führungskräfte vgl. Hausmann 2019b).

Als *Führungsstil* wird ein langfristig stabiles, in einer schmalen Bandbreite variables Verhaltensmuster einer Führungskraft verstanden. Zu den Einflussfaktoren auf dieses Verhaltensmuster gehören z. B. die Persönlichkeit der Führungskraft, ihr Bild von anderen Menschen bzgl. Motivation, Engagement etc., ihre (Berufs-)Erfahrung und die jeweilige konkrete Führungssituation (Leitungsspanne, Zeitdruck, Bedeutung einer Entscheidung etc.). Führung erfolgt jedoch nicht allein durch *Personen* und ihre individuelle Art zu führen, sondern auch über die Schaffung von *Strukturen* bzw. die Gestaltung der Aufbau- und Ablauforganisation eines Kulturbetriebs, d. h. z. B. durch Organigramme, Stellenbeschreibungen, Verfahrensvorschriften und Prozessabläufe.

Das Verständnis von Personalführung ist, wie z. B. auch die Auswahl von Maßnahmen der Personalbeschaffung, stark spartenabhängig geprägt. Vor allem in den Bereichen der Darstellenden Kunst und Musik, aber z. B. auch in der Filmwirtschaft findet sich nach wie vor ein z. T. sehr hierarchischer, sehr machtorientierter Führungsstil, der allerdings – u. a. angestoßen durch die „MeToo“-Bewegung und beeinflusst von einer neuen Generation von Beschäftigten und einer sich insgesamt verändernden Kultur der Arbeit – zunehmend weniger Akzeptanz findet. Dennoch, so zeigen aktuelle Beispiele immer wieder, bleibt insbesondere in diesen Kultursparten noch viel zu tun, was den *Deutschen Bühnenverein* Ende 2021 zur Veröffentlichung eines Wertekodexes veranlasst hat (Auszüge hieraus finden sich im Praxiskasten).

Wertebasierter Verhaltenskodex für Theater, Orchester und Festivals

„Theater, Orchester und Festivals geben ästhetische, künstlerische und inhaltliche Impulse in eine sich stets wandelnde Gesellschaft. Sie eröffnen damit Räume der verfassungsrechtlich geschützten künstlerischen Freiheit. Wir Mitglieder des Deutschen Bühnenvereins, die künstlerischen und betrieblichen Leiter*innen sowie ihre Gesellschafter*innen und Träger*innen in Ländern und Kommunen, vertreten vor diesem Hintergrund einen Wertebasierten Verhaltenskodex, der ein freiheitliches und respektvolles Miteinander in unseren Betrieben fördern und stärken soll. (…). Als Arbeitgeber*innen stehen wir in der Pflicht, unsere festangestellten und freiberuflichen Mitarbeiter*innen und Arbeitspartner*innen aktiv vor jeder Form von Diskriminierung, sexuellen Übergriffen, Machtmissbrauch, Mobbing und herabwürdigendem Verhalten zu schützen. Wir dulden keine Benachteiligungen aufgrund von nationaler oder ethnischer Herkunft, Geschlecht, Religion oder Weltanschauung, politischer Überzeugung, Behinderung, Alter, Familienstand, sexueller Identität oder Orientierung sowie sozialer Herkunft. (…) Als Theater-, Orchester- und Festivalleitungen sorgen wir dafür, dass innerbetriebliche Strukturen, Prozesse, Unternehmenskultur und Führungsmodelle entsprechend gestaltet werden. Als Gesellschafter*innen und Träger*innen stehen wir in der Verantwortung, die betrieblichen und künstlerischen Leitungen der Theater, Orchester und Festivals bei der Umsetzung dieses wertebasierten Verhaltenskodex zu unterstützen und sie einzufordern" (Deutscher Bühnenverein 2021).

Zur Erreichung der mit Führung verbundenen Ziele stehen verschiedene *Führungsinstrumente* zur Verfügung. Dabei lassen sich, wie in Abb. 3.2 dargestellt, zwei grundsätzliche Typen unterscheiden: Instrumente der *Kommunikation* und Instrumente der *Koordination* (ausführlich hierzu Stock-Homburg & Groß 2019). Weitere Instrumente, wie z. B. Befragungen von Mitarbeitenden, lassen sich einem dritten übergeordneten Typus zuordnen, den Instrumenten der *Kontrolle* (ausführlich hierzu Hausmann/Zischler 2023).

Instrumente der *Kommunikation* zielen darauf ab, den Informationsaustausch zwischen Führungskräften und Beschäftigten zu verbessern. Hierbei ist zwischen laufendem Feedback (informell und individuell, aber auch institutionalisiert im Team) und unregelmäßigem, stärker formalisiertem Gespräch zu unterscheiden (ausführlich hierzu Hausmann/Zischler 2023). *Feedback* wird hier verstanden

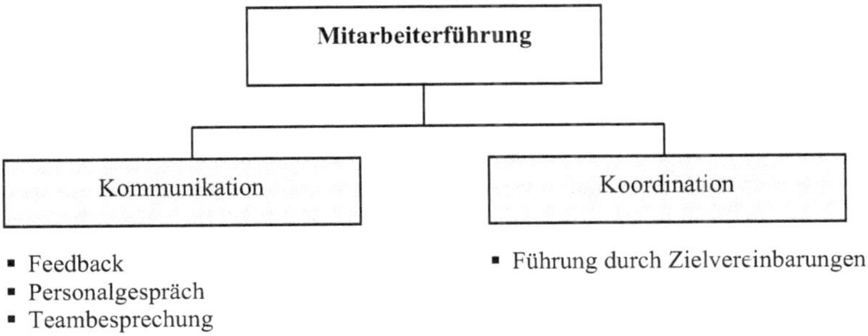

Abb. 3.2 Ausgewählte Instrumente der Mitarbeiterführung. (Eigene Darstellung)

als eine (wechselseitige) regelmäßige, persönliche Rückmeldung zwischen Führungskraft und Mitarbeitenden z. B. zu den Arbeitsprozessen und -ergebnissen oder auch zu einem bestimmten Verhalten bzw. getroffenen Entscheidungen in bestimmten Situationen. Während das Feedbackgespräch eher informellen, aufgabenbezogenen Charakter hat und sich auf den Austausch bzw. die Kommunikation mit einzelnen Beschäftigten bezieht, sind zur *Teambesprechung* alle Mitglieder einer Organisationseinheit (Abteilung, Projekt etc.) eingeladen und sie ist stärker formalisiert, z. B. im Hinblick auf Zeitpunkt und Ablauf. Als drittes Instrument lässt sich das *Personalgespräch* nennen, das in größeren periodischen Abständen stattfindet, viel stärker formalisiert ist (z. B. durch langfristige Terminfestlegung, Nutzung von Formularen zur Vorbereitung) und eine grundsätzlichere Ausrichtung hat (z. B. durch ein Review des abgelaufenen Arbeitsjahres, die Vereinbarung von künftigen Leistungszielen, den Austausch über mögliche weitere Karriereschritte innerhalb des Kulturbetriebs etc.).

Instrumente der *Koordination* zielen darauf ab, die Abstimmung mit und zwischen Mitarbeitenden dadurch zu verbessern, dass konkrete Ziele vereinbart oder in sich geschlossene Aufgaben eindeutig zugeordnet werden. Ein wichtiges Instrument der Mitarbeiterführung, das auch im Kulturbereich zunehmend an Bedeutung gewinnt, ist die Führung durch *Zielvereinbarungen* („management by objectives"). Bei der Anwendung dieses Führungsinstruments bedarf es der frühzeitigen Einbeziehung der Mitarbeitenden in den Prozess der Zielfindung. Grundsätzliche Bestandteile sind das Zielvereinbarungsgespräch, das der Festlegung der innerhalb einer Periode zu erreichenden Ziele dient, die Zwischenkontrolle zur Identifikation möglicher Probleme bei der Zielerreichung und das abschließende Zielerreichungsgespräch. Die Vorteile dieser Methode liegen u. a. in einer verbesserten Kommunikation zwischen Vorgesetzten und Mitarbeitenden, der Herstellung von Transparenz, der Steigerung der Arbeitsmotivation und einer stärkeren Integration des Einzelnen in den Gesamtbetriebsablauf (siehe Klein 2009b).

Insgesamt ist dieses Führungsinstrument nicht zuletzt wegen der grundsätzlichen, leistungs- und orientierungsfördernden Eigenschaften von (realistischen) Zielen für den Kulturbereich interessant, in dem, wie in Abschn. 2.3.1 bereits angesprochen, (konkrete) Ziele noch zu selten festgelegt werden. Kritischer Erfolgsfaktor ist allerdings, dass in einem *gemeinsamen* Aushandlungsprozess zwischen Führungskraft und Mitarbeitenden vereinbart wird, welche Ziele in einem bestimmten Zeitraum erreicht werden sollen. Dabei ist es eine wesentliche Aufgabe der Führungskraft, darauf zu achten, dass die vereinbarten (Teil-) Ziele kongruent zu den Oberzielen bzw. der Mission des Kulturanbieters sind und die betroffenen Beschäftigten diese Ziele aus eigener Kraft und bei gegebener Ressourcenverteilung auch tatsächlich erreichen können. Im Praxiskasten findet sich ein Beispiel eines Schweizer Popmusikfestivals, das zeitlos und praxisnah veranschaulicht, wie die verschiedenen Instrumente der Personalführung ineinandergreifen können.

Instrumente der Personalführung bei einem Popmusikfestival

„Bei einer dezentralen Organisation, wie dies bei *m4music* der Fall ist, heißt ‚führen' vor allem ‚kommunizieren'. Dabei kann man auf eine Vielzahl von Kommunikationsarten zurückgreifen, von denen die wichtigsten hier kurz diskutiert werden. So banal es tönen mag, aber persönliche Gespräche sind das wichtigste Führungsinstrument. Sie finden in Meetings oder am Telefon statt, wobei eine kurze Konferenzschaltung manchmal ein aufwendiges Meeting ersetzen kann. Wichtig ist, mit allen Beteiligten sowohl formelle wie auch informelle Gespräche zu führen. Bei wichtigen Gesprächen sollte unbedingt eine Gesprächsnotiz oder ein Beschluss-Protokoll per E-Mail nachgeschickt werden. [...] Die formellste schriftliche Kommunikation stellen Verträge, Vereinbarungen und Zielvereinbarungen dar. Hier sollte möglichst genau festgehalten werden, was vom Partner oder Mitarbeiter erwartet wird. [...] Bei externen Mitarbeitern werden die Verträge, wo vor allem die Prioritäten und die wichtigsten Ziele und Termine festgehalten sind, durch detaillierte Job-Beschriebe ergänzt, die jedes Jahr überarbeitet und dadurch noch genauer werden. Wichtig sind auch Abgrenzungen gegenüber anderen Jobs. Zielvereinbarungen sind auch bei *m4music* so SMART wie möglich formuliert: spezifisch, messbar, ambitiös, realistisch und terminbezogen. [...] Krisen und Konflikte beanspruchen die Führungs- und Kommunikationsfähigkeiten der Leitung besonders. Bei Konflikten im Team ist es meist besser, zwar zuzuhören, aber die Beteiligten den Konflikt selbst lösen zu lassen und nur einzugreifen, wenn Eskalation droht. Ist man selbst involviert gilt: zuerst überlegen, dann agieren. [...] Werden Lösungen gefunden, empfiehlt es sich, diese ‚Friedensverträge' auf unspektakuläre Weise schriftlich festzuhalten" (Schnyder von Wartensee 2010, S. 58).

3.3.4 Personalentwicklung

Die dynamischen Veränderungen in der Umwelt, auf den Märkten und in den Kulturbetrieben, bedingt u. a. durch den Fachkräftemangel, die digitale Transformation (einschließlich Künstlicher Intelligenz), den Klimawandel und den Auswirkungen der Coronapandemie, aber auch aufgrund von rechtlichen Änderungen (z. B. Datenschutz, Steuerrecht) oder neuer Publikumsbedürfnisse, ergeben sich immer wieder – und viel schneller als früher – neue Anforderungen an bestehende Stellen und die Stelleninhabenden. Aber auch ein Abbau von Stellen oder eine verzögerte Wiederbesetzung können dazu führen, dass die verbleibenden Beschäftigen Aufgaben übernehmen (müssen), für die ihnen eigentlich die entsprechenden Kenntnisse fehlen. Verschiedene Faktoren bedingen also, dass sich die Beschäftigten von Kulturbetrieben kontinuierlich weiterbilden müss(t)en. Da die Kompetenzen des Personals eine wesentliche Voraussetzung dafür darstellen, dass Kulturbetriebe langfristig existenz- und wettbewerbsfähig bleiben, sollte es dabei (auch) im Interesse des Arbeitgebers sein, durch Maßnahmen der Personalentwicklung kontinuierlich in die eigene Belegschaft und Zukunft zu investieren.

Maßnahmen der Weiterbildung im Kontext von Diversität

Wie bereits oben ausgeführt, ergeben sich auch aus der kultur- und gesellschaftspolitischen Forderung nach mehr Öffnung und kultureller Diversität in den Programmangeboten, im Personal und im Publikum Notwendigkeiten im Hinblick auf die Personalentwicklung: „Fortbildungen und Schulungen für Mitarbeitende bilden eine Grundlage für ein gemeinsames Diversitätsverständnis in der Institution. Übergeordnetes strategisches Ziel ist dabei, dass diversitätsorientiertes Handeln perspektivisch zur Eigenmotivation des Personals wird. Als besonders wirksam hat sich in den 360°-Institutionen ein zweistufiges Fortbildungssystem erwiesen: Auf eine Basisschulung zu Diversität, die sich an alle Mitarbeitenden richtet, folgen spezifische, auf den jeweiligen Tätigkeitsbereich zugeschnittene Schulungen für einzelne Berufsgruppen innerhalb der Institution (Leitung, Personalabteilung, Kommunikation, Kuration, Vermittlung, Personal mit Publikumskontakt etc.). Im Rahmen des Programms wurden die Fortbildungen zum Teil als verpflichtende und zum Teil als freiwillige Angebote umgesetzt. Die Entscheidung hierüber ist sehr individuell und hängt sowohl vom Wissensstand bzw. von der Offenheit der Mitarbeitenden ab als auch von der Strategie von Leitung, Agent*in und AG Diversität. Die am Programm teilnehmenden Institutionen haben besonders die Bedeutung der Kontinuität dieser Maßnahme betont. Ebenso ist es wichtig, Diversitätsschulungen beim Onboarding neuer Mitarbeiter*innen mitzudenken" (Kulturstiftung des Bundes 2022, S. 52).

Ganz allgemein werden Maßnahmen der Personalentwicklung eingeleitet, um Qualifikationen zu vermitteln, die zur Steigerung der Leistungsfähigkeit und beruflichen Entwicklung von Beschäftigten dienen. Darüber hinaus kann es zusätzliches Ziel sein, die Identifikation von Mitarbeitenden mit dem Kulturbetrieb und seiner „mission" zu stärken und insgesamt die Attraktivität der Institution als Arbeitgeber zu stärken (Stichwort „Employer Branding"). Dabei geht es allerdings nicht nur darum, die organisationale Seite im Blick zu behalten und den Zielen des Kulturbetriebs genüge zu tragen. Vielmehr können sinnvolle, arbeitsplatzbezogene Maßnahmen der Personalentwicklung die Motivation und Zufriedenheit der betroffenen Mitarbeitenden fördern und so insgesamt zu mehr Leistungsbereitschaft führen.

Grundsätzlich stehen den Kulturbetrieben eine Reihe unterschiedlicher Maßnahmen zur Verfügung. So lassen sich grob gefasst zum einen Maßnahmen der *(lernbasierten) Weiterbildung* abgrenzen, d. h. Qualifizierungsmaßnahmen, die auf tätigkeits- und berufsspezifischen Kenntnissen aufbauen. Hierzu gehören u. a. Konferenzen, Seminare, Workshops und das berufsbegleitende Studium. Zum anderen stehen *sonstige (feedbackbasierte) Fördermaßnahmen* zur Verfügung, wie insbesondere:

- *Coaching,* d. h. die professionelle Beratung, Begleitung und Unterstützung von einzelnen Beschäftigten (in der Regel jene mit Führungs- und Leitungsfunktionen) oder auch Gruppen. Übergeordnetes Ziel eines Coaching ist die Weiterentwicklung von individuellen oder kollektiven Lern- und Leistungsprozessen primär im Rahmen von beruflichen Zusammenhängen. Die hierbei angerissenen Fragestellungen können sowohl tätigkeitsbezogen und fachlich (leistungsbezogenes Coaching) als auch zwischenmenschlich (persönlichkeitsbezogenes Coaching) sein. Die im Einzelnen verfolgten Ziel des Coaching sind dementsprechend vielfältig: Verbesserung der Führungskompetenzen, Unterstützung und Lösung von Konfliktsituationen (v. a. Beziehungskonflikte mit Geführten), Optimierung von Interaktionssituationen, Erlernen des Umgangs mit neuen Rollen, Erkennen und Auflösen von Verhaltens-, Wahrnehmungs-

und Beurteilungstendenzen, Abbau von Motivationsblockaden, Verbesserung von Arbeits- und Lebensqualität im Sinne einer „Work-Life-Balance" sowie Überwindung persönlicher (Sinn-)Krisen.

- *Mentoring:* Während sich das Coaching in der Regel auf eine oder mehrere Problemstellung(en) zum Zeitpunkt einer bestimmten beruflichen Lebensphase konzentriert, soll das Mentoring einer Person Unterstützung bieten, die sich am Übergang verschiedener beruflicher Phasen befindet (z. B. vom Studium zum ersten Job, vom Einstiegsjob zur Übernahme einer leitenden Funktion). Das Mentoring eignet sich damit sowohl für die Integration neuer Mitarbeitender in den Kulturbetrieb als z. B. auch für die Entwicklung von Nachwuchsführungskräften. Es setzt eine erfahrene Person (Mentor/in) voraus, die bereit und in der Lage ist, eine andere Person (Mentee) in berufsbezogenen Fragen zu unterstützen. Die Mentor/innen verfügen dabei aufgrund ihres Alters und der beruflichen Qualifikation über Erfahrungen innerhalb einer Organisation, einer Branche o.ä., die sie dem Mentee verfügbar machen können. Der Mentee profitiert nicht nur von diesem Wissen, sondern kann auch bei konkreten Fragen auf den/die Mentor/in zugehen. In solchen Fällen verwischen die Grenzen zwischen Mentoring und Coaching, wobei das Coaching vergleichsweise teurer ist, da der Coach (anders als typischerweise die Mentorin) in der Regel monetär entgolten wird. Grundsätzlich profitiert auch der/die Mentor/in vom Erfahrungsaustausch und den Ideen jüngerer Mitarbeitender, sodass ein doppelter Mehrwert für den Kulturbetrieb entsteht. Typische Ziele des Mentorings sind Erfahrungsaustausch und Feedback, Verbesserung der Selbstpräsentation, Erweiterung der eigenen Handlungsoptionen, Karriereplanung und -beratung und Netzwerkbildung.

Personalentwicklung beim Landschaftsverband Westfalen-Lippe

Auch in diesem Handlungsfeld agiert der *Landschaftsverband Westfalen-Lippe,* der bereits im Zusammenhang mit der Personalauswahl als Beispiel angeführt wurde, vorbildlich: „Wir bemühen uns, dazu anzuregen, dass sich unsere Angestellten ständig weiterbilden und dies auch auf Eigeninitiative hin. Das Angebot ist vielseitig. Wir bieten sowohl Fortbildungen im Bereich Kulturmanagement an, als auch für unsere Wissenschaftler die Möglichkeit, zum Beispiel Texte für Ausstellungen zu schreiben. Die Grundkompetenz dafür hat man natürlich im Studium erlernt. Aber es ist wichtig, besucherorientierte und publikumswirksame Formulierungen zu

> beherrschen, wissenschaftliche Aspekte z. B. im Bereich der Kunst für den Laien verständlich zu machen. [...] Ein weiterer wichtiger Aspekt sind die Fortbildungen für Führungskräfte, die genau an den Herausforderungen der Posten ausgerichtet sind: Mitarbeiterführung, Mitarbeitermotivation, Umgang mit Krisensituationen usw. Unsere Seminare und Workshops werden von internen wie auch externen Anbietern übernommen. Dabei nehmen wir auch Rücksicht auf die Wünsche der Mitarbeiter, indem wir, wenn ein Bedarf von ausreichend vielen Kollegen formuliert wird, versuchen, ein passendes Angebot zu finden. Dieser Prozess ist nicht kostenlos zu bekommen. Die Investition lohnt sich aber, denn bei vielen Diskussionen wird vergessen, dass man genau dadurch enorm sparen kann, Personal langfristig für die eigenen Bedürfnisse auszubilden und in der Folge teure Korrektur- und Nachjustierungsphasen vermeidet" (Schuster 2010, S. 17 f.).

Maßnahmen der Personalentwicklung wirken dabei nicht nur auf fachlicher Ebene, sondern sind immer auch ein Teil des Arbeitgebermarketings bzw. *Employer Brandings* und wirken positiv auf Personalgewinnung, Arbeitszufriedenheit und Personalbindung. Unter Employer Branding fallen alle Maßnahmen, die dazu dienen, einen Kulturbetrieb als attraktiven Arbeitgeber am Arbeitsmarkt zu positionieren. Employer Branding ist als langfristig angelegtes, strategisches Instrument des Personalmanagements zu verstehen, dessen übergeordnetes Ziel es ist, einen Kulturbetrieb dauerhaft mit ausreichend qualifiziertem Personal zu versorgen (Hausmann/Braun 2021, S. 9 f.). Angebote der Personalentwicklung sind für viele Arbeitnehmende, auch und gerade junge Fachkräfte, ein entscheidender Faktor für die wahrgenommene Arbeitgeberattraktivität. So zeigt u. a. die *SwissSkills Studie 2023* mit 600 Befragten im Alter zwischen 17 und 27 Jahren, dass die Teilnahme an Maßnahmen der Aus- und Weiterbildung mit Abstand als die attraktivste Zusatzleistung von Arbeitgebern bewertet wird und sich dies positiv auf die Talentbindung auswirkt (vgl. SwissSkills 2023, S. 28).

3.3.5 Personalfreisetzung

Die Notwendigkeit für dieses Handlungsfeld des Personalmanagements ergibt sich z. B. aufgrund von auslaufenden (Projekt-)Verträgen, Absatz-/Umsatzrückgängen, neuen (möglicherweise günstigeren) Konkurrenzangeboten oder aufgrund der (z. B. rechtlichen) Notwendigkeit zur Einstellung bisheriger Leistungen. Darüber hinaus können es technische Neuerungen, die Professionalisierung von Verwaltungsabläufen und die Rationalisierung von Leistungsprozessen, aber häufig auch in einer bestimmten Person liegende Gründe erforderlich machen, Maßnahmen der Personalfreisetzung zu treffen.

Die Personalfreisetzung enthält sämtliche Aktivitäten zur *Vermeidung* bzw. zum *Abbau* von *Überkapazitäten* beim Personalbestand. Damit ist die Freisetzung nicht gleichzusetzen mit der Entlassung von Beschäftigten, diese stellt vielmehr eine Handlungsoption unter folgenden anderen dar:

- Versetzung (z. B. in einen neuen Arbeitsbereich),
- Arbeitszeitverkürzung,
- Einstellungsstopp oder Wegfallvermerk,
- Nichtverlängerung befristeter Arbeitsverträge (z. B. von Projektbeschäftigten).

Vor allem in Orchestern und Theatern, aber auch in Museen kommt es immer wieder zu einer vorzeitigen bzw. fristlosen, zusätzlich häufig medial (über-)inszenierten Entlassung von Führungspersonal auf der ersten Hierarchieebene (im Jahr 2023 u. a. der geschäftsführende Direktor und stellvertretende Intendant des Deutschen Theaters in Berlin, der Ballettdirektor des Staatstheaters Hannover, der Chefdirigent des Theaters Erfurt). Die Gründe hierfür sind vielfältig: Unregelmäßigkeiten in der Haushaltsführung, drastische Überschreitungen des Etats, dramatische Rückgänge bei den Besuchszahlen, veraltete künstlerische oder inhaltliche Konzeptionen, aber auch gefälschte Unterschriften und Verstöße gegen dienstliche Anweisungen sowie ein nicht mehr zeitgemäßer Machtgebrauch im Umgang mit dem Personal werden in den Medien (und vor Arbeitsgerichten) als Ursache diskutiert. In vielen Fällen ist zum Zeitpunkt der Freisetzung das Verhältnis zwischen der Führungskraft und den Beschäftigten und/oder anderen Anspruchsgruppen (Verwaltungsrat etc.), z. B. aufgrund von cholerischen Ausbrüchen, persönlichen Beleidigungen und Ausnutzen der Machtposition, bereits seit längerem angespannt oder zerrüttet. Typischerweise ist mit einer solchen Freisetzung von (in der Regel hoch dotierten) Führungskräften ein Prozess verbunden, der am Ende, wie das Beispiel der *Staatstheater Karlsruhe* exemplarisch zeigt, teuer für den Kulturbetrieb und seine Träger werden kann.

Finanzielle Konsequenzen einer Freisetzung

Im November 2020 trennte sich das *Staatstheater Karlsruhe* vorzeitig von seinem Generalintendanten, der zu diesem Zeitpunkt bereits zehn Jahre am Haus tätig war. Bereits 2015 hatte es das erste Mal die Notwendigkeit zur Durchführung einer Mediation gegeben, die mit „Verwerfungen hinter den Kulissen" begründet wurde und drei Jahre in Anspruch nahm. Ende Juni 2020 wurde erneut öffentlich bekannt, dass sich die Verhältnisse am Theater nicht gebessert hatten. Zahlreiche Mitarbeitende beschwerten sich über übermäßigen Arbeitsdruck, Kontrollsucht und cholerisches Verhalten durch den Intendanten und verwiesen auf die ungewöhnlich hohe Personalfluktuation. Als sich die Politik schließlich nach einigem Zögern im November 2020 für eine Trennung entschied, hatte dies für das Staatstheater auch erhebliche finanzielle Konsequenzen. Rund 280.000 € betrug das Jahresgehalt, dem Intendanten hätten demnach bei Erfüllung des aufgelösten Vertrags bis zum Jahr 2026 rund 1,5 Mio. € zugestanden. Und so ist es nicht verwunderlich, dass über verschiedene Punkte des Auflösungsvertrags bis zu einem Schiedsspruch im Februar 2022 hart gerungen wurde. Die Abfindung, über deren Höhe, wie in solchen Fällen üblich, Stillschweigen vereinbart wurde, musste aus dem Theateretat bezahlt werden (https://nachtkritik.de/recherche-debatte/karlsruhe-wie-sich-die-kulturpolitik-aus-der-causa-spuhler-am-badischen-staatstheater-herauszuwinden-sucht; Stand Januar 2024).

4 Das Management finanzieller und sonstiger Mittel: Kulturfinanzierung

4.1 Begriff, Aufgaben und Quellen

Nur wenig andere Themen des Kulturmanagements bewegen die Kulturbetriebe so sehr wie das der Kulturfinanzierung. Während die öffentlichen Kulturbetriebe häufig angesichts gleichbleibender oder (real) sinkender Zuschüsse und Zuwendungen intensiv damit beschäftigt sind, zusätzliche (private) Finanzierungsquellen zu erschließen, um bestimmte Projekte realisieren zu können, befassen sich die erwerbswirtschaftlich ausgerichteten Kulturbetriebe in erster Linie mit Fragen rund um die langfristige Sicherung ihrer wichtigsten Quelle: der Nachfrage. Gleichzeitig stehen die Kulturanbieter unabhängig von ihrer Rechtsform und Trägerschaft im Wettbewerb um die verschiedenen Finanzierungsquellen. Damit sind erste wichtige Begriffe in die Diskussion eingeführt. Zur Systematisierung der weiteren Auseinandersetzung ist es sinnvoll, zunächst eine terminologische Abgrenzung vorzunehmen:

> Kulturfinanzierung umfasst sämtliche Maßnahmen der Beschaffung (und Rückzahlung) von finanziellen und sonstigen Mitteln und zielt darauf ab, Kulturanbietern die Erstellung, den Einkauf und/oder die Verwertung von Leistungen zu ermöglichen.

Zu den *sonstigen* Mitteln gehören v. a. *Sachmittel* (in der Praxis häufig: Fahrzeuge, Räume) und *Dienstleistungen* (z. B. Druck von Eintrittskarten, Design von Katalogen, Bereitstellung von Personal eines Sponsors), aber auch *Zeitspenden* (z. B. ehrenamtliches Engagement). Diese sonstigen Mittel führen zwar – anders als Finanzmittel – zu keinem Geldzufluss, sind aber gleichwohl von Bedeutung,

A. Hausmann, *Kunst- und Kulturmanagement*, Kunst- und Kulturmanagement, https://doi.org/10.1007/978-3-658-44400-6_4

da sie ansonsten „gekauft“ bzw. im Budget der Kulturbetriebe eingeplant und als Ausgaben berücksichtigt werden müssten. Mit dieser Begriffserweiterung, die den Besonderheiten im Kulturbereich Rechnung trägt, kommt es zu einer Abweichung vom klassischen Verständnis in der allgemeinen Betriebswirtschaftslehre (vgl. u. a. Wöhe 2023).

Unter Berücksichtigung der im ersten Kapitel getroffenen Unterscheidung zwischen den drei Typen von Kulturbetrieben wird nachfolgend im Überblick dargestellt, welche Mittel jeweils typischerweise zur Verfügung stehen.

(a) Finanzierung öffentlich-rechtlicher Kulturbetriebe
Den größten Anteil an der Finanzierung öffentlicher Kulturbetriebe machen regelmäßig die *Zuschüsse* bzw. *Zuwendungen* der *Träger* (Kommune, Land und/oder Bund) aus. Hinzu kommen *eigene Einnahmen* aus der Leistungsverwertung (z. B. Ticketverkäufe, Merchandising) sowie öffentliche und private *Drittmittel* (z. B. Sponsoring, Spenden). Darüber hinaus können Kredite von den Trägern oder bei Bürgschaften der Träger unmittelbar auf dem Kapitalmarkt aufgenommen werden.

In welchem Verhältnis die Zuwendungen des bzw. der Träger(s) zu den anderen Finanzierungsquellen stehen, ist von verschiedenen Faktoren abhängig und kann z. B. den Wirtschaftsplänen oder Jahresberichten der Kulturinstitutionen oder sonstigen Veröffentlichungen (z. B. Theaterstatistik) entnommen werden. Im öffentlichen Theaterbereich liegt das prozentuale Einspielergebnis der Theater, d. h. jener Teil der Einnahmen, der von ihnen selbst erwirtschaftet wurde (z. B. durch Ticketverkauf), im Durchschnitt bei rund 17 % (vgl. DBV 2020, S. 257 für die Spielzeit 2018/19). Dies kann im Einzelfall aber auch deutlich weniger sein, wie z. B. im Fall der *Klassik Stiftung Weimar* (siehe Tab. 4.1).

Tab. 4.1 Finanzierungsstruktur der Klassik Stiftung Weimar. (vgl. KSW 2022)

	EUR	**Anteil in %**
Zuweisungen der Träger		
Bund	14.700.000	43
Land	14.000.000	41
Stadt Weimar	2.000.000	6
Eigene Einnahmen	3.500.000	10
Gesamt	**34.200.000**	**100**

Auswirkungen der Coronapandemie auf die Finanzierung I
Wie die Theaterstatistik des Deutschen Bühnenvereins dokumentiert, sank der Anteil der Eigeneinnahmen in der Spielzeit 2020/2021 aufgrund der temporären, pandemiebedingten Schließungen der Spielstätten auf durchschnittlich nur noch 6 %. Ab November 2020 waren die Anzahl der Veranstaltungen und die Zahl der Besuche als Folge des zweiten, lange andauernden Lockdowns signifikant gesunken (vgl. DBV 2023, S. 233).

Aus Tab. 4.1 wird dabei auch ersichtlich, dass die öffentliche Unterstützung im Verbund mehrerer Gebietskörperschaften erfolgen kann. Dies ist etwa dann der Fall, wenn eine Kultureinrichtung von gesamtstaatlicher Bedeutung ist oder eine überregional attraktive Kultureinrichtung im ländlichen Raum nicht von einer Gemeinde allein finanziert werden kann oder soll.

(b) Finanzierung privatrechtlich-gemeinnütziger Kulturbetriebe
Anders als für öffentliche Kulturbetriebe lässt sich für privatrechtlich-gemeinnützige nicht so eindeutig die wichtigste Finanzierungsquelle nennen – dafür gibt es zu viele unterschiedliche Arten von Organisationen. Im Folgenden soll ein erster Eindruck von möglichen Finanzierungsquellen vermittelt werden:

- Für gemeinnützige *Vereine* in der Kultur sind die *eigenen Einnahmen* (z. B. Mitgliedsbeiträge, Gebühren, Erlöse aus dem Verkauf von Waren und Dienstleistungen, Zinsen aus der Vermögensverwaltung) und die eingeworbenen *Drittmittel* (insbesondere Spenden von Privatpersonen und Unternehmen) besonders wichtig. Darüber hinaus werden weitere Quellen erschlossen, so z. B. die *öffentliche* Hand (z. B. über die Verteilung von Bußgeldern), private und öffentliche Stiftungen sowie Sponsoren (vgl. ausführlicher hierzu Zimmer/Priller 2007).
- Bei gemeinnützigen (rechtsfähigen) *Stiftungen* wird zunächst ein *Stiftungsvermögen* gebildet. Dieses ist so zu verwalten (z. B. durch Anlage in Wertpapiere), dass es der Stiftung dauerhaft als Finanzierungsquelle zur Verfügung steht. Das Stiftungsvermögen selbst darf jedoch nicht zur Finanzierung von Aktivitäten der Stiftung verwendet werden, lediglich die hiermit erwirtschafteten Erträge. Neben diesen *Einnahmen aus Vermögensverwaltung* dienen solche aus dem Verkauf von Waren und Dienstleistungen als Finanzierungsquelle. Des Weiteren kann sich die Stiftung wie der Verein aus öffentlichen und privaten *Drittmitteln* finanzieren, d. h. aus Zuwendungen der öffentlichen

Hand sowie aus Spenden und Sponsoring (vgl. ausführlicher hierzu Meyn et al. 2013).

- Im Falle *gemeinnütziger Gesellschaften mit beschränkter Haftung* (gGmbH) ist von den Gesellschaftern ein *Stammkapital* zu erbringen. Wie bei der Stiftung kann dieses verzinslich angelegt werden, sodass hieraus Erträge für die Finanzierung der laufenden Geschäftstätigkeit zur Verfügung stehen (soweit nicht Investitionen getätigt werden). Zudem wird die gGmbH wirtschaftliche Aktivitäten entfalten, um weitere Mittel zur Finanzierung ihrer Aufgaben zu erschließen. Hierzu gehört z. B. die Generierung von *eigenen Einnahmen* aus dem Verkauf von Eintrittskarten oder dem Merchandising. Ferner kann die gGmbH öffentliche und private *Drittmittel* einwerben (vgl. ausführlich Rohde & Engelsing 2010).

Insgesamt kann festgehalten werden, dass es Unterschiede und Gemeinsamkeiten bei der Finanzierung der verschiedenen Arten von gemeinnützigen Kulturbetrieben gibt. Zu den Gemeinsamkeiten gehört die Finanzierung durch eigene Einnahmen und Drittmittel – hierauf wird in den Abschn. 4.3 und 4.4 noch ausführlicher eingegangen.

(c) Finanzierung privatrechtlich-kommerzieller Kulturbetriebe
Auch bei den kommerziellen Kulturbetrieben, wie z. B. Verlagen, Galerien, Musiklabels oder Agenturen, lassen sich verschiedene Finanzierungsformen unterscheiden. So zählen zur *Eigenfinanzierung* eines privatwirtschaftlichen Kulturbetriebs die *Einlagen* der Eigner bzw. Gesellschafterinnen in Form von Finanzmitteln und sonstigen Mitteln sowie die *Selbstfinanzierung* aus erwirtschafteten Abschreibungen und im Rahmen der Leistungsverwertung erzielten und einbehaltenen Jahresüberschüsse. Zur Fremdfinanzierung gehört u. a. die Zuführung von *Fremdkapital* (z. B. durch Kredite der Eigner oder durch Darlehen von Kreditinstituten).

Darüber hinaus können auch von privat-kommerziellen Kulturbetrieben *Drittmittel* öffentlicher Geldgebender (z. B. Land, EU, Stiftungen) sowie privater Geldgebender (v. a. Sponsoren) für Projekte akquiriert werden. Zudem können private Kulturbetriebe auch indirekt durch die öffentliche Hand unterstützt werden, z. B. durch eine Umsatzsteuerermäßigung (so stellt die Buchhandelsbranche für den Großteil ihres Sortiments bis dato 7 statt 19 % Umsatzsteuer in Rechnung) oder den begünstigten Erwerb öffentlicher Grundstücke (z. B. um den Umzug eines großen Kultur- und Medienunternehmens an einen bestimmten Standort zu fördern).

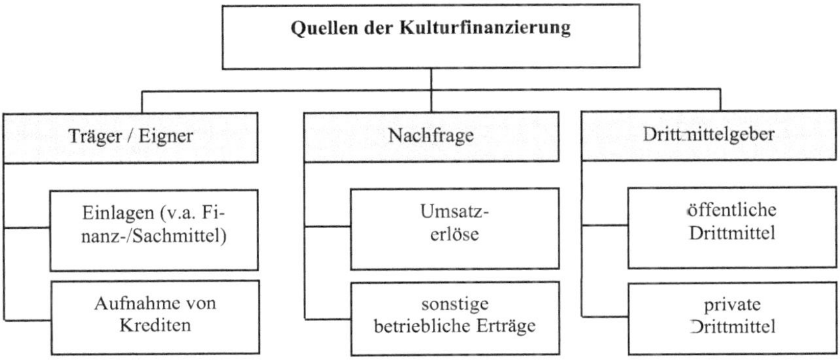

Abb. 4.1 Quellen der Kulturfinanzierung. (Eigene Darstellung)

Die bisherigen Ausführungen zusammenfassend lassen sich *drei Hauptquellen* der Kulturfinanzierung unterscheiden (vgl. Abb. 4.1), die in den nachfolgend genannten Kapiteln ausführlicher diskutiert werden und deren jeweilige Bedeutung von der konkreten Art eines Kulturbetriebs abhängt:

- *Träger bzw. Eigner:* Im öffentlichen Kulturbereich sichern die Gebietskörperschaften im Rahmen ihrer Trägerschaft einen bestimmten Finanzierungsanteil (siehe Abschn. 4.2). Im privat-gemeinnützigen und kommerziellen Kulturbereich stellen die jeweiligen Träger bzw. Eigner Kapital in Form von v. a. Finanz- und/oder Sachleistungen zur Verfügung. Des Weiteren kann durch die Träger bzw. Eigner Fremdkapital aufgenommen und an den Kulturbetrieb weitergeleitet werden.
- *Nachfrage:* Diese Quelle umfasst *Umsatzerlöse* aus der Leistungsverwertung (z. B. Eintrittskarten, Produktverkauf) sowie darüber hinaus *sonstige betriebliche Erträge* (siehe Abschn. 4.3). Unter dem Begriff der „eigenen Einnahmen" zusammengefasst hat diese Quelle bei öffentlichen Kulturbetrieben häufig nur eine nachgeordnete, bei privaten Kulturbetrieben dagegen eine sehr hohe Bedeutung.
- *Drittmittelgeber:* Zu unterscheiden ist hier in Drittmittel von *öffentlichen* Zuwendungsgebern (z. B. EU) und *privaten* Förderern (u. a. Unternehmen, Privatpersonen). Diese Fördermittel werden v. a. *projektbezogen* vergeben. Wie oben dargelegt, können alle Typen von Kulturbetrieben diese Quelle ausschöpfen (siehe Abschn. 4.4).

Zum Abschluss dieses einführenden Überblicks bleibt festzuhalten, dass Kulturfinanzierung selten eindimensional erfolgt, sondern typischerweise Mittel aus ganz unterschiedlichen Quellen beschafft werden (müssen) – Kulturfinanzierung ist damit regelmäßig durch *Mehrdimensionalität* gekennzeichnet. In den nachfolgenden Kapiteln werden die in Abb. 4.1 dargestellten Einnahmequellen näher betrachtet; für eine umfassendere Darstellung der Kulturfinanzierung bzw. einzelner Quellen sei auf Gerlach-March & Pöllmann 2019 und Hausmann/Liegel 2018 verwiesen.

4.2 Finanzierung durch staatliche Träger

Die öffentliche Kulturförderung in Deutschland ist charakterisiert durch die *Prinzipien* der Liberalität, Dezentralität, Pluralität und Subsidiarität. D. h. im Rahmen ihrer jeweiligen Zuständigkeit unterhalten Kommunen und Länder (sowie in Ausnahmefällen der Bund) zahlreiche eigene Kultureinrichtungen und unterstützen zudem eine Vielzahl an weiteren (freien) Kulturprojekten und -trägern. Dabei sind die *Kommunen* die Hauptträger der öffentlichen Kulturförderung wie sich regelmäßig dem alle zwei Jahre aktualisierten *Kulturfinanzbericht* des *Statistischen Bundesamts* entnehmen lässt: So zeigt sich in der jüngsten Studie, dass von den insgesamt 14,5 Mrd. EUR an Kulturausgaben der öffentlichen Hand in dem betrachteten Haushaltsjahr die *Kommunen* einen Anteil von 39,1 % oder 5,7 Mrd. EUR trugen. Mit 38,6 % der Kulturausgaben bzw. 5,6 Mrd. EUR wurde ein nur unwesentlich geringerer Teil von den *Ländern* (einschließlich Stadtstaaten) übernommen (vgl. Statistisches Bundesamt 2022, S. 21).

Aber auch der *Bund* hat seine Funktion im Rahmen der Kulturfinanzierung; er förderte ausgewählte Bereiche mit 3,2 Mrd. EUR (dies entspricht einem Anteil von rund 22 %): Vor allem die auswärtige Kulturpolitik, die kulturelle Repräsentation des Gesamtstaats, die Bewahrung und der Schutz des kulturellen Erbes sowie die Pflege des Geschichtsbewusstseins fallen in die Kompetenz des Bundes. Ein weiterer Schwerpunkt seiner Förderung sind kulturelle Einrichtungen mit nationaler bzw. gesamtstaatlicher Bedeutung sowie die kulturelle Hauptstadtförderung in Berlin und Bonn.

Werden zusätzlich noch die Ausgaben für die *Kulturnahen Bereiche* (Rundfunkanstalten, Fernsehen etc.) berücksichtigt, so beliefen sich die Gesamtausgaben von Bund, Ländern und Kommunen auf 17,1 Mrd. EUR. In Relation zur Wirtschaftskraft Deutschlands erreichten die Kulturausgaben der Gebietskörperschaften damit im betreffenden Haushaltsjahr einen Anteil von 0,4 % am Bruttoinlandsprodukt (BIP). Über alle Gebietskörperschaften hinweg stellten die öffentlichen Haushalte 1,9 % ihres Gesamtetats bzw. rund 175 EUR je Einwohner zur Verfügung (Statistisches Bundesamt 2022, S. 21).

Auswirkungen der Coronapandemie auf die Finanzierung II
Wie in den Jahren zuvor – vgl. hierzu die 2. Aufl. des vorliegenden Buchs (Hausmann 2019a, S. 92) – wurden die Kulturausgaben 2020 noch in erster Linie von den Gemeinden und den Ländern bestritten. Der durch die Coronapandemie bedingte Anstieg der öffentlichen Kulturausgaben zum Vorjahr um rund 15 % wurde jedoch zu großen Teilen vom Bund und den Ländern getragen und zeigte sich konkret in Hilfs- und Unterstützungsprogrammen. Zu nennen sind hier vor allem die Programme *Neustart Kultur* und der *Sonderfonds des Bundes für Kulturveranstaltungen* (vgl. Statistisches Bundesamt 2022, S. 27).

Insgesamt versteht sich die Bundesrepublik als ein *Kulturstaat,* dessen Aufgabe es ist, den finanziellen und rechtlichen Rahmen so abzustecken, dass sich Kunst und Kultur frei entfalten können. Neben dem *Grundgesetz* (Art. 5 GG) finden sich in zahlreichen *Landesverfassungen* Bestimmungen zum Schutz sowie zur Förderung dieser Bereiche. Die staatliche Kulturförderung in Deutschland ist damit vom Prinzip der Regierungsferne geprägt bei gleichzeitig hoher Gewährleistungs- und Finanzierungsverantwortung des Staates für die Grundversorgung mit Kultur, damit ein vielseitiges und vielschichtiges Kulturangebot vorgehalten werden kann (vgl. Singer 2003).

Gleichwohl ist die Förderung von Kunst und Kultur *keine* Pflichtaufgabe des Staates – vielmehr gehören die beiden Bereiche zu den sogenannten „freiwilligen Leistungen“. Kunst und Kultur werden prinzipiell erst dann gefördert, wenn andere Pflichtaufgaben, wie z. B. der Straßenbau oder die Abfall- und Abwasserentsorgung, erfüllt sind und es ist hervorzuheben, dass sie grundsätzlich im Wettbewerb mit zahlreichen anderen Aufgaben der öffentlichen Daseinsvorsorge stehen. Allerdings wird dieser Status der Freiwilligkeit schon seit langem nicht nur in der Kulturpolitik hinterfragt und verschiedene Bundesländer, wie z. B. Sachsen, haben hierauf mit weitergehenden Regelungen reagiert.

Das Kulturraumgesetz Sachsen (SächsKRG)

„Die Erhebung der Kulturpflege zu einer gesetzlichen Pflichtaufgabe der Gemeinden und Landkreise in § 2 des Sächsischen Kulturraumgesetzes (SächsKRG) wird bis heute in der Bundesrepublik Deutschland als einmalig und vorbildlich angesehen.

Im SächsKRG wird Kultur in ihrer Gesamtheit nur ganz allgemein zur Pflichtaufgabe erklärt, es folgen weder weitere spezialgesetzliche Konkretisierungen noch wird der Umfang dessen näher bestimmt, was nun pflichtig an Kultur zu realisieren sei. (...) Demzufolge können die Kommunen Art und Umfang ihres Kulturauftrags im Wege einer „Selbstdefinition" festlegen. Sie werden durch das SächsKRG weder verpflichtet, ganz bestimmte kulturelle Leistungen anzubieten oder ganz bestimmte Kultureinrichtungen zu unterhalten noch dafür Haushaltsmittel in einer bestimmten Höhe bereit zu stellen. Dementsprechend fehlt anderen Pflichtaufgaben vergleichbar eine Zwangswirkung des SächsKRG, die gegebenenfalls über die Kommunalaufsicht durchgesetzt würde. So gesehen hat die gesetzliche Bestimmung der Kulturpflege als Pflichtaufgabe im SächsKRG nur einen deklaratorischen Charakter.

Dennoch bleiben die Festschreibungen des SächsKRG nicht völlig bedeutungslos: durch die Bestimmung der Kulturförderung zur Pflichtaufgabe soll verhindert werden, dass die für Kulturförderung vorgesehenen Haushaltsmittel in finanziell schwierigen Zeiten eine willkommene Manövriermasse für Einsparmaßnahmen darstellen und so auch vor Kürzungsanordnungen der Kommunalaufsicht geschützt bleiben. So können im Rahmen der Kulturraumfinanzierung keine Haushaltssperren verhängt werden" (Kommunalforum Sachsen 2018).

Wenngleich die Kulturförderung in Deutschland – historisch gewachsen und verfassungsrechtlich bestätigt – als eine unmittelbare Gestaltungsaufgabe des Staates verstanden wird, so wird hierüber je nach wirtschaftlicher und (gesellschafts-) politischer Lage auch immer wieder kontrovers diskutiert. Insofern sind es gute, aber keine selbstverständlichen Nachrichten, wenn im jüngsten Kulturfinanzbericht (Statistisches Bundesamt 2022, S. 21 f.) für das Jahr 2020 ein Anstieg der Kulturausgaben durch die öffentliche Hand gegenüber 2019 um knapp 16 % und gegenüber 2010 um 55 % ausgewiesen wird. Ein Grund für diese starke Erhöhung der öffentlichen Kulturausgaben sind auch die erheblichen Mehrausgaben für Hilfs- und Unterstützungsprogramme von Bund und Ländern im Rahmen der

Coronapandemie. Wie es in den nächsten Jahren mit der öffentlichen Kulturfinanzierung weitergehen wird, ist daher noch nicht abschließend geklärt: „Die Planungen für das Jahr 2021 lassen gemäß vorliegendem Datenmaterial einen starken Anstieg in den Ausgaben von Bund und Ländern sowohl im Kulturbereich als auch im Kulturnahen Bereich erwarten. Erklärt wird dieser starke Anstieg durch weitere Hilfsmaßnahmen von Bund und Ländern im Rahmen der Corona-Pandemie. Für das Jahr 2022 sehen die vorläufigen Planungen bei den Ländern und vor allem beim Bund eine Reduktion der Ausgaben im Kulturbereich vor. Im Kulturnahen Bereich sehen die vorläufigen Planungen keine Senkung der Ausgaben vor. Die vorläufigen Ergebnisse für 2022 beinhalten allerdings noch nicht weitere Coronamaßnahmen oder Hilfen, die wegen der gestiegenen Energiepreise nötig werden. Für die Gemeindeebene kann zu diesem Zeitpunkt noch keine Aussage zur Ausgabenentwicklung getroffen werden" (Statistisches Bundesamt 2022, S. 63).

Interessant ist die Beschäftigung mit der Frage, in welchem Umfang die *Kultursparten,* die sehr unterschiedlich im Hinblick auf ihren Finanzierungsbedarf sind, von der öffentlichen Hand gefördert werden. Nicht überraschend ist, dass der Bereich Theater und Musik traditionell den größten Teil der öffentlichen Kulturausgaben bindet. Wie Tab. 4.2 basierend auf dem Kulturfinanzbericht 2022 zeigt, floss im Jahr 2020 ein Drittel (31,4 %) der Kulturausgaben von Bund, Ländern und Gemeinden in Höhe von 14,5 Mrd. in diese Sparte. Den zweiten Ausgabenblock bildete die sonstige Kulturpflege mit einem Fünftel (21,6 %), dicht gefolgt von der Finanzierung der Museen, Sammlungen und Ausstellungen mit ebenfalls knapp einem Fünftel (18,7 %). Circa ein Siebtel der Kulturausgaben kam der Finanzierung der Bibliotheken (12,1 %) zugute, die den viertgrößten Ausgabenblock darstellten. Von den verbleibenden ein Sechstel der Gesamtsumme öffentlicher Kulturausgaben wurden Denkmalschutz und Denkmalpflege (Schlösser, Burgen, Kirchen Parks und Gärten, historische Ortskerne etc.), die kulturellen Angelegenheiten im Ausland, die Kunsthochschulen und die Verwaltung für kulturelle Angelegenheiten gefördert (vgl. Statistisches Bundesamt 2022, S. 31 ff.).

Die Ausgabenstruktur der drei Körperschaften zeigt (den jeweiligen Aufgabenschwerpunkten gemäß) eine unterschiedliche Gewichtung. So lag die Hauptausgabenlast der *Kommunen* und *Länder* im Theaterbereich. Zweit- und drittgrößter Bereich waren jeweils die Museen und Bibliotheken. Beim *Bund* standen die Ausgaben für die sonstige Kulturpflege mit einem Anteil von über einem Drittel an den Gesamtmitteln im Bereich Kultur an erster Stelle, gefolgt von den Ausgaben für Kulturelle Angelegenheiten im Ausland (vgl. Statistisches Bundesamt 2022, S. 88). Die Verlagerung der Anteile der Ausgaben des Bundes

Tab. 4.2 Öffentliche Kulturausgaben nach Sparten. (Eigene Darstellung)

	Anzahl	**in Mio. EUR**	**EUR je Einwohner**
Theater und Musik	141	4.557,4	54,81
Museen, Sammlungen und Ausstellungen	6854	2715,9	32,66
Bibliotheken	7099	1761,8	21,19
Denkmäler	1.000.000	647,5	7,79
Kulturelle Angelegenheiten im Ausland	–	692,4	8,33
Kunsthochschulen	468	648,6	7,80
Sonstige Kulturpflege	–	3.127,4	37,61
Kulturverwaltung	–	360,2	4,33
Gesamt		**14.511,3**	**174,52**

rührt, wie bereits unter 4.2 ausgeführt, von den pandemiebedingten Hilfen, wie dem 2020 ins Leben gerufenen Programm Neustart Kultur, welches mit einer Milliarde € ausgestattet wurde.

Die oben beschriebene Finanzierung durch den bzw. die staatlichen Träger einer Kultureinrichtung erfolgt in Form von *Zuwendungen* bzw. *Zuschüssen,* diese entsprechen

- entweder einer *Voll*finanzierung, d. h. die gesamten Ausgaben eines Kulturbetriebs werden gedeckt,
- oder einer *Teil*finanzierung, d. h. nur ein Teil der Ausgaben wird übernommen.

Die Vollfinanzierung einer Einrichtung kommt allerdings nur dann infrage, wenn das öffentliche Interesse an der Vorhaltung der erbrachten Leistungen besonders ausgeprägt ist – wie etwa bei der *Stiftung Topographie des Terrors,* dem internationalen Dokumentations- und Begegnungszentrum in Berlin. Wie in Tab. 4.3 dargestellt, wird hier nur ein sehr geringer Teil des Etats selbst erwirtschaftet (vgl. SWF 2022, S. 113).

In anderen Fällen erfolgen die Zuwendungen in Form einer *Fehlbedarfsfinanzierung:* Finanziert wird die Deckungslücke zwischen der Gesamtsumme der zuwendungsfähigen Ausgaben und den eigenen und/oder fremden Mitteln eines Kulturbetriebs. In der Regel bleibt die Fehlbedarfsfinanzierung auf einen Höchstbetrag begrenzt, der jährlich zwischen den Entscheidungsträgern in der Kulturverwaltung und den Kulturbetrieben ausgehandelt wird. Allerdings hat diese Zuwendungsform einen „Systemfehler", da kein Anreiz zu wirtschaftlichem

Tab. 4.3 Finanzierungsquellen der Stiftung Topographie des Terrors. (Eigene Darstellung)

Finanzierungsquellen	**in EUR**	**Anteil in %**
Umsatzerlöse	105.000	1
Sonstige Betriebserträge	1.917.002	20
Zuwendungen des Bundes und anderer Länder	2.892.330	31
Zuschüsse des Landes Berlin	4.465.000	48
Gesamt	**9.379.332**	**100**

Handeln gesetzt wird: Erzielt der Kulturbetrieb höhere eigene Einnahmen, führen diese in voller Höhe zur Rückzahlung oder Kürzung der Zuwendungen des Trägers; gleiches geschieht, wenn der Kulturbetrieb seine Kosten senkt.

Leistungs- und Anreizprogramm für die Kulturakteure in Niedersachsen
Einen anderen Weg ging vor einigen Jahren das Niedersächsische Ministerium für Wissenschaft und Kultur. Im Rahmen von Zielvereinbarungen wurden von der öffentlichen Hand explizit Anreize zur Erhöhung des Anteils selbst erwirtschafteter Einnahmen gesetzt. Bei dem sogenannten Leistungs- und Anreizprogramm für die Einwerbung von Drittmitteln, das mit einem Volumen in Höhe von 500.000 EUR ausgestattet war, erhielten kommunale Theater für jeden eingeworbenen € einen zweiten € vom Land. Das Ministerium verstand dies explizit auch als Anreiz für potenzielle Geldgebende (Quelle: https://www.mwk.niedersachsen.de/startseite/aktuelles/presseinformationen/-96192.html, Stand Januar 2024).

Zusammenfassend lässt sich festhalten, dass die Zuschüsse und Zuwendungen der staatlichen Träger den bei weitem größten Anteil an der Finanzierung öffentlicher Kulturbetriebe ausmachen. Um diese Abhängigkeit vom Träger, seinem Haushalt und seinen kulturpolitischen Entscheidungen zu verringern, sind öffentliche Kulturbetriebe in den letzten Jahren vermehrt dazu übergegangen, andere Finanzierungsquellen besser auszuschöpfen, wie z. B. die eigenen Einnahmen.

4.3 Eigene Einnahmen

Eigene Einnahmen, auch Betriebseinnahmen genannt, sind in erster Linie Einnahmen, die ein Kulturanbieter im Rahmen seiner Leistungserstellung *selbst* erwirtschaftet. Im Schrifttum zum Kulturmanagement weichen die Bezeichnungen teilweise voneinander ab. Während z. B. Klein (2011) von Eigenfinanzierungsanteil 1 (Umsatzerlöse) und Eigenfinanzierungsanteil 2 (Einnahmen aus betriebsnahen Strukturen) spricht, verwenden Gerlach-March & Pöllmann (2019) die Begriffe Primär- und Sekundäreinnahmen. Synonym zu Sekundäreinnahmen wird in der Literatur von Nebeneinnahmen und Nebengeschäftserträgen verwandt. Wenngleich es diese Begriffsvielfalt v. a. neu im Kulturmanagement Tätigen erschweren mag, sich das Thema zu erschließen, so wird doch gleichzeitig deutlich, dass es unterschiedliche Kategorien von Einnahmen und damit verschiedene Ansatzpunkte für öffentliche und private Kulturbetriebe gibt, ihre finanzielle Situation zu gestalten. Unter Berücksichtigung der Vorgehensweise in der Praxis vieler Einrichtungen (z. B. im Rahmen von Wirtschaftsplänen von Theatern, Museen etc.) und in Anlehnung an die Gliederungs- und Bewertungsvorschriften des Handelsgesetzbuchs (HGB) werden die eigenen Einnahmen im Weiteren in (1) *Umsatzerlöse* und (2) *sonstige betriebliche Erträge* unterschieden (vgl. § 275 Absatz 2 HGB sowie z. B. auch Heinrichs 2012).

4.3.1 Umsatzerlöse

Als Umsatzerlöse werden die Erlöse aus *Verkauf, Vermietung* oder *Verpachtung* von Produkten und Dienstleistungen bezeichnet, die von Kulturanbietern im Rahmen ihrer *gewöhnlichen Geschäftstätigkeit* typischerweise erstellt bzw. vorgehalten werden (§ 277 Absatz 1 HGB). Zu den Verkaufserlösen gehören im Kulturbetrieb in erster Linie Eintrittsentgelte (z. B. Museen, Orchester, Events), Nutzungsgebühren (z. B. Bibliotheken) und Mitgliedsbeiträge (z. B. Kulturvereine). Tab. 4.4 zeigt am Beispiel des Theater Magdeburg, dass die Erlöse aus dem Verkauf von Eintrittskarten (inklusive Abonnements, Besucherorganisationen etc.) in der Regel den größten Anteil an den Umsatzerlösen von öffentlichen Kulturbetrieben ausmachen (Theater Magdeburg 2021, S. 7).

Des Weiteren gehören zu den Umsatzerlösen die Erlöse aus dem Verkauf von Waren oder der Nutzung von Dienstleistungen, die in *engem Zusammenhang* mit dem gewöhnlichen Geschäftsbetrieb des Kulturbetriebs stehen. Hierzu gehören z. B. Führungen, Plakate, Kunstpostkarten, Kataloge, Archiv-/Fotothek- oder Bibliotheksnutzungen, Garderobe und Programmhefte. Ferner werden in diesem

Tab. 4.4 Erlöse des Theaters Magdeburg im Wirtschaftsjahr 2021 (Planansatz; Eigene Darstellung)

	in EUR	in %
Erlöse aus Besucherentgelten (Veranstaltungseinzelentgelte, Entgelte aus Abonnementverkauf, Garderobengebühren)	3.065.000	97
Erlöse aus Gastspieltätigkeit, Koproduktionen, Produktionsvermietung	60.000	2
Erlöse aus dem Verkauf von Programmheften und sonstigen Publikationen	40.000	1
Umsatzerlöse	**3.165.000**	**100**

Buch das Merchandising und Licensing, zwei aus dem angelsächsischen Kulturmanagement übernommene Instrumente zur Erzielung eigener Einnahmen, den Umsatzerlösen subsumiert, da diese Nebengeschäftserträge typischerweise eng verbunden sind mit dem Unternehmensgegenstand bzw. der Aufgabenstellung von Kulturbetrieben im weiteren Sinne.

Als *Merchandising* wird die Vermarktung des Image eines Kulturanbieters im Allgemeinen (z. B. Bregenzer Festspiele), einer bestimmten Veranstaltung (z. B. Blockbuster-Ausstellung „Caspar David Friedrich" in der Hamburger Kunsthalle) oder eines bestimmten Exponats (z. B. Mona Lisa im Louvre) über selbst entwickelte oder zugekaufte Produkte bezeichnet. Typische im Kulturbereich eingesetzte Merchandisingartikel, die entweder im räumlich eigenständigen Shop eines Kulturanbieters, an einem (temporären) Verkaufsstand im Eingangsbereich oder online angeboten werden, sind z. B. Tassen, Stifte, Mützen, Schlüsselanhänger, T-Shirts oder Tragetaschen. Diese und zahlreiche weitere Produkte sollen eine positive emotionale Bindung des Publikums an ein Kulturerlebnis erzeugen und dienen durch ihre Erinnerungswirkung auch als Instrument zur Stimulierung von Weiterempfehlungsverhalten und Wiederbesuchsabsicht – sie wirken also mehrfach auf die Generierung von Einnahmen.

Das Merchandising im Louvre Museum

Trotz seiner unbestrittenen Potenziale für sowohl die Finanzierung als auch das Marketing von Kulturbetrieben verfügt das Merchandising auch über einige Fallstricke, die es zu beachten gilt. Hierbei geht es u. a. darum, die entsprechenden Artikel so auszuwählen, dass die daraus erzielbaren Erlöse die anfallenden Kosten für Herstellung oder Einkauf mindestens decken oder sogar übersteigen. Dies werden jedoch häufig genug nur wenige Produkte leisten können und oftmals bewegen sich Kulturbetriebe diesbezüglich in einem Spannungsverhältnis zwischen kommerziellen Interessen einerseits und inhaltlich-künstlerischen Ansprüchen andererseits. Ein plastisches Beispiel hierfür mag die Vermarktung der Mona Lisa sein, die vom *Louvre Museum* in Paris u. a. auf Socken für 11,95 EUR, Kochschürzen für 30 EUR und einem Monopoly-Spiel für 49,95 EUR angeboten wird (Quelle: www.boutiquesdemusees.fr; Stand Januar 2024

Vom Merchandising abzugrenzen ist das *Licensing,* bei dem die Vermarktung eines Kulturbetriebs bzw. eines seiner Produkte über die Vergabe von Urheber- bzw. Nutzungsrechten (Lizenzen) gegen eine Gebühr an Dritte erfolgt. Es ist auch beim Licensing Ziel, das vermarktete Produkt bzw. den dahinterstehenden Kulturanbieter stärker bekannt zu machen und sowohl aus der Lizenzgebühr als auch über die Vermarktung zusätzliche Einnahmen zu erzielen. Der Lizenznehmer erwirbt das Recht, Produkte im Sinne des Merchandisings herzustellen und zu verkaufen oder die Attraktivität eigener Produkte (z. B. Uhren, T-Shirts, Spielzeug) mithilfe der erworbenen Lizenz zu erhöhen. Im Museumsbereich werden im Rahmen der Lizenzvergabe z. B. auch fotografische Sammlungen zugänglich gemacht, sodass Lizenznehmer (u. a. der Uhrenhersteller Swatch) Bilder von in der Regel international bekannten Künstlern (z. B. Mondrian, Klimt, van Gogh) reproduzieren bzw. verwenden können.

Abschließend bleiben die Erlöse aus *Vermietung und Verpachtung* zu erwähnen, die in Kulturbetrieben wie z. B. Theatern, Museen, Orchestern oder Bibliotheken allerdings typischerweise außerhalb der gewöhnlichen Geschäftstätigkeit anfallen – weshalb sie nicht an dieser Stelle, sondern im Zuge der nachfolgenden Diskussion aufgegriffen werden (zu den Ausnahmen hiervon, z. B. bei multifunktionalen Kulturzentren, bei denen die Raumvermietung Teil der gewöhnlichen Geschäftstätigkeit ist, vgl. z. B. Heinrichs 1997, S. 169).

4.3.2 Sonstige betriebliche Erträge

Die sonstigen betrieblichen Erträge stellen einen *Sammelposten* dar und beinhalten weitere Arten von Erträgen eines Kulturanbieters. Anders formuliert: Während die Umsatzerlöse im Bereich der Kernleistungen von Kulturbetrieben anfallen, sind die sonstigen betrieblichen Erträge eher den *zusätzlichen* Aktivitäten eines Kulturanbieters zuzurechnen. Allerdings ist die Abgrenzung der beiden Erlöspositionen nicht trennscharf möglich und es finden sich in Praxis und Forschung sehr unterschiedliche Verwendungen des Begriffs der sonstigen betrieblichen Erträge (vgl. zu dieser nicht ganz einfachen Diskussion auch Gerlach-March & Pöllmann 2019).

Dennoch bleibt die Unterscheidung aus zwei Gründen wichtig: Zum einen wird sie im Rechnungswesen von Kulturbetrieben verwandt (und erscheint damit in Jahresabschlüssen und Wirtschaftsplänen), zum anderen wird dadurch erkennbar, dass es neben den Umsatzerlösen aus dem Verkauf von Leistungen im Kernbereich verschiedene weitere Möglichkeiten zur Generierung von Einnahmen gibt. Hierzu gehören z. B. Erträge aus Vermietung (z. B. von Räumen, Technik, Theaterfundus) und Verpachtung (z. B. Shop, Gastronomie), Erlöse aus Werbeanzeigen, der Erbringung von Dienstleistungen (Kopiergebühren, Beratungs- bzw. Begutachtungstätigkeiten etc.) oder dem Verkauf von Anlagevermögen (z. B. Verkauf von Instrumenten, Dekorationen, Kostümen, Vitrinen und anderer Betriebsausstattung).

Zahlreiche weitere Positionen, die im Rahmen dieses Buchs in anderen Unterkapiteln diskutiert und aus Gründen der Stringenz an dieser Stelle nicht weiter aufgeführt werden (auch um den Begriff der „eigenen Einnahmen" nicht zu verwässern), finden sich in der Praxis von Kulturbetrieben unter dem Sammelposten „sonstige betriebliche Erträge" erfasst: So werden beispielsweise im Wirtschaftsplan des Eigenbetriebs *Theater Magdeburg* die Zuschüsse der jeweiligen Träger sowie die Zuwendungen Dritter im Rahmen von Sponsoring und Spenden hierunter ausgewiesen (vgl. hierzu Abschn. 4.4.2 und 4.4.3). Auch Erträge aus Stiftungskapital zur Förderung der Kultureinrichtung (vgl. hierzu Abschn. 4.4.4) sowie Mitgliedsbeiträge aus Fördervereinen (vgl. Abschn. 4.4.3) werden in der Praxis zuweilen diesem Posten subsumiert (siehe hierzu auch die Diskussion bei Heinrichs 1997, S. 174 ff.).

Zusammenfassend kann festgehalten werden: Unabhängig von der jeweils konkret gewählten Aufschlüsselung der eigenen Einnahmen stehen den Kulturbetrieben in der Praxis neben der Erwirtschaftung von Einnahmen aus Eintrittskartenverkauf, Nutzungsgebühren etc. weitere Möglichkeiten zur Verfügung, um den Eigenfinanzierungsanteil – zumindest in gewissem Umfang – zu erhöhen.

4.4 Drittmittel

Als Drittmittel werden jene finanziellen und sonstigen Mittel bezeichnet, die weder von den Kulturbetrieben selbst erwirtschaftet noch von den Trägern oder Eignern bzw. Gesellschaftern bereitgestellt werden, sondern von Dritten stammen. Diesbezüglich lassen sich Drittmittel *öffentlicher* Zuwendungsgeber (z. B. EU, Stiftungen) und *privater* Zuwendungsgeber (Privatpersonen, Unternehmen, private Stiftungen) unterscheiden. Es liegt nahe, dass sowohl öffentliche als auch privat-gemeinnützige Kultureinrichtungen beide Arten von Drittmitteln einwerben können. Wie aber sieht es im privatwirtschaftlichen Bereich aus? Können privatrechtlich-kommerzielle Akteure z. B. Mittel öffentlicher Zuwendungsgeber akquirieren? Diese Frage ist zu bejahen: Die öffentlichen Zuwendungen von Organen, wie z. B. der EU oder der Kulturstiftung des Bundes (siehe nachfolgendes Abschn. 4.4.1), werden in der Regel unabhängig von Rechtsform und Trägerschaft eines Antragstellers vergeben. So kann z. B. ein privates Theater in Kooperation mit europäischen Partnern Gelder aus EU-Mitteln oder der Bundeskulturstiftung für ein grenzüberschreitendes Projekt einwerben. Das Theater kann darüber hinaus versuchen, Unternehmen für seine Ziele zu gewinnen und Sponsorengelder zu akquirieren. Anders ist es allerdings im Bereich der Spenden, da die fehlende Gemeinnützigkeit eines privat-kommerziellen Kulturbetriebs die steuerliche Abzugsfähigkeit bei den Spendenden verhindert.

4.4.1 Öffentliche Drittmittel

Öffentliche Drittmittel sind Zuwendungen von einer *Gebietskörperschaft* (Kommune, Land und/oder Bund), der *Europäischen Union* (EU) oder einer *öffentlichen Kulturstiftung*. Im Falle öffentlicher Kultureinrichtungen, die bereits institutionell durch die öffentliche Hand gefördert werden, kommt eine weitere *projektbezogene* Förderung v. a. durch eine andere staatliche Ebene in Betracht – sodass z. B. ein kommunales Museum projektbezogen Landes-, Bundes- oder EU-Zuwendungen zusätzlich zur institutionellen Förderung des Trägers erhält (so genannte *Mischfinanzierung*). Im Haushaltsplan eines Landes bzw. des Bundes dürfen solche projektbezogenen Zuwendungen allerdings nur veranschlagt werden, wenn es ein erhebliches Interesse an bestimmten Leistungen eines Kulturanbieters gibt und dieses ohne Zuwendungen nicht oder nicht in dem notwendigen Umfang befriedigt werden könnte (vgl. hierzu z. B. § 23 der Landeshaushaltsordnung Nordrhein-Westfalen sowie § 23 der Bundeshaushaltsordnung).

Nicht zuletzt bietet die *Europäische Union* eine Vielzahl von Programmen, über die kulturelle Projekte gefördert werden. Allerdings erscheint das Fördersystem zuweilen so ausdifferenziert, dass so manche/r Antragswillige bereits bei der Suche nach dem richtigen Programm gescheitert ist. Nachfolgend sollen wichtige Programme kursorisch vorgestellt werden (vgl. hierzu auch ausführlich die Website https://www.europa-foerdert-kultur.de):

- *Strukturfonds* sind Finanzierungsinstrumente, mit denen die bestehenden Ungleichgewichte zwischen einzelnen Regionen und sozialen Gruppen innerhalb der EU beseitigt und insgesamt der wirtschaftliche und soziale Zusammenhalt in der Gemeinschaft gefördert werden sollen. Für Kultureinrichtungen von Interesse sind der *Europäische Fonds für regionale Entwicklung* (EFRE), der auch kulturelle Projekte zur Förderung strukturschwacher Regionen unterstützt, und der *Europäische Sozialfonds+* (ESF+), dessen Aufgabe der soziale Schutz und die Gewährleistung der Inklusion aller Bürger und Bürgerinnen ist. Kulturelle Projekte und Kulturbetriebe können dann vom ESF+profitieren, wenn sie eine starke soziale Ausrichtung oder einen Fokus auf kultureller Bildung nachweisen können.
- Des Weiteren existieren sogenannte *Gemeinschaftsinitiativen*, von denen insbesondere Interreg und Leader bekannt sind. Während *Interreg* die grenzübergreifende, transnationale und interregionale Zusammenarbeit vor allem in Grenzgebieten fördert, bezieht sich *Leader* auf die Entwicklung ländlicher Räume (insbesondere um die Lebensqualität zu erhalten, das Miteinander zu fördern und die Zukunftsfähigkeit von Dörfern zu sichern). Beispiele für im Rahmen von Interreg geförderte Projekte finden sich häufig an der Schnittstelle von Kultur und Tourismus, gefördert wurden in den letzten Jahren u. a. grenzübergreifende Netzwerke für den Kulturaustausch, Kulturstraßen, Aufbau und Erweiterung von Infrastrukturen wie Museen sowie Touristik- und Kulturzentren, Erhalt und Aufwertung von Kulturerbe.
- Thematisch orientierte, temporär laufende *Aktionsprogramme*, wie z. B. *Kultur* (2007 bis 2013) oder Kreatives Europa (2021 bis 2027), die gesetzlich definierte Zielsetzungen mit Europabezug haben, wie z. B. die Unterstützung der grenzüberschreitenden Mobilität von im Kultursektor arbeitenden

Menschen, die Stärkung des Zugehörigkeitsgefühls zu einem gemeinsamen Kulturraum, die Unterstützung der Verbreitung von künstlerischen Werken und Erzeugnissen oder die Förderung des interkulturellen Dialogs.

Berufsbilder im Kulturmanagement: Fördermittelberatung
Das Beantragen von Fördermitteln ist für viele Kulturakteure und -betriebe eine große Herausforderung mit Blick auf Zeitressourcen und Kompetenzen. Im Interview mit Kulturmanagement.net gibt eine Fördermittelberaterin interessante Einblicke in ihre Arbeit (Engler-Petzold 2023): „Generell umfasst meine Selbständigkeit die vielfältigsten Aufgaben. Neben administrativen Arbeiten bin ich vor allem mit Kund*innengesprächen und der Bearbeitung von Aufträgen beschäftigt. Das reicht von Recherchen über die Begleitung bei Antragsstellungen bis hin zur Unterstützung einzelner Kund*innen im Controlling und der Abrechnung. Ebenso gehören intensive Netzwerkarbeit, meine eigene Weiterbildung und die Durchführung von Workshops zu meinen zentralen Tätigkeiten. Ein typischer Arbeitstag lässt sich schwer festlegen, da meine Arbeitsphasen sehr unterschiedlich sind. Im Frühjahr und Herbst liegt der Fokus oft auf Antragsstellungen, im Winter auf Abrechnungen, während die Sommer- und Wintermonate für die Planung von Projekten reserviert sind. Ganzjährig finden Workshops statt und meine eigene berufliche Entwicklung ist ein fortlaufender Prozess. Dabei überhäufen mich stets viele Anfragen, manchmal mehr, als ich allein bewältigen kann.

Am meisten macht mir mein Job Spaß, wenn ich in einem harmonischen Flow mit meinen Kund*innen zusammenarbeite. Der Moment, in dem meine Beratungsarbeit Früchte trägt, sei es durch die erfolgreiche Bewilligung von Anträgen oder das reibungslose Funktionieren von Abrechnungen, erfüllt mich mit großer Zufriedenheit. Es sind diese sichtbaren Erfolge, die meine Leidenschaft für meine Tätigkeit weiter beflügeln und mich antreiben. (…).

Die Auffassung, das Fundraising und Fördermittel ein „Chefthema“ sein müssen, wurde in den letzten Jahren definitiv von vielen verstanden. Fast alle Veränderungen in (großen) Organisationen brauchen das Mitwirken der Geschäftsführung. Die vielbesagte institutionelle Bereitschaft („Institutional Readiness“) kann nur auf diesem Weg langfristig verankert werden.

Hier muss ich nur noch selten Aufklärungsarbeit leisten. Das heißt aber nicht, dass alles rund läuft.

Ich bin zudem eine Befürworterin von mehr Nachhaltigkeit, Barriereabbau, Nutzung digitaler Tools und generell notwendiger zeitgemäßer Anpassung an Veränderungen, auch in der Förderung und der Förderpolitik. Ich gehe davon aus, dass diese Anforderungen in den kommenden Jahren ausgeweitet werden. Dies muss jedoch mit viel Bedacht und Rücksicht auf alle Beteiligten passieren. Ansprüche zu stellen, ohne die notwendigen Mittel zur Verfügung zu stellen, hilft niemandem. Keine Ansprüche zu stellen aber auch nicht. Ich empfinde das als wichtigen Teil meiner Arbeit, darüber aufzuklären und das in die Köpfe aller zu holen.

Was mich persönlich umtreibt, sind die immer knapperen Ressourcen der Menschen in Organisationen, v. a. im Kulturbetrieb. Meiner Meinung nach ist es schwierig, nur Beratung und Begleitung anzubieten (obwohl ich das hauptsächlich tue), obwohl ich weiß, dass alle an ihren Kapazitätsgrenzen arbeiten. Ich spüre die große Erschöpfung und denke regelmäßig darüber nach, wie Institutionen auf anderen Wegen unterstützt werden können, ohne meine eigenen Ressourcen außer Acht zu lassen. Das ist aktuell eine Gratwanderung".

Weitere Mittel können von *öffentlichen Kulturstiftungen* eingeworben werden. Öffentliche Kulturstiftungen, wie z. B. die *Kulturstiftung des Bundes* oder die *Kulturstiftung der Länder,* werden vom Staat gegründet und finanziert – weshalb sie zuweilen als „unechte Stiftungen" bezeichnet werden (zu „echten Stiftungen" vgl. Abschn. 4.4.3). Die Kulturstiftung des Bundes fördert Kunst und Kultur im Rahmen der Zuständigkeit des Bundes. Ein Schwerpunkt liegt in der Förderung innovativer Programme und Projekte im internationalen Kontext – eine institutionelle Förderung ist ausgeschlossen. Dabei investiert die Stiftung auch in die Entwicklung neuer Verfahren zur Pflege des Kulturerbes und in die Erschließung kultureller und künstlerischer Wissenspotenziale für die Diskussion gesellschaftlicher Fragen. Die Kulturstiftung setzt außerdem einen Schwerpunkt auf den kulturellen Austausch und die grenzüberschreitende Zusammenarbeit. Sie initiiert und fördert dazu Projekte in allen Sparten auf Antrag und ohne thematische Eingrenzung. Außerdem fördert sie die selbstverwalteten Kulturförderfonds: die Stiftung Kunstfonds, den Fonds Darstellende Künste, den Deutschen Literaturfonds, den Deutschen Übersetzerfonds und den Fonds Soziokultur sowie auch kulturelle Leuchttürme wie beispielsweise die *documenta*, das *Theatertreffen* oder die *Donaueschinger Musiktage.*

360° – Fonds für Kulturen der neuen Stadtgesellschaft

Das Programm 360° – Fonds für Kulturen der neuen Stadtgesellschaft wurde 2018 ins Leben gerufen und hat eine Laufzeit bis 2025. Die Ausschreibung erfolgte in zwei Runden und Kultureinrichtungen konnten sich mit einer ausführlichen Darstellung zu ihren Zielen, ihrer Arbeit und der Ausgangssituation in ihrer Stadt bewerben. Gefördert werden insgesamt 39 Kultureinrichtungen (darunter 16 Museen, 13 Theater, 8 Bibliotheken, und je eine Musikschule und ein Symphonieorchester) mit einer Fördersumme von insgesamt 17,3 Mio. €. Ausgangspunkt des Programms ist Deutschland als Einwanderungsland und die gesellschaftliche Vielfalt, die besonders Städte prägt. Auch Kulturinstitutionen haben versucht diese Entwicklung zu begleiten und die Stadtgesellschaft entsprechend mitzugestalten. Die dort vorhandene kulturelle Diversität spiegelt sich jedoch so noch nicht im Publikum von Kultureinrichtungen, beim Personal oder im Programmangebot wider. Der Fokus der Förderung liegt entsprechend in der diversitätsorientierten Öffnung der Kultureinrichtungen in den Bereichen Personal, Publikum und Programmangebot. Ziel soll es sein, den strukturellen Ausschluss von Gruppen im Kulturbetrieb zu vermindern. Konkret bedeutet die Förderung für jede der 39 Kultureinrichtungen einerseits die Mittel für eine neue Personalstelle sowie andererseits Mittel für einzelne Aktivitäten und Formate (Quelle: https://www.kulturstiftung-des-bundes.de, Stand Januar 2024).

Es ist nachvollziehbar, dass viele Kulturbetriebe darauf hoffen, ihre Projekte durch öffentliche Drittmittelgeber – vollständig oder anteilig – fördern lassen zu können. Allerdings haben die Zuwendungsgeber durchweg sehr konkrete Vorstellungen davon, was förderungswürdig ist – Projekte, die nicht passgenau alle Kriterien erfüllen, werden auch nicht gefördert. Die Förderquote liegt aufgrund des stetig steigenden Antragsvolumens bei höchstens 50 %, in attraktiven Förderlinien sogar deutlich darunter.

Alternativ oder ergänzend hierzu steht den Kulturbetrieben die Akquise *privater Drittmittel* zur Verfügung. Darunter zählen sowohl nutzenorientierte Mittel, denen eine erkennbare und nachvollziehbare Gegenleistung vonseiten des Kulturanbieters gegenübersteht (Sponsoring) als auch eher mäzenatisch orientierte

Leistungen, bei denen die Gegenleistung der Kultureinrichtung von nachgeordneter Bedeutung ist (Fundraising i.e.S.). Beides muss professionell und systematisch angegangen werden, zu den hierbei wichtigsten Aspekten wird im Folgenden näher ausgeführt (ausführlich hierzu u. a. Bruhn 2017; Haibach 2019).

4.4.2 Sponsoring

Sponsoring im Kulturbereich lässt sich allgemein beschreiben als die Analyse, Planung, Umsetzung und Kontrolle sämtlicher Aktivitäten, die mit der Bereitstellung von Geld, Sachmitteln, Dienstleistungen und/oder Know-how durch Unternehmen zur projektbezogenen Förderung von Künstlern, kulturellen Gruppen, Institutionen etc. verbunden sind (ähnlich Bruhn 2017, S. 6 und 222). Sponsoring ist damit ein *systematischer* Entscheidungsprozess – und zwar sowohl beim Sponsor (Unternehmen) als auch beim Gesponserten (kultureller Akteur). Weiteres wesentliches Merkmal des Sponsorings ist, dass es sich hierbei um ein Geschäft auf *Gegenseitigkeit* handelt, in dessen Rahmen die beteiligten Parteien bestimmte Ziele verfolgen, die durch einen Austausch von (in der Regel vorab festgelegten) *Leistungen* und *Gegenleistungen* erreicht werden sollen. Die konkrete Ausgestaltung dieses Prinzips des „do ut des“ findet ihren Niederschlag in einem Sponsoringvertrag.

Erfolgreiches Sponsoring schafft eine *Win-Win-Situation* für beide Parteien: Während die Kulturanbieter finanzielle und sonstige Mittel (z. B. betriebswirtschaftliche Beratung, Nutzung von Kontakten, logistische Unterstützung) erhalten, können die Unternehmen mit ihrem Engagement *Kommunikationsziele* erreichen. Kultursponsoring bietet den Unternehmen eine geeignete Plattform, um die Vorziehenswürdigkeit der eigenen Produkte und Dienstleistungen in einem glaubwürdigen Umfeld zu kommunizieren. Durch das Sponsoring kann ein bestimmtes, positives Image sowohl bei einer bestimmten Zielgruppe als auch in der allgemeinen Öffentlichkeit und bei den eigenen Beschäftigten erreicht werden. Empirische Studien zeigen, dass es den Unternehmen neben dieser Möglichkeit zur Imagepflege und Imageverbesserung des Weiteren um die

- Nutzung des Sponsorings zur Kontaktpflege bzw. Kundenbindung,
- Erhöhung des Bekanntheitsgrades,
- Demonstration gesellschaftlicher Verantwortung und
- Erhöhung der Identifikation der Beschäftigten mit ihrem Arbeitgeber geht (u. a. Duda/Hausmann 2004, S. 34; KDW 2010, S. 12).

Für das erfolgreiche Zustandekommen eines Sponsorships ist es wichtig, dass sich die Kulturanbieter intensiv und frühzeitig mit der Interessenlage des Sponsors auseinandersetzen und seine Motive für das Eingehen von Sponsorships kennen. So sind im Vorfeld der Ansprache potenzieller Sponsoren u. a. folgende Fragen zu klären:

- Was sind die Alleinstellungsmerkmale des Kulturbetriebs und geplanten Sponsoringprojekts?
- Welche Ziele werden mit dem Projekt verfolgt?
- Welche Zielgruppen werden mit dem Projekt angesprochen?
- Ist das Projekt medienrelevant bzw. kommunizierbar?
- Welche finanziellen und sonstigen Erfordernisse hat das Projekt?
- Welche Gegenleistungen kann die Kultureinrichtung anbieten?
- Zu welchem Zeitpunkt soll das Sponsoring beginnen und wie lange soll es laufen?
- Welche Möglichkeiten zur Erfolgsmessung des Sponsorings wird es geben?

Bei der Auswahl möglicher Sponsoren sollte grundsätzlich kriteriengeleitet vorgegangen werden – denn je mehr bereits im Vorfeld der Ansprache darauf geachtet wird, dass Kultur und Wirtschaft zusammenpassen, desto höher wird die Wahrscheinlichkeit des Erfolgs bei der Sponsorenakquise. In diesem Zusammenhang relevante Aspekte sind u. a.

- Übereinstimmung der Zielgruppen, des Produktnutzens und/oder des Images von Sponsor und Kulturanbieter (Zielgruppen-, Produkt-, Imageaffinität),
- geographische Nähe zum Einzugsgebiet des kulturellen Akteurs,
- bisheriges und aktuelles Engagement des potenziellen Sponsors in anderen Sponsorships,
- Seriosität des potenziellen Sponsors,
- Professionalität des Sponsors im Umgang mit Sponsorships in der Kultur.

Während das Sponsoring für die kulturellen Akteure allgemein eine Quelle der Kulturfinanzierung bzw. konkret der Einwerbung von Drittmitteln darstellt, wird das Sponsoring beim Unternehmen als ein Bestandteil der Kommunikationspolitik (neben Werbung, Öffentlichkeitsarbeit etc.) gesehen (vgl. ausführlich hierzu Bruhn 2017, S. 268 ff.). Folglich erwarten die Sponsoren für ihre möglichen Leistungen entsprechende *Gegenleistungen* der kulturellen Akteure, die in erster Linie kommunikative Wirkung entfalten sollen. Hierzu gehören z. B.

- Namensnennung des Sponsors und Präsentation seines Logos auf Plakaten, Broschüren, Programmheften, auf der Homepage etc.,
- Hinweis auf den Sponsor in Eröffnungsreden, Interviews, Statements etc.,
- Nennung des Sponsors bei allen projektbezogenen Public Relations-Maßnahmen,
- Informationsstand des Sponsors im Rahmen von Veranstaltungen (z. B. zur Nutzung von Produktpräsentationen),
- Frei- bzw. Exklusivkarten für den Sponsor und dessen Geschäftsfreunde,
- Nutzung der Räumlichkeiten des Kulturanbieters für Unternehmenszwecke.

Partnerprogramm der Bayerischen Staatsoper
Die *Bayerische Staatsoper* in München, eines der renommiertesten und traditionsreichsten Opernhäuser der Welt, verfügt über ein sehr differenziertes Sponsoringkonzept, bei dem Sponsoren neben individuellen Kooperationen unter zehn verschiedenen „Rollen" wählen können: Spielzeitpartner, Hauptsponsor (jeweils für Festspiele, Orchester, Ballett, Kinder- und Jugendprogramm), Haupt- und Projektsponsor (Neuproduktionen, Livestream, Bühnen-Dinner), Premium Circle, Patron Circle, Inner Circle, International Friends Circle, Ballet Circle, Classic Circle, Campus Circle. Ziel dieser Differenzierung ist es, die im Hinblick auf Finanzkraft, Größe, persönliche bzw. unternehmerische Interessen etc. heterogenen Adressaten ganz gezielt anzusprechen. Während z. B. der *Classic Circle* mittelständische Unternehmen adressiert, richtet sich der *Inner Circle* ausschließlich an „Damen der Münchener Gesellschaft", die selbst ausgewählte Projekte des Kinder- und Jugendprogramms finanzieren wollen. Entsprechend unterschiedlich fallen auch die jeweiligen Gegenleistungen der Oper aus (https://www.staatsoper.de/partner; Stand Januar 2024).

Insgesamt bleibt mit Blick auf die Bedeutung des Sponsorings für den Kulturbereich festzuhalten, dass sich viele Kulturprojekte ohne die finanzielle und sonstige Unterstützung von Unternehmen nicht realisieren lassen würden. Gleichzeitig ist jedoch vor einer zu hohen Erwartung an das Sponsoring zu warnen. Zum einen kann privates Engagement der Unternehmen in Deutschland die öffentliche Unterstützung immer nur ergänzen, nicht aber ersetzen. Dies belegen folgende Zahlen: Während die öffentliche Hand in der Vergangenheit zwischen 8 und 14,5 Mrd. EUR für die Kulturfinanzierung ausgegeben hat, ist der Anteil der unternehmerischen Förderungen durch Sponsoring deutlich geringer. In der Vergangenheit wurden Summen zwischen 300 und 1400 Mio. EUR genannt, repräsentative Daten lassen sich allerdings schwer finden, da unternehmerische Sponsoringaktivitäten nicht zentral erfasst werden (Gerlach-March & Pöllmann 2019, S. 53 ff.)

Zum anderen zeigt sich in Untersuchungen, dass nicht alle Kultursparten gleichermaßen attraktiv für potenzielle Sponsoren sind. Wenngleich es immer auf die konkrete Institution (und deren Bekanntheit, Mission, Profil etc.) ankommt, so ist doch auch empirisch belegt, dass Kulturbetriebe aus der Sparte Darstellende Kunst und Musik vergleichsweise weniger interessant für Sponsoren zu sein scheinen als z. B. Festivals und Museen. So wurde z. B. im Rahmen der Studie „Mythos Sponsoring“ (Leschig 2005) herausgefunden, dass die Unternehmen nach ihrer Einschätzung mit Theatersponsoring zu wenige Personen erreichen; der begleitende Marketing-Effekt des Sponsorings wird im Bereich der Darstellenden Kunst als (zu) gering angesehen. Theater haben aus Sicht der befragten Unternehmen häufig nicht den gewünschten „dekorativen Effekt“ wie ihn etwa große Blockbuster-Ausstellungen von Museen oder auch andere Förderobjekte, wie insbesondere Sportevents, ermöglichen. Des Weiteren äußerten die befragten Unternehmen die Befürchtung, dass sie im Rahmen von Sponsorships mit Theatern eher in den laufenden Betrieb statt in ein bestimmtes Projekt investieren würden. Aber auch eine gewisse „Kulturferne“ bzw. Unerfahrenheit mit der künstlerischen Arbeit von Theatern scheint die Zusammenarbeit zwischen diesem Bereich der Kultur und der Wirtschaft zu erschweren. In der Studie „Sponsor-Trend 2018“ nannten 58 % der Befragten Festivals als gesponserte Kulturveranstaltung, gefolgt von Kunstausstellungen und Museen mit 36 %. Darstellende Kunst und klassische Musik waren auch in dieser Studie deutlich weniger interessant für Sponsoren (29 und 24 %). Entscheidungskriterien bei der Auswahl der Sponsorings waren hier in erster Linie der Zielgruppen-Fit, die emotionale Strahlkraft des Gesponserten sowie Reichweite und die Exklusivität des Sponsorships (Nielsen 2018).

Zwei Aspekte seien zum Abschluss herausgestellt. Zum einen lässt sich dieses geringere Interesse nicht pauschal auf alle Betriebe der darstellenden Kunst und schon gar nicht auf die großen, überregional attraktiven „Player“ übertragen; dies belegt u. a. das oben angeführte Beispiel der *Bayerischen Staatsoper* in München, die seit Jahren von einer Vielzahl von Sponsoren sehr erfolgreich unterstützt wird. Zum anderen ist festzuhalten, dass sich durch Sponsoring auch (neue) Abhängigkeiten ergeben, deren Ausmaße in wirtschaftlich schwierigen Zeiten besonders virulent werden. So hat sich z. B. die *City Opera* in New York aufgrund der amerikanischen Immobilien- und Finanzkrise vor einigen Jahren mit erheblichen

Einbußen bei ursprünglichen Finanzierungszusagen konfrontiert gesehen. Nicht zuletzt aus diesem Grund platzten anschließend die Verhandlungen mit dem designierten Intendanten Gerard Mortier, da das zu Verhandlungsbeginn zugesicherte Budget von 60 Mio. US$ p.a. aufgrund der Kurseinbrüche an der Wall Street auf 36 Mio. US$ gekürzt werden musste (vgl. Mejias 2008). Wenngleich diese Dimensionen in Deutschland eher unbekannt sind, werden Zusammenhänge offensichtlich, die von Kulturanbietern zu beachten sind: Nur wenn es der Wirtschaft gut geht, werden die vereinbarten Summen fließen – in schlechten Zeiten, wie im grauen Kasten am Beispiel der Coronapandemie dargelegt, können diese Geldquellen schnell versiegen.

Kultursponsoring nach Corona

„Eine Sonderstellung unter den Musikfestivals nimmt der Heidelberger Frühling ein, der zu großen Teilen von kulturaffinen Mäzenen und Sponsoren finanziert wird. Die letzten zwei Ausgaben des Festivals mussten abgesagt werden, Ticketeinnahmen blieben aus. Auf die Unterstützung seiner Sponsoren kann Intendant Thorsten Schmidt weiterhin zählen. ‚Unsere langfristigen Partnerschaften, die den Familienaspekt des Festivals in sich tragen, haben auch während der Pandemie gut funktioniert', sagt Schmidt. Doch Sponsoring beruht auf Gegenseitigkeit. Werden aufgrund von Aufführungsverboten keine Leistungen erbracht, fehlt die Geschäftsgrundlage. ‚Viele Sponsoren sind 2020 mit dem vollen Betrag dabeigeblieben', berichtet Schmidt. ‚In diesem Jahr konnten wir das von unseren Förderern und Mäzenen nicht erwarten. Es waren individuelle Verhandlungen, immer auch verbunden mit einem Entgegenkommen. Niemand hat sich ganz vom Frühling abgekehrt.' Müssen Festivals also vermehrt ihre Fundraising-Abteilungen ausbauen? Für Schmidt bleibt diese Form der Finanzierung mit Gefahren verbunden. Als Tochter einer Kommune macht der öffentliche Zuschuss nur 25 % der Finanzierung des Festivals aus, der Rest muss über Karteneinnahmen und Sponsoring generiert werden. ‚Wenn die Pandemie vorüber ist, müssen wir uns dieses Finanzierungsmodell sehr genau anschauen. Es ist deutlich geworden, dass in solchen Krisen die Gefahrenmomente ungemein groß sind', sagt Schmidt, der mit Sorgen in die Zukunft blickt. ‚Was passiert, wenn die Pandemie vorbei ist? Wird es zu Verteilungskämpfen kommen? Ich glaube, dass die Jahre 2023, 2024, 2025 sehr schwierig werden könnten' (Klein 2021).

Darüber hinaus können mit dem Sponsoring dann Interessenskonflikte verbunden sein, wenn ein Unternehmen die gewünschten Werbe- und Kommunikationswirkungen durch (mehr oder minder subtile) Einflussnahme auf die inhaltlich-fachliche Arbeit einer Kulturinstitution herzustellen versucht – dies kann selbst bei vorab geschlossenen Verträgen nicht immer ausgeschlossen werden. Die nachfolgenden Beispiele zeigen zudem, dass die Einbeziehung privater Unternehmen auch dazu führen kann, dass Kultureinrichtungen in den Strudel (gesellschafts-)politischer Ereignisse gezogen werden.

Herausforderungen in der Partnerschaft zwischen Kultur und Sponsoren
Kultursponsoring wird eine immer kompliziertere Aufgabe für Kulturbetriebe – Sponsoren müssen nicht nur viel Geld haben und bereit sein, es für kulturelle Zwecke auszugeben, sondern möglichst auch eine „weiße Weste“:

Die *Tate Gallery* in London wurde viele Jahre vom englischen Ölgiganten *BP* (ehemals: British Petroleum) unterstützt, und zwar mit durchschnittlich 224.000 Pfund im Jahr. Aufgrund der durch einen zerstörten Bohrturm ausgelösten Ölkatastrophe vor der amerikanischen Küste hatte sich allerdings das Image von BP zunehmend verschlechtert. Im Zuge dieser Entwicklung geriet auch die Tate Gallery unter Druck: Kritiker warfen ihr vor, dass BP die Kooperation nutzen würde, um seine umweltzerstörenden Aktivitäten mit sozialer Legitimität zu maskieren. Protestgruppen wurden immer wieder aktiv, schütteten z. B. vor dem Eingang der Tate eine zähe, dunkle Flüssigkeit aus, die sie mit Vogelfedern bedeckten. Der Tate-Chef hielt jedoch für weitere Jahre unbeirrt an der Partnerschaft fest und bekam dafür u. a. Rückendeckung durch einen englischen Journalisten des Guardian, der die insgesamt bereits heikle Angelegenheit weiter auf die Spitze trieb: In Zeiten von Subventionskürzungen ginge es vor allem darum, die Museen offen und den Eintritt gratis zu halten und wenn die Einrichtungen dafür „Geld von Satan persönlich bekämen“, so sollten sie es tun (vgl. Menden 2010). 2016 wurde die Partnerschaft nach 26 Jahren Zusammenarbeit dann schließlich doch beendet – und zwar vom Unternehmen selbst (vgl. Khomami 2016).

Im Juli 2022 starteten die *Salzburger Festspiele* fast wie gewohnt in ihre Saison. Nur diesmal ohne einen ihrer Sponsoren. Denn kurz vorher gaben sie die einvernehmliche Trennung von *Solway* bekannt. Dieser Sponsor unterstützte schon länger als einer von drei Projektsponsoren das Jugendprogramm der Salzburger Festspiele. Doch im März des Jahres wurden schwerwiegende Vorwürfe gegen die Solway Investment Group erhoben und mit anhaltender Kritik erhöhte sich auch der Druck auf die Festspielleitung, Konsequenzen zu ziehen. Konkret ging es um Missstände in einer von Solway betriebenen Nickelmine in Guatemala und damit einhergehender massiver Umweltschäden, Korruption und die Einschüchterung und Verfolgung von kritischen Medien.

Umstrittenes Kultursponsoring hat in den letzten Jahren aber nicht nur in Salzburg und London für Furore gesorgt, sondern u. a. auch in New York. Das *Metropolitan Museum,* neben anderen Kultureinrichtungen, verzichtet seit 2019 auf die Sponsoringgelder der Familie Sackler, nach der im Museum sogar einst ein Flügel benannt war. Die Familie Sackler steht der Pharmabranche nahe und fördert in der ganzen Welt großzügig Kunst und Wissenschaft, um den medizinischen Fortschritt in die Nähe von kulturellen Errungenschaften zu rücken. Gleichzeitig wird ihnen vorgeworfen, durch die Entwicklung und Vermarktung eines bestimmten Medikaments, maßgeblich an der Opioid-Krise in den USA beteiligt zu sein.

4.4.3 Fundraising i. e. S.: Spenden

Der Begriff des Fundraisings wird in der Kulturmanagementliteratur nicht einheitlich verwendet. So wird das Fundraising zum Teil als Oberbegriff verstanden, dem das Sponsoring als ein Instrument im Gesamtmix des Fundraisings zu subsumieren ist (u. a. Gerlach-March & Pöllmann 2019; Haibach 2019; Voigt de Oliveira 2018). Nach einer anderen Sichtweise werden Fundraising und Sponsoring als zwei eigenständige, gleichrangige Instrumente eingeordnet, wobei Fundraising das systematische und professionelle Sammeln von Spenden umfasst. Welche Sichtweise ist nun richtig oder zumindest sinnvoll? Zunächst bleibt festzuhalten, dass „to raise funds“ das „Einwerben von (finanziellen) Mitteln“ bedeutet. Vor diesem Hintergrund würde vieles für die erste Sichtweise und die Verwendung als Oberbegriff sprechen – dennoch hat sich letztere Sichtweise in Theorie und Praxis des deutschsprachigen Kulturmanagements weitgehend durchgesetzt (u. a. Klein 2008; Heinze 2009; Bendixen 2010; Mertens 2018).

Weil dies dem ursprünglichen (anglo-amerikanischen) Verständnis entgegensteht und daher als etwas unglücklich zu bezeichnen ist (siehe hierzu auch die Anmerkungen von Klein 2012, S. 244 und Haibach 2008, S. 88), soll hier in das Fundraising im weiteren und im engeren Sinne unterschieden werden. *Fundraising i. w. S.* umfasst demnach die gezielte und planmäßige Einwerbung jeglicher finanziellen und sonstigen Mittel, die nicht eigene Einnahmen oder – im Falle öffentlich-rechtlicher Einrichtungen – institutionelle Zuschüsse des bzw. der Träger sind. *Fundraising i. e. S.* wird hier im Sinne eines systematischen Sammelns von Spenden verstanden (vgl. zu dieser Diskussion um die Begriffsauslegung auch Gerlach-March & Pöllmann 2019, S. 45 ff.).

Spenden umfassen freiwillige, monetäre oder auch nicht-monetäre (z. B. Zeitspende) Leistungen, denen *keine direkten, marktadäquaten Gegenleistungen* gegenüberstehen (etwa im Sinne von Werbe- bzw. Kommunikationsleistungen wie beim Sponsoring). Allerdings, und das soll hier nicht unerwähnt bleiben, werden von den Spendenden durchaus gewisse Gegenwerte erwartet, v. a. auch immaterieller Natur. Diese reichen vom freundlichen Dankeschön per Brief oder im Gespräch, einer Einladung zum Tag der offenen Tür bis hin zur Ausstellung von Bescheinigungen, damit die Spendenden ihre Spende steuerlich absetzen können. Letztlich aber sind diese Gegenwerte – zumindest in steuerrechtlicher Hinsicht – nachgeordnet, womit sich das Fundraising i. e. S. deutlich vom Sponsoring unterscheidet. Zielgruppen des Fundraisings im Sinne eines Spendensammelns sind in erster Linie Privatpersonen, aber auch von Unternehmen können durch entsprechendes Spendenmarketing Finanz- und Sachmittel akquiriert werden.

Erfolgreiches Fundraising i. e. S. zeichnet sich durch eine systematische, zielgruppenbezogene und auf Kontinuität angelegte Vorgehensweise aus. Die einzelnen Schritte eines Fundraisingkonzepts und deren Umsetzung müssen langfristig geplant und aufeinander abgestimmt werden. Nicht zuletzt aufgrund der Tatsache, dass eine Vielzahl von Gemeinwohlanliegen und gemeinnützigen Organisationen um die Gunst möglicher Spender und Zuwendungsgeber konkurriert, ist von besonderer Bedeutung, dass der Organisationszweck, die primären Aufgaben und das Profil des Kulturanbieters für Externe eindeutig erkennbar sind.

Ein weiterer Eckpfeiler einer professionellen Fundraisingkampagne ist die Bestimmung konkreter Zielvorgaben einschließlich möglicher Instrumente zur Kontrolle der im Rahmen des Fundraisings verursachten *Kosten* (z. B. für die Ansprache potenzieller Spendender) und des erzielten *Nutzens* (v. a. im Hinblick auf die Höhe der eingeworbenen Spenden). Darüber hinaus sollte bereits frühzeitig geklärt werden, welche *personellen* Ressourcen (in quantitativer und qualitativer Hinsicht) bei dem Kulturanbieter vorhanden sind, um das Fundraising systematisch durchführen zu können. Insgesamt sollte diesem Aspekt einige Aufmerksamkeit zukommen, da professionelles Spendensammeln nicht nur erheblichen personellen Einsatz erfordert, sondern auch Beschäftigte, die die Fallgruben und Erfolgsfaktoren des Fundraisings genau kennen.

Wenn die Ziele einer Spendenkampagne abgesteckt sind, gilt es ähnlich wie beim Sponsoring zu klären, welches Projekt konkret zu fördern ist und in welcher Höhe Mittel benötigt werden. In diesem Kontext sind auch der Zeitpunkt und ggf. die Dauer des Spendensammelns festzulegen. Dabei ist zu beachten, dass sich Vorhaben unterschiedlich gut für eine Ansprache der Zielgruppen des Fundraisings i.e.S. (Privatpersonen, Unternehmen) eignen. Für alle Spendenden muss aber ein überzeugender Fördergrund erkennbar sein, mit dem sie sich identifizieren können und dessen Unterstützungswürdigkeit unmittelbar nachvollziehbar ist (ausführlich hierzu Haibach 2019).

Durch die neuen Möglichkeiten der Digitalisierung ist nicht nur das Marketing, sondern auch das Fundraising „online" gegangen. Eine besondere Form ist hierbei das so genannte *Crowdfunding,* dessen Ziel darin liegt, über das Internet Geld von einer Vielzahl unterschiedlicher, individueller Spendender zu akquirieren. In der Regel wird ein *Intermediär* hinzugezogen, so genannte Plattformen, die für die sichere Abwicklung der Transaktionen eine Gebühr nehmen (ausführlich hierzu Amrein et al. 2016; Günther & Riethmüller 2020).

Die Vorteile des Crowdfundings – auch gegenüber dem traditionellen Fundraising – gehen über die reine Finanzierung hinaus und liegen aus Sicht des Kulturanbieters u. a. in der

- größeren (überregionalen) Reichweite bei der Ansprache potenzieller Förderer,
- Erzielung von zusätzlicher Aufmerksamkeit für das eigene Kulturprojekt und andere Aktivitäten ergänzende Marketingwirkungen,
- Möglichkeit zur Interaktion zwischen Projektinitiatoren und potenziellen Geldgebern (inklusive Feedback zur Projektidee) und damit auch zum Aufbau eines Netzwerks.

Auch aus Sicht der Unterstützenden verfügt Crowdfunding über Potenziale, die traditionelle Förderinstrumente in dieser Form nicht haben. Dies betrifft zum einen die Art der Gegenleistung. Diese kann zum einen monetär sein, d. h. das zur Verfügung gestellte Kapitel wird entweder verzinst („Crowdlending") oder die Geldgebenden werden am Unternehmen beteiligt („Crowdinvesting"). Die Unterstützenden können zum anderen auch nicht-monetär entschädigt werden, so z. B. über (einmalige) Sach- und Dienstleistungen („Crowdsupporting"), d. h.

sie erhalten z. B. die CD einer von ihnen geförderten Band oder eine persönliche Einladung zu deren Konzert. In anderen Fällen gibt es zwar keine direkte Gegenleistung („Crowddonating"), aber z. B. die Möglichkeit

- die Entwicklung eines Kulturprojekts über einen längeren Zeitraum aktiv zu begleiten oder über explizit gewünschtes Feedback sogar (inhaltlich oder strukturell) zu beeinflussen,
- die Entstehungsbedingungen von Kulturprojekten besser zu verstehen und einen besonderen, individuellen Zugang zu erhalten,
- Teil eines Netzwerks bzw. einer Gruppe Gleichgesinnter zu werden.

Für die Tätigkeit als Intermediär bzw. Vermittler steht mittlerweile eine Reihe von Plattformen bereit, die auch zur Umsetzung von Crowdfunding im Kulturbereich genutzt werden können (z. B. www.kickstarter.com, www.indiegogo.com, www.patreon.com). Diese Plattformen geben ihren Mitgliedern nicht nur die Möglichkeit zur individuellen Projektpräsentation und professionellen Abwicklung der finanziellen Transaktionen, sondern sie bieten z. B. auch Tutorials, Webinare, Sprechstunden oder Events an, damit Kampagnen erfolgreich werden.

Crowdfunding-Kampagne Theater Reeperbahn
Vor allem Privatpersonen aus der Kultur- und Kreativwirtschaft, aber auch Mitglieder der freien Kulturszene nutzen die Möglichkeiten des Crowdfundings. So hat sich z. B. das Filmemacherkollektiv „Film Fatal" mit dem Filmprojekt *Theater Reeperbahn* im Frühjahr 2021 auf startnext.com eingeschrieben, um Geld für einen Spielfilm über eine obdachlose Künstlerin auf den Straßen Hamburgs zu sammeln. Konkret wurde mit dem Geld aus der Kampagne der Film online und offline promotet sowie die Einreichungsgebühr für nationale und internationale Filmfestivals bezahlt. In knapp vier Wochen kam durch 30 Unterstützende mehr als das Doppelte des erhofften Erfolgs zustande. Mit rund 2.300 EUR wurde die Kampagne beendet. Das Dankeschön an alle Unterstützenden war der Versand eines Plakates zum Film. Der Film feierte im April 2022 beim Filmfest Bremen Premiere (https://www.startnext.com/theater-reeperbahn/blog/beitrag/abschluss-crowdfunding-kampagne-p95859.html, Stand Januar 2024).

Unabhängig davon, ob Kampagnen on- oder offline gefahren werden, sollte das Verständnis von Fundraising nicht auf die einmalige Beschaffung von Geld und

Sachmitteln reduziert bleiben. Aus ressourcenökonomischer Perspektive ist eine Strategie zielführend, bei der es um den Aufbau und die Pflege von *Beziehungen* zwischen den Geldgebenden und Kulturanbietern geht. Im Kern eines solchen „Friendraising" bzw. „Relationship Fundraising" steht die Entwicklung von Aktivitäten, durch die sich die fördernden Personen wertgeschätzt fühlen. Im Mittelpunkt steht also weniger das (kurzfristig ausgerichtete) Einsammeln von Geld bzw. Unterstützungsleistungen als vielmehr die Entwicklung einer (langfristigen) Beziehung zwischen der Kultureinrichtung und ihren Spendern. Damit ist es eine zentrale Herausforderung des *Friendraisings,* die Finanzierungspartner dazu zu bewegen, einen Kulturanbieter wiederholt und im Idealfall dauerhaft zu unterstützen (ausführlich hierzu Haibach 2018, S. 239 ff.).

Ein typisches Beispiel eines solchen Friendraisings stellt der Aufbau von *Förder- und Freundeskreisen* dar. Dies sind Vereinigungen von Personen, die das gemeinsame Ziel der Finanzierung und Förderung von Kultur verfolgen. Im Mittelpunkt steht bei diesen Zusammenschlüssen sowohl die Beziehungspflege mit der Kulturinstitution als auch das Einsammeln von Geld-, Zeit- und Sachspenden. In der Kulturpraxis gibt es keine einheitliche Begriffsverwendung, z. T. wird von Fördervereinen gesprochen, z. T. von Förder- oder Freundeskreisen. Nach einer Unterscheidung von Welling (2015, S. 106 ff.) und Hausmann & Liegel (2018, S. 19 f.) lassen sich übergeordnet folgende Typen unterscheiden:

- *Typ 1:* eigenständig autonom arbeitende Zusammenschlüsse, deren Hauptaufgaben in der Interessenvertretung und der Förderung von Kunst liegen. Die Mitglieder erhalten wenige, oft kostenpflichtige Gegenleistungen. Die Finanzierung erfolgt über Mitgliedsbeiträge. Der Kreis verfügt typischerweise über eine nur kleine Mitgliederbasis.
- *Typ 2:* Hier handelt es sich um einen Zusammenschluss, der eng an die Kulturinstitution gebunden ist, z. B. durch eine von der Kulturinstitution finanzierte Koordinierungsstelle oder räumliche Nähe (Büro im Gebäude des Kulturbetriebs). Der Kreis gilt in erster Linie als Bildungswerkzeug, dies schlägt sich z. B. in regelmäßigen Veranstaltungen mit kulturvermittelndem Charakter nieder. Die Mitglieder sind insbesondere an der Rezeption von Kunst interessiert und es gibt eine große Auswahl an materiellen und nicht-materiellen Gegenleistungen. Die Finanzierung erfolgt über die Mitgliedsbeiträge sowie über das zusätzliche Einwerben von Spenden.
- *Typ 3:* wird meist von der Kulturinstitution selbst gegründet und dient explizit als Finanzierungs- *und* Marketinginstrument. Der Fokus liegt auf der strategischen Akquisition von Mitteln und Mitgliedern. Die Mitglieder sind häufig statusorientiert und nutzen den Kreis als Netzwerk; es werden ihnen wenige,

dafür aber besondere Gegenleistungen geboten. Neben der Akquise von internen Spenden und Mitgliedsbeiträgen wird auch versucht über die Mitglieder hinaus Gelder von externen Dritten einzuwerben.

Verein der Freunde der Nationalgalerie

Ein namhafter und potenter Verein ist der *Freunde der Nationalgalerie e. V.*, der sich auf Anregung des Gründungsvorsitzenden Peter Raue früh dazu entschloss, neben dem Erwerb von Kunstwerken auch die Finanzierung von Ausstellungen der Nationalgalerie zu übernehmen. Mehr als neun Mio. Menschen haben seitdem die über 130 vom Verein der Freunde der Nationalgalerie finanzierten Ausstellungen besucht. Glanzpunkt war die Ausstellung „Das MoMA in Berlin" bei der 1,2 Mio. Interessierte in die Neue Nationalgalerie strömten. Das war der bislang größte Erfolg des Fördervereins auf diesem Gebiet mit einem finanziellen Überschuss von 6,5 Mio. EUR aus Eintrittsgeldern, Katalogverkäufen sowie Erlösen aus dem Museumsshop. Getragen wird der Verein von rund 1400 Mitgliedern, Mäzenen und engagierten Vorstands- und Kuratoriumsmitgliedern sowie einer professionellen Geschäftsstelle.

Hervorzuheben ist, dass sich auf der Website der Freunde ein expliziter Hinweis auf die eigenen Wirkungsgrenzen findet, die in der Kulturpraxis durchaus nicht immer klar gezogen sind und deswegen auch zu Konflikten zwischen Kulturbetrieb und Unterstützenden führen können (ausführlich hierzu Welling 2018, S. 203 ff.): „Eines mag noch einmal klargestellt sein: Nicht die Freunde bestimmen, ob Klassisches oder Zeitgenössisches, ob Etabliertes oder einen Anfang Wagendes einzieht in die sechs Häuser der Nationalgalerie. Es ist die Entscheidung der künstlerisch Verantwortlichen, es ist der Wunsch des Direktors, der unser Tun bestimmt. Denn das ist ungebrochenes Prinzip, das ‚Grundgesetz', unter dem der Verein angetreten ist und bis heute handelt: Nichts darf von den Freunden ausgestellt, erworben, realisiert werden, was nicht dem Wunsche des Direktors entspricht" (Quelle: https://freunde-der-nationalgalerie.de/ueber-uns/mission/; Stand Januar 2024).

Abschließend sei noch einmal betont, dass durch Förder- und Freundeskreise eben nicht nur finanzielle Mittel bereitgestellt werden, sondern vielfältige wichtige

Beratungs- und Unterstützungsleistungen (z. B. durch ehrenamtliches Engagement bei der Durchführung von Veranstaltungen oder die Anbahnung von Kontakten zu Unternehmen und der Politik). Darüber hinaus bieten manche Förder- und Freundeskreise Vorträge, Lesungen oder Künstlergespräche an, sind also als Kulturvermittler aktiv und übernehmen gleichzeitig auch Marketingaufgaben (z. B. Akquise und Bindung von Mitgliedern). Aufgrund dieser Mehrdimensionalität sind sie in den letzten Jahren zu einem zunehmend attraktiveren Instrument der Kulturfinanzierung geworden.

4.4.4 Private Stiftungen

Eine private Stiftung ist im Sinne des Bürgerlichen Gesetzbuchs (§§ 80–88 BGB) definiert als rechtsfähige Organisation des Privatrechts, die bestimmte Zwecke mit Hilfe eines dafür dauerhaft gewidmeten Vermögens verfolgt. Konstitutiv für Stiftungen sind die folgenden Merkmale:

- *Stiftungszweck:* Dieser wird durch den Stifterwillen/-akt festgelegt und ist in der Regel gemeinnützig. Gemeinnützig ist eine Organisation gemäß § 52 Abgabenordnung (AO) dann, wenn ihre Tätigkeit z. B. darauf ausgerichtet ist, die Allgemeinheit in materieller oder geistiger Hinsicht zu fördern.
- *Stiftungsvermögen:* Das Grundvermögen ist unantastbar. Durch umsichtige Kapitalanlage und unter Berücksichtigung der Maßgabe „Substanzerhaltung“ soll dieses Vermögen Erträge erwirtschaften, aus denen der Stiftungszweck (langfristig) realisiert werden kann.
- *Stiftungsorganisation:* Es muss eine auf Dauerhaftigkeit angelegte Organisation zur Durchsetzung des Stifterwillens eingerichtet werden. Zwingend vorgeschrieben sind ein Vorstand (ggf. Geschäftsführer/in) und eine Satzung. Ein kontrollierendes Kuratorium (Stiftungs- oder Verwaltungsrat) ist fakultativ.

In den letzten Jahren ist es zu einem Boom im privaten Stiftungsbereich gekommen. Im Jahr 2021 zählte der Bundesverband Deutscher Stiftungen über 33.000 Stiftungen, davon 712 Neuerrichtungen (Bundesverband Deutscher Stiftungen 2021, S. 5 und S. 11). Ein wesentlicher Grund für das große Interesse an der Gründung einer Stiftung liegt nicht zuletzt darin, dass die geburtenstarken Jahrgänge in ein Alter kommen, in dem eher gestiftet wird – überproportional häufig dann, wenn keine eigenen Kinder vorhanden sind. Dabei stehen Kunst und Kultur nach Bildung, Erziehung und Studentenhilfe sowie Kinder- und Jugendhilfe an dritter Stelle der Stiftungszweckhauptgruppen. 2021 hatten 6.155 der 21.754 vom

Bundesverband erfassten Stiftungen Kunst und Kultur als Stiftungszweck (28 %) (vgl. Bundesverband Deutscher Stiftungen 2021, S. 37). Die Kulturstiftungen legen dabei großen Wert darauf, dass sie sich nicht als kompensierende, sondern als *komplementäre* Partnerin für die öffentliche Hand verstehen: Sie wollen also nicht als „Ausfallbürgin" für Kürzungen öffentlicher Zuschüsse und Zuwendungen herangezogen werden, sondern punktuell wirken und durch ausgewählte Projekte neue, zusätzliche Impulse im Kulturbereich setzen.

Stiftung ist allerdings nicht gleich Stiftung. Es lassen sich folgende (idealtypische) Formen unterscheiden:

- *Anstaltsträgerstiftung:* Diese ist institutionelle Trägerin und Förderin einer bestimmten kulturellen Aufgabe. So wird das *Museum Kunstpalast* in Düsseldorf oder das *Deutsche Meeresmuseum* in Stralsund durch eine private Anstaltsträgerstiftung getragen.

Anstaltsträgerstiftung Deutsches Meeresmuseum

Die Stiftung Deutsches Meeresmuseum, *Museum für Meereskunde und Fischerei, Aquarium,* ist eine rechtsfähige Stiftung des privaten Rechts mit Sitz in Stralsund. Erster Stifter ist die Hansestadt Stralsund, zweiter Stifter der Förderverein Deutsches Meeresmuseum e. V. Die Organe der Stiftung sind der Verwaltungsrat, der Beirat und das Direktorium. Die Stiftung finanziert sich überwiegend durch eigene Einnahmen sowie durch Zuwendungen.

Bereits vor 1989 verfügte das Museum über internationale Ausstrahlung und hatte somit gute Voraussetzungen, sich als nunmehr einzige Einrichtung dieser Art in Deutschland, den neuen, viel umfangreicheren Aufgaben zu stellen. Daraus ergab sich 1994 die Umwandlung des bis dahin städtischen Museums in eine selbständige Stiftung des bürgerlichen Rechts.

Zweck der Stiftung ist es, Kultur, Wissenschaft und Forschung zu fördern und das Museum als allgemeinbildende, wissenschaftliche, kulturelle, gemeinnützige und gesamtstaatlich repräsentative Einrichtung zu betreiben. (Quelle: https://www.deutsches-meeresmuseum.de/stiftung/ueber-uns, Stand Januar 2024).

- *Förderstiftung:* Erträge des Stiftungsvermögens werden verwendet, um fremde Projekte zu unterstützen. Die Förderstiftung ist selbst nicht operativ tätig. Ein Beispiel hierfür ist die *Hypo-Kulturstiftung,* eine gemeinnützige Stiftung der HypoVereinsbank/UniCredit Bank. Die Stiftung bürgerlichen Rechts dient laut Satzung „der ideellen und materiellen Förderung kultureller Vorhaben und Einrichtungen in den Bereichen der Kunst, der Pflege und Erhaltung von Kulturwerten und der Denkmalpflege"(https://www.hypo-kulturstiftung.de/ueber-uns/, Stand Januar 2024). Der Stiftungszweck kann durch alle hierfür geeigneten und rechtlich zulässigen Maßnahmen gefördert werden, insbesondere durch Vergabe von Zuschüssen, Preisen und Stipendien, die Initiierung von Ausstellungen oder die Vornahme von Ankäufen für Museen und ähnliche Einrichtungen. Die Stiftung kann auch anderen ebenfalls steuerbegünstigten Körperschaften, Anstalten und Stiftungen oder einer geeigneten öffentlichen Behörde finanzielle oder sachliche Mittel zur Verfügung stellen, wenn diese Stellen mit den Mitteln Maßnahmen der vorerwähnten Art fördern. Dafür stehen ein Museumsfonds, ein jährliches Stipendium sowie Förderungen zur Verfügung; Fondsmittel und Stipendien werden allerdings nur gewährt, wenn ein gemeinsames Ausstellungsprojekt mit der Kunsthalle München vorbereitet wird. Das Gründungskapital in Höhe von 500.000 DM wurde im Lauf der Jahre auf aktuell 11,5 Mio. EUR erhöht. (https://www.hypo-kulturstiftung.de/ueber-uns/, Stand Januar 2024).
- *Operative Stiftung:* Diese Stiftungsform verwirklicht über eigene Förderprogramme und -projekte den Stiftungszweck. Die *Bertelsmann Stiftung* in Gütersloh ist eine solche operative Stiftung, die ihr Budget in Projekte investiert, die sie selbst konzipiert, initiiert und in der Umsetzung begleitet. Ein groß angelegtes und öffentlichkeitswirksames Projekt im Kulturbereich war der „interkommunale Leistungsvergleich" von Museen, Bibliotheken und anderen Kulturanbietern, der eine stärkere Wettbewerbs-, Nachfrage- und Qualitätsorientierung im öffentlichen Kulturbereich fördern sollte.

In der Praxis von Förder- und operativen Stiftungen kommt es häufig zu Mischformen. Der Bundesverband Deutscher Stiftungen weist darauf hin, dass von den Stiftungen in Deutschland 60 % ausschließlich fördernd, 18 % rein operativ und weitere 22 % beide Arbeitsformen verbindend tätig sind (Bundesverband Deutscher Stiftungen 2021, S. 40.). Allen gemeinsam ist es, dass der Ausschüttung von Stiftungsgeldern in der Regel ein langwieriger Prozess vorausgeht. Gerlach-March & Pöllmann (2019, S. 86 ff.) beschreiben diesen Prozess im Detail und kristallisieren einige Kernelemente heraus. Hierzu gehören

- ein eindeutiges Projektthema,
- eine prägnante Kurzvorstellung,
- eine konkrete Darstellung von Methoden, Zielen und Adressaten,
- ein Zeitplan sowie
- ein möglichst detaillierter Kosten- und Finanzierungsplan.

Zu beachten bleibt allerdings immer: Ein Antrag kann noch so vorbildlich gestellt sein, wenn das geplante Vorhaben eines Kulturanbieters nicht dazu geeignet ist, den Zweck einer Stiftung „unmittelbar" zu verwirklichen, so bleibt es von der Förderung ausgeschlossen.

5 Das Management touristischer Märkte und Zielgruppen: Kulturtourismus

5.1 Fakten, Historie und Begriffsbestimmung

Wie in der Einführung angesprochen, verlässt das Buch mit diesem Abschlusskapitel seine bisherige Systematik. Ging es bislang mit Kulturmarketing, Personalmanagement und Kulturfinanzierung um Kern*funktionen* des Kulturmanagements, wird im Weiteren kein Funktionsbereich im betriebswirtschaftlichen Sinne, sondern ein Handlungsfeld und wichtiger (Arbeits-)Markt für im Kulturmanagement Tätige vorgestellt – in dem die bisher besprochenen Zusammenhänge allerdings eine große Rolle spielen. So braucht es Marketing, um Kulturtouristen und -touristinnen zielgruppenspezifisch anzusprechen, für einen Besuch zu gewinnen und zu Weiterempfehlungsverhalten anzuregen. Des Weiteren müssen neue Mitarbeitende eingestellt und/oder bereits vorhandene Mitarbeitende qualifiziert werden, um den Besonderheiten des kulturtouristischen Marktes Genüge tun zu können. Gleichfalls sind Kenntnisse der Kulturfinanzierung hilfreich, z. B. hinsichtlich möglicher EU-Förderprogramme, damit die Potenziale, die eine Erschließung und Bearbeitung dieses Marktsegments für die Kulturbetriebe haben kann, auch in dieser Hinsicht ausgeschöpft werden.

Im Folgenden wird es darum gehen, sich dem Thema schrittweise zu nähern. Dazu werden zunächst einige allgemeine Zahlen vorgestellt, die illustrieren sollen, warum der Tourismus sowohl international als auch in Deutschland als attraktiver Wachstumsmarkt und wichtiges Standbein der Wirtschaft gilt (vgl. DTV 2017 und 2023; DZT 2017a, 2017b, 2021, 2022a und 2022b):

- Der internationale Tourismus lag vor der Coronapandemie bei beachtlichen 1,5 Mrd. Ankünften weltweit, Tendenz seit Jahren steigend. In den Jahren 2020 und 2021 waren aufgrund der Coronapandemie nur circa 400 Mio.

A. Hausmann, *Kunst- und Kulturmanagement*, Kunst- und Kulturmanagement, https://doi.org/10.1007/978-3-658-44400-6_5

Ankünfte zu verzeichnen. Der Tourismus erholt sich jedoch erfahrungsgemäß schnell, im Jahr 2020 lag die Anzahl der Ankünfte bereits wieder bei 920 Mio. Die Reiseregionen Asien und Afrika zeigen dabei die stärkste Dynamik, aber auch im südamerikanischen Markt wird großes Potenzial für das Reiseland Deutschland gesehen.
- Seit 1993 sind die Übernachtungen ausländischer Gäste in Deutschland um 55,2 Mio. gestiegen. Vor der Coronapandemie verzeichnete Deutschland knapp 84 Mio. internationale und 376 Mio. inländische Übernachtungen; Tendenz ebenfalls steigend. Im Jahr 2022 wurden bereits wieder 68,1 Mio. Übernachtungen ausländischer Gäste und beachtliche 382,6 Mio. inländische Übernachtungen gezählt.
- Das Reiseland Deutschland steht aktuell in verschiedenen Kategorien auf Platz 1: als Kulturreiseziel der Europäer, als internationales Tagungs- und Kongressziel, als internationales Messeziel, als Destination für internationale Luxusreisen und themenunabhängig für junge Europäer und Europäerinnen zwischen 15 und 24 Jahren.
- Im renommierten *Anholt-GfK Roper Nation Brands Index* erreicht die Marke Deutschland im weltweiten Vergleich von 60 Nationen den ersten Platz.
- Die touristische Nachfrage in Deutschland sorgt für eine direkte *Bruttowertschöpfung* von rund 124 Mrd. EUR.
- Damit hat der Tourismus einen Anteil von rund 4 % an der gesamten Bruttowertschöpfung der deutschen Volkswirtschaft (und liegt damit über Branchen wie dem Maschinenbau und Einzelhandel).
- Erwirtschaftet werden diese Summen vor allem durch *mittelständisch* geprägte Betriebe, wie z. B. die rund 53.000 Unternehmen des Beherbergungsgewerbes.
- Die *Konsumausgaben* der in- und ausländischen Reisenden liegen bei rund 287 Mrd. EUR (v. a. für Gaststättenleistungen und Shopping sowie Beherbergungsleistungen).
- Der Arbeitsmarkt Tourismus bietet 2,8 Mio. *Beschäftigten,* das sind 6 % der Erwerbstätigen in Deutschland, nicht „exportierbare" Arbeitsplätze; allerdings handelt es sich hierbei auch um saisonale Beschäftigung.

Von den wichtigsten, übergeordneten touristischen Leistungsträgern in der Vermarktung Deutschlands, der Deutschen Zentrale für Tourismus (DZT) und dem Deutschen Tourismusverband (DTV), wird v. a. auch der Kulturtourismus zur Positionierung im internationalen Wettbewerb genutzt. Kulturtourismus ist dabei kein neues Phänomen. Die Geschichte des Tourismus beginnt vielmehr bei den Pilgerfahrten und „fahrenden Scholaren", die zunächst noch aus primär wirtschaftlichen, politischen oder religiösen Motiven gereist sind. Doch schon mit dem Aufkommen der sogenannten *Grand Tour* des englischen Adels bzw. gehobenen Bürgertums finden sich Gemeinsamkeiten zum Kulturtourismus in seiner heute bekannten Form. Bildungs- und Erziehungsmotive standen hier im Vordergrund: Die (meist jungen) Reisenden suchten zu diesem Zweck europäische Kunststädte auf und besichtigten dort Baudenkmäler, reisten durch malerische Landschaften, lernten Kultur und Sitten anderer Länder kennen und gaben ihrer Bildung den „letzten Schliff". Auch Goethes Italienreise Mitte des 18. Jahrhunderts kann als ein Klassiker der Grand Tour und als Vorläufer des modernen Kulturtourismus gelten. Mit der zunehmenden gesellschaftlichen Partizipation des Bürgertums sowie der Einführung moderner Verkehrsmittel (zunächst Eisenbahn und Dampfschiff, später Flugzeuge) kam es im 19. und 20. Jahrhundert zu einer Vervielfachung der Touristenzahlen bei gleichzeitiger Reduzierung der Aufenthaltsdauer, da den neuen Zielgruppen die zeitlichen und finanziellen Ressourcen fehlten (ausführlich hierzu Bausinger et al. 1999; Steinecke 2007).

Aus diesem historischen Abriss wird deutlich, dass der Begriff des Kulturtourismus zwar relativ neu ist, das dahinterstehende Phänomen jedoch eine lange Tradition hat. In den seither vergangenen Jahren hat dieser Markt nichts an Attraktivität eingebüßt. Vielmehr im Gegenteil gilt der Kulturtourismus als einer der wichtigen Impulsgeber im Tourismus, dem auch für die Zukunft Wachstum prognostiziert wird. Anders als für den Tourismus insgesamt lassen sich für den Kulturtourismus allerdings nicht so einfach Zahlen finden, die diese Erfolgsgeschichte empirisch belegen. Ursache hierfür ist nicht zuletzt die Tatsache, dass sich diese Reiseform schlecht von anderen abgrenzen lässt – im weitesten Sinne kann unter Kulturtourismus (fast) jede Reiseform fallen.

Dennoch lassen sich aus relevanten Quellen, wie z. B. den jährlichen Berichten der Deutschen Zentrale für Tourismus (DZT) oder des Deutschen Tourismusverbandes (DTV), Informationen entnehmen, die eine erste Orientierung – auch für den Kulturtourismus – geben (vgl. DTV 2017 und 2023; DZT 2017a, 2017b, 2021, 2022a und 2022b):

- Deutschland verfügt über einen großen kulturellen Reichtum, der sich u. a. niederschlägt in 49 UNESCO-Weltkulturerbestätten (aktuell Platz 3 international und Platz 2 in Europa), 16 historischen Highlights, 10 Magic Cities, über 7.000 Museen und knapp 500 Theatern und Orchestern, mehr als eine Million Events, über 1.000 historischen Stadt- und Ortskernen mit besonderer Denkmalbedeutung, rund 150 Ferien- und Themenstraßen etc.
- Das Reiseland Deutschland ist aktuell auf Platz 1 der Kultur- und Städtereiseziele für Europäer und auf Platz 3 der Naturreiseziele; letzteres ist z. B. interessant für den Kulturtourismus im ländlichen Raum.

- Der Kultururlaub erreicht mehr als 60 % Marktanteil. Deutsche Metropolen sind dabei besonders gefragt: 56 % der Übernachtungen von Ausländern entfallen auf Städte ab 100.000 Einwohnern. Bei den Ausländerübernachtungen kann Deutschland zudem als einziges Land vier seiner Metropolen unter den Top 25 platzieren: Berlin (Platz 6), München (Platz 13), Frankfurt (Platz 21) und Hamburg (Platz 23).
- Auch für die Deutschen ist das Inland das Kurzurlaubsziel Nummer 1; davon profitieren v. a. Bayern und Nordrhein-Westfalen. Wichtigste Aktivität bei Urlaubsreisen im Inland ab einer Übernachtung ist der Besuch kultureller/historischer Sehenswürdigkeiten.
- Auch durch Tagesreisen, wie sie insbesondere im Kulturtourismus üblich sind, entsteht eine enorme Wertschöpfung: 2,84 Mrd. Tagesreisen (Ausflüge und Geschäftsreisen ohne Übernachtung) unternehmen die Deutschen im Inland pro Jahr. Dabei geben sie im Schnitt 27,70 EUR aus.
- Noch deutlicher ist die Interessenlage unter potenziellen Deutschlandreisenden weltweit, wie IPK International in der Covid-19-Studie im Auftrag der DZT ermittelt hat (Stand September 2021). Entsprechend planen 57 % der Befragten in den kommenden zwölf Monaten Städtereisen, mit steigender Tendenz.
- 26 % aller Auslandsurlaubsreisen in Deutschland sind Kulturreisen und bei Urlaubern aus dem Ausland herrscht mit der Note 1,8 eine hohe Gesamtzufriedenheit was den Kultururlaub hierzulande anbelangt.

Als Erklärung für das anhaltende Wachstum des Marktsegments Kulturtourismus lassen sich u. a. die in Abb. 5.1 genannten Faktoren anführen: So gilt die Freizeit als ein wichtiger Bestandteil der Lebensqualität, den es sinnvoll zu gestalten und mit besonderen Erlebnissen anzureichern gilt. In Abhängigkeit bestimmter Einflussfaktoren, wie z. B. steigendes Bildungs- und Einkommensniveau (etwa in den wachstumsstarken asiatischen Quellmärkten), gewinnen diesbezüglich gerade auch Aktivitäten mit Kulturbezug an Bedeutung. Auf der Suche nach Orientierung und Identität in einer sich immer schneller verändernden Gesellschaft wächst die Nachfrage nach authentischen Kulturgütern. Selbst wer im Alltag über wenig Zeit für entsprechende Angebote verfügt, nimmt sich im Urlaub oft Zeit für kulturelle Sehenswürdigkeiten und Events. Neben der Hochkultur verzeichnet dabei auch die Regional- und Alltagskultur ein großes Interesse. Ebenfalls förderlich für den Kulturtourismus sind das Wachstum im (internationalen) Tourismus insgesamt, der Trend zu (mehr) Kurzreisen und damit zu Zweit- und Dritturlauben sowie die insgesamt hohe Mobilität der Reisenden. Auch demographische Faktoren spielen eine Rolle: So sind mehr ältere Menschen gesünder, mobiler und kulturaffiner als in den Generationen zuvor.

Kultur ist als Reisethema „in“	Trend zu mehr Kurzreisen	Ausdifferenzierung von Wünschen	Steigendes Bildungsniveau
Wachstumsdynamik im Gesamtmarkt	Wachsende Mobilität	Demographischer Wandel	Steigende Einkommen

Abb. 5.1 Gründe für die Attraktivität des Marktsegments Kulturtourismus. (Eigene Darstellung)

Wie bereits angesprochen, ist die wissenschaftliche Aufarbeitung des Kulturtourismus in den letzten Jahren vor allem im englisch-, aber zunehmend auch im deutschsprachigen Raum vorangetrieben worden. Dabei haben sich verschiedene Autoren und Autorinnen bemüht, eine Begriffsabgrenzung vorzunehmen. Neben *nachfrage*orientierten Definitionen finden sich solche, die *angebots*orientiert ausfallen (vgl. zu dieser Diskussion ausführlich Steinecke 2002). Nicht zuletzt unter Berücksichtigung der im Rahmen des zweiten Kapitels zum Kulturmarketing herausgestellten Bedeutung der Nachfrage, soll die letztgenannte Begriffsauslegung hier allerdings keine weitere Berücksichtigung finden – es ist offensichtlich, dass eine angebotsorientierte Sichtweise Kulturbetriebe leicht dazu verführt, Produkte und Services zu schaffen, die (zu) wenig Bezug zur Nachfrage und ihren Bedürfnissen haben. Mögliche *nachfrageorientierte* Begriffsabgrenzungen sind:

- “The movement of persons to cultural attractions away from their normal place of residence, with the intention to gather new information and experiences to satisfy their cultural needs” (Richards 2001, S. 37).
- „Der Kulturtourismus umfasst alle Reisen von Personen, die ihren Wohnort temporär verlassen, um sich vorrangig über materielle und/oder nichtmaterielle Elemente der Hoch- und Alltagskultur des Zielgebiets zu informieren, sie zu erfahren und/oder zu erleben“ (Steinecke 2002, S. 10).
- “A form of tourism that relies on a destination’s cultural heritage assets and transforms them into products that can be consumed by tourists” (DuCros/McKercher 2020, S. 6).

Unabhängig von der jeweiligen Schwerpunktsetzung in den Definitionen und ihrer Zuspitzung, die bestimmte kulturtouristische Aktivitäten ausgrenzt (so werden keineswegs nur „neue" Erfahrungen und Erlebnisse gesucht; Kultur muss kein Schwerpunkt im Rahmen kulturtouristischer Aktivitäten sein etc.), lassen sich einige Grundmerkmale des Kulturtourismus festhalten: a) Es gibt nachfrageseitig ein Interesse daran, Kultur in einem bestimmten Umfang zu nutzen, b) dies soll außerhalb des eigenen Wohnorts im Rahmen eines Tagesausflugs oder einer (Kurz-)Reise mit Übernachtung geschehen, c) der Kulturbegriff ist weit gefasst (Hochkultur, Populärkultur, Alltagskultur, Soziokultur). Damit lässt sich die Begriffsverwendung für die Zwecke dieses Buchs wie folgt konkretisieren:

Kulturtourismus bezieht sich auf Tagesausflüge und Übernachtungsreisen, bei denen das Haupt- oder ein Nebenmotiv der auswärtigen Gäste darin besteht, das kulturelle Erbe bzw. Angebot einer Destination zu nutzen.

Neben dem Begriff des Kulturtourismus finden sich andere, ähnlich gelagerte und in der Literatur zum Teil synonym, zum Teil in Abgrenzung zueinander verwandte Termini, die im Rahmen dieses Buchs dem Kulturtourismus als „umbrella term" subsumiert werden (vgl. Abb. 5.2):

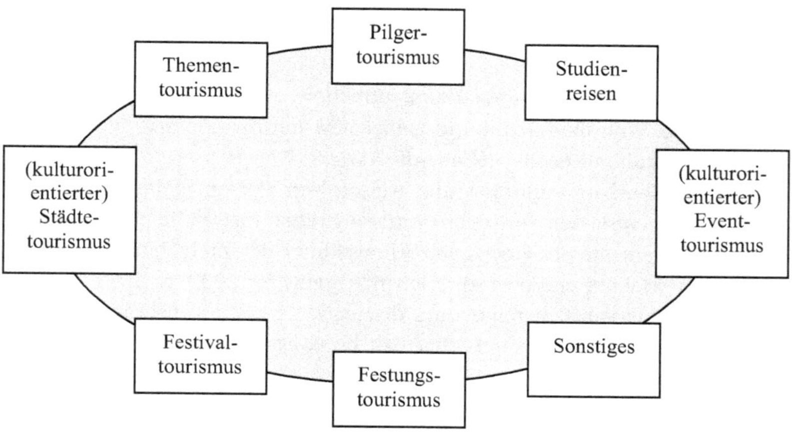

Abb. 5.2 Teilmärkte im Kulturtourismus. (Eigene Darstellung)

- *Städtetourismus:* Tourismus in Städten kann durch unterschiedliche Motive ausgelöst werden. Neben rein kulturbezogenen Aspekten (Besuch von kulturellen Sehenswürdigkeiten, Kulturinstitutionen, Kulturevents) kann das Hauptmotiv der Reise bezogen sein auf Shopping, Gastronomie, Wellness oder den Besuch von Verwandten und Freunden. Wenngleich also nicht jeder Städtebesuch (primär) kulturbezogen sein muss, so führen doch die meisten dieser Aufenthalte dazu, dass das Stadtbild sowie Zeugnisse der Stadt- und Regionalgeschichte und die Alltagskultur zumindest im Vorbeigehen wahrgenommen werden. Die ersten Adressen im kulturorientierten Städtetourismus in Deutschland sind Berlin, München, Hamburg, Dresden, Düsseldorf, Stuttgart und Frankfurt am Main.
- *Thementourismus:* Thementourismus beinhaltet die Vermarktung einer Destination (Stadt, Region, Bundesland etc.) über ein übergeordnetes Thema, das in der Regel einen Bezug zu Architektur, Kunst, Literatur, Musik oder Philosophie/Religion hat. Thementourismus impliziert häufig die Etablierung sogenannter Themenstraßen, wie z. B. die *Straße der Romanik* in Sachsen-Anhalt (www.strassederromanik.de) oder die *Route der Industriekultur* im Ruhrgebiet (www.route-industriekultur.ruhr), die thematisch Zusammengehöriges (hier: Bauwerke aus der Zeit des Mittelalters bzw. typische Industriedenkmäler) an unterschiedlichen Standorten durch eine gekennzeichnete Route miteinander verbinden.
- *Pilgertourismus:* Diese Form des Kulturtourismus hat an Bedeutung gewonnen durch den zunehmenden Wunsch nach Spiritualität, Entschleunigung, Sinnsuche und Selbstfindung, der u. a. durch Bücher wie „Ich bin dann mal weg“ von *Hape Kerkeling* und „Auf dem Jakobsweg“ von *Paulo Coelho* oder die verschiedenen Wanderführer des ehemaligen Redaktionsleiters der Harald Schmidt Show, *Manuel Andrack,* befördert wurde. Pilgertourist/innen erhoffen sich neben spirituellen Erlebnissen auch weltliche Genüsse, wie z. B. Spaß am Wandern, Abenteuer erleben, neue Kulturen und Menschen kennenlernen. Der Pilgertourismus befindet sich an der Schnittstelle zwischen Kultur- und Naturtourismus und steht in Deutschland im Fokus verschiedener Projekte, die auf die Erschließung des ländlichen Raums und seiner Verknüpfung mit den urbanen Zentren abzielen.
- *Studienreisen:* Studienreisen sprechen typischerweise ein gebildetes und in der Regel zahlungskräftiges Publikum mit dem Ziel an, Zeugnisse der klassischen Hochkultur auf höchstem fachkundigem Niveau zu erschließen. Es handelt sich um organisierte Gruppenreisen, die unter einem bestimmten Thema stehen (z. B. kulturelle Höhepunkte Nord- und Südindiens), ein festgelegtes

Programm vorhalten und von (hoch-)qualifizierten Reiseleiter/innen begleitet werden.

- *Eventtourismus:* Aufgrund des anhaltenden Interesses der Nachfrage an großen, spektakulären Ereignissen ist es in den letzten Jahren zu einem Boom in diesem Tourismussegment gekommen. Events können dabei sowohl kulturbezogen (z. B. Lange Nächte der Museen, Eurovision Song Contest) als auch nicht kulturbezogen (Fußballweltmeisterschaften, Olympia etc.) sein. Kulturevents zielen auf eine gewisse Attraktivität für die breite Masse ab und beinhalten daher meist ein populärkulturorientiertes Verständnis.
- *Sonstiges:* In der Literatur, aber vor allem auch in den bunten Werbebroschüren der touristischen Leistungsträger (Reiseveranstalter etc.) finden sich zahlreiche weitere Begrifflichkeiten wie z. B. Kunsttourismus, Architekturtourismus, Festivaltourismus, Festungstourismus, Denkmaltourismus, Kulturerbetourismus, Operntourismus. Auch diese Einzelsegmente werden hier dem Oberbegriff Kulturtourismus subsumiert.

5.2 Kulturtouristische Attraktionen und Zielgruppe

Es ist in den bisherigen Ausführungen deutlich geworden, dass der Kulturbegriff im Kulturtourismus weit gefasst ist. Kultur bezieht sich hier nicht nur auf Angebote der Hochkultur (Theater, Museen, Festspiele etc.), sondern durchdringt jeden Lebensbereich und umfasst z. B. auch die Alltagskultur (Brauchtum, Feste, Handwerk etc.). Das kulturelle Angebot kann dabei bereits vorhanden, d. h. natürlich gewachsen sein (so genannte originäre bzw. endogene Angebote, wie z. B. Kirchen, Industriedenkmäler, Brauchtum) oder es wurde eigens für den Tourismus geschaffen (derivative bzw. exogene Angebote, wie z. B. Themenparks oder Freilichtmuseen). Im Einzelnen gelten als mögliche kulturtouristische Attraktionen:

- Museen und Ausstellungshäuser,
- Opernhäuser, Theater, Orchester und Musicals,
- Festivals und Festspiele,
- Burgen und Schlösser,
- Kirchen, Klöster, Moscheen und Tempel,
- historische Schauplätze (Schlachtfelder, Militäranlagen, Gefängnisse etc.),
- Parks und Gartenanlagen,
- zeitgenössische Architektur,
- Industriekultur (Industrierelikte etc.),

- Alltagskultur (z. B. seit Generationen gepflegtes Brauchtum, wie der rheinische Karneval, Fasching oder das Münchner Oktoberfest).

Bereits im Kontext der Begriffsabgrenzung ist auf den Aspekt der *Motivation* hingewiesen worden: Aus Sicht der Nachfrage ist Kulturtourismus mit dem Wunsch verbunden, im Urlaub etwas – im engeren oder weiteren Sinne – „Kulturelles" zu erleben. Dieser Wunsch kann sowohl wesentlicher Auslöser für eine Reise sein als auch andere Urlaubsmotive begleiten. Dem Aspekt der Motivation kommt dabei für die Auseinandersetzung mit dem Thema eine besondere Bedeutung zu: Aufgrund unterschiedlicher Ausprägungen in der Motivation, kulturelle Angebote während einer Reise zu nutzen, ist es unter Marketinggesichtspunkten sinnvoll, zwischen verschiedenen *Typen* der kulturtouristischen Nachfrage zu unterscheiden. In der Literatur finden sich verschiedene Arten der Abgrenzung, die sich v. a. im Grad ihrer Detailliertheit unterscheiden (ausführlicher hierzu Hausmann 2019c, 30 ff.). Während einige Autoren bis zu fünf Typen nennen (z. B. DuCros/McKercher 2020 und Pröbstle 2014), beschränken sich andere Autoren auf eine Dreiteilung (u. a. Richards 2001; Steinecke 2013; Hausmann 2006), die sich insbesondere auch für die Tourismuspraxis der vielen kleineren „Player" auf dem Markt eignet. Diese gröbere Systematisierung unterscheidet drei Typen:

- *Kulturtouristische Nachfrage im engeren Sinne:* Für dieses Segment ist der Besuch von Kultur der Hauptanlass ihrer Reise. In der Regel werden mehrere Kulturangebote – sowohl im Kontext von Studien- und anderen Gruppenreisen als auch von Individualtourismus – miteinander verknüpft. Allerdings ist dieses Segment traditionell klein: Der Anteil dieser passionierten, kenntnisreichen Zielgruppe beträgt etwa fünf bis zehn Prozent am gesamten Tourismusmarkt (vgl. Dümcke 2002, S. 13; Steinecke 2013, S. 21). Allgemein lässt sich für diese Zielgruppe festhalten, dass sie eher älter und gut gebildet ist sowie über ein höheres Einkommen verfügt (das sie auch bereit ist, im Kultururlaub auszugeben).
- *Kulturtouristische Nachfrage im weiteren Sinne:* Für die in der Praxis auch als „Gelegenheitskulturtouristen und -touristinnen", „Auch-Kultururlaubende" oder „interessierte Neugierige" Bezeichneten ist der Hauptreisezweck nicht kulturbezogen, vielmehr werden verschiedene Reiseanlässe verbunden. Neben dem Erholungsurlaub, dem Besuch von Freunden oder einer Geschäftsreise werden auch Kulturangebote wahrgenommen, Kultur ist also (nur) eine touristische Aktivitätsform unter anderen. In Untersuchungen machte diese touristische Zielgruppe über drei Viertel der Befragten aus. Anders als das vorab dargestellte Segment ist diese „breite Masse" der kulturtouristischen

Nachfrage hinsichtlich Alter, sozialem Milieu, Einkommen etc. sehr heterogen. Dies muss in der (v. a. politischen) Diskussion zum Thema, die sich häufig genug ausschließlich auf die Daten zu der kulturtouristischen Nachfrage i. e. S. bezieht, mehr Beachtung finden.

- *Kulturtouristische Zufallsnachfrage:* Bei diesem Teilsegment wurde die Nutzung von Kultur und insbesondere der Besuch von Kulturstätten im Vorfeld einer Reise nicht eingeplant, sondern erfolgt eher zufällig und kurzfristig. Der Entschluss, ein Kulturangebot wahrzunehmen, beruht z. B. auf schlechtem Wetter oder weil andere (Outdoor-)Urlaubsaktivitäten ausscheiden. Allerdings ist diese Einordnung eher theoretischer Natur, weil wohl (fast) jede/r Urlaubende in der einen oder anderen Form zumindest mit der Alltagskultur einer Destination in Berührung kommt.

Diese Kategorisierung von Zielgruppen stellt dabei keinen Selbstzweck dar, sondern dient der Ableitung geeigneter Marketingmaßnahmen und beeinflusst im Weiteren auch die Wahl geeigneter Kooperationspartner (vgl. Abschn. 5.3). Grundsätzlich müssen kulturtouristische Leistungen immer unter Berücksichtigung der Maxime des Kulturmarketings (vgl. Kap. 2) entwickelt und verwertet werden. Entsprechend ist zunächst eine *Situationsanalyse* im Hinblick auf die eigenen Ressourcen, mögliche Wettbewerber und Kooperationspartner, die Umweltbedingungen und die potenziellen Zielgruppen durchzuführen. In einem nächsten Schritt werden die *Ziele* festgelegt, die durch kulturtouristische Aktivitäten erreicht werden sollen. Als mögliche ökonomische und nicht-ökonomische Ziele lassen sich beispielsweise nennen: Steigerung der Besuchszahlen im Rahmen der Objektverträglichkeit, Erhöhung des Anteils an (über-)regionalen Gästen, Erhöhung der Tagesausgaben, Erhöhung der eigenen Einnahmen, Erhöhung des Bekanntheitsgrades von Kulturstätte und Region, Erhöhung der Kundenbindung.

In einem nächsten Schritt werden Maßnahmen aus dem *Marketingmix* ausgewählt, die auf die jeweilige kulturtouristische Zielgruppe zugeschnitten sind. Wie Abb. 5.3 exemplarisch zeigt, lassen sich für die drei Typen unterschiedliche Schwerpunkte setzen. Während sich im Rahmen der Leistungspolitik für die Zielgruppe der „Kulturtouristischen Nachfrage im engeren Sinne" umfangreiche Leistungsbündel entwickeln lassen, die zu entsprechend höheren Preisen angeboten und auch überregional kommuniziert sowie vertrieben werden können, geht es hinsichtlich der Ansprache von kulturtouristischer Zufallsnachfrage vorrangig darum, durch eine entsprechende Präsenz im Stadtbild, in lokalen Zeitungen etc. auf sich aufmerksam zu machen. Dabei kann hier nicht der Aussage zugestimmt werden, dass sich eine Ansprache der Zufallskulturtouristen nur „bedingt" lohnt (vgl. MWA 2006). Zwar hängt deren Nachfrage in der Tat vom Zufall ab, aber durch ein überzeugendes Angebot einer Kultureinrichtung kann auch hier ein potenzieller (Wiederholungs-)Besucher und/oder eine mögliche Weiterempfehlerin für die Zukunft gewonnen werden. Zudem sind die in Abb. 5.3 dargestellten Maßnahmen solche, die immer auch anderen Zielgruppen zugutekommen (vgl. Hausmann 2019d, S. 12).

Restart nach Corona – DZT startet Marketingkampagne German.Local.Culture

Im Mittelpunkt des Marketings für die kulturtouristische Zielgruppe steht in der Regel eine intensive, professionelle Kommunikationskampagne mit möglichst überregionaler oder sogar internationaler Reichweite, damit die Nutzung von Angeboten nicht an einer fehlenden Bekanntheit oder missglückten Botschaft scheitert. So hat die *Deutsche Zentrale für Tourismus (DZT)* nach zwei Jahren Coronapandemie und weiteren Krisen im Jahr 2021 die Kampagne German.Local.Culture ins Leben gerufen, basierend auf zwei dem Markenkern entsprechenden Säulen: „Städte & Kultur" sowie „Natur & Erholung". Ziel der Kampagne ist es, Deutschland als Destination für längere Urlaubsaufenthalte für kulturinteressierte Reisende ebenso wie für Familien und Aktivurlaubende in den Quellmärkten interessant zu machen. Es handelt sich dabei um eine crossmediale Inspirationskampagne, die vor allem digital über Programmatic Advertising, Social-Media-Kanäle sowie Influencer-Maßnahmen beworben wird. Dadurch versucht die DZT auch mit den Schwerpunktthemen Nachhaltigkeit und Digitalisierung den Kulturtourismus in Deutschland wieder ins Rollen zu bringen – und das mit einer möglichst großen Reichweite.

Segment	Kulturtouristische Nachfrage i.e.S.	Kulturtouristische Nachfrage i.w.S.	Kulturtouristische Zufallsnachfrage
Merkmale	Kultur ist der Hauptanlass für eine Reise, es werden in der Regel mehrere Kulturangebote in Anspruch genommen.	Kultur ist nicht der Hauptreiseanalass, es werden vielmehr unterschiedliche Anlässe (Wandern, Shopping etc.) verbunden.	Eigentlich aufgrund eines anderen Reisemotivs „on tour", Kulturnutzung erfolgt eher zufällig, z.B. wetterbedingt.
Marketing-schwer-punkte	– Inhaltlich anspruchsvolle, komplexe Leistungsbündel mit Partnern der gleichen und/oder unterschiedlicher Wertschöpfungsstufe(n) – thematische Klammer für die Einzelleistungen – Fokus auf Wissenserwerb, Bildung und den „besonderen Moment" – Markenführung und hohes Qualitätsmanagement – Premiumpreise für einzigartige Angebote (z.B. „meet the curator") – überregionale Kommunikation und Distribution	– Angebote mit Fokus Edutainment und leichter Nutz- bzw. Konsumierbarkeit – Ermöglichung von „Momentaufnahmen"; Fokus auf kulturelle „must see" – Preisdifferenzierung (v.a. Kombitickets/Rabatte) – gute Präsenz/Sichtbarkeit in der Destination (z.B. Museumsfahnen) – gute Ausschilderung (Wegeleitsystem) – lokale/regionale Kommunikation und Distribution	– gute Präsenz/ Sichtbarkeit in der Destination (z.B. Museumsfahnen) – gute Ausschilderung (Wegeleitsystem) – Zugänglichkeit („Offenheit" des Eingangsbereichs, freundliches Besucherkontaktpersonal etc.) – Angebote mit Fokus Edutainment und leichter Nutz- bzw. Konsumierbarkeit – Preisdifferenzierung (Rabatte etc.) – lokale/regionale Kommunikation und Distribution

Abb. 5.3 Segmentspezifische Bearbeitung und Maßnahmenschwerpunkte. (Eigene Darstellung)

5.3 Erfolgsfaktor Kooperationen

Das Eingehen von Kooperationen ist im Kulturbereich eine notwendige Strategie, um trotz knapper Ressourcen langfristig im Wettbewerb bestehen zu können. Als Partner kommen im Kulturtourismus nicht nur andere Kulturinstitutionen infrage, sondern verschiedene öffentliche Organisationen und private (Tourismus-)Unternehmen. Mit dem Eingehen von Kooperationen sind diverse Vorteile verbunden; zu den wichtigsten gehören im kulturtouristischen Kontext:

- *Aufgabenrealisierung:* Durch die Bündelung knapper Ressourcen (Budget, Personal, bestehende Netzwerke, Räume etc.) und unterschiedlicher Kompetenzen (Marktkenntnisse, Marketingkompetenzen, digitale Skills etc.) können bestimmte Aufgaben überhaupt erst realisiert werden (z. B. Konzeption und Durchführung von gemeinsamen Veranstaltungen, Betreiben einer an den Bedürfnissen von kulturtouristischen Zielgruppen ausgerichteten Online-Plattform zur gemeinsamen Vermarktung, Entwicklung gemeinsamer Informationsbroschüren).
- *Effizienzgewinne:* Durch diese Bündelung von Ressourcen und Kompetenzen lassen sich Spezialisierungsvorteile und Synergieeffekte realisieren. Jeder der Partner bringt das ein, was er/sie am besten kann, Mehrfacharbeit wird vermieden. Dies führt zu einer effizienteren Nutzung von Ressourcen und damit einer Senkung von Kosten.
- *Erweiterung des Leistungsangebots und Qualitätsverbesserung:* Durch aufeinander abgestimmte Aktionen verschiedener Kooperationspartner kann die Qualität der angebotenen Leistungen insgesamt verbessert und das Leistungsspektrum erweitert werden (z. B. durch Kombitickets, Regio-Cards, Vertrieb von Reisepauschalen bzw. Bausteinangeboten). Insgesamt erhöhen sich die Marktchancen für alle Beteiligten.
- *Akquisition von Fördergeldern und Projektmitteln:* Durch Kooperationen mit (über-)regionalen und internationalen Partnern können bestimmte Fördergelder beantragt werden (z. B. Kulturhauptstadtfonds der EU), zu denen ansonsten kein Zugang bestünde. Gleichzeitig wird durch diese Zusammenarbeit die Vernetzung (innerhalb) von Regionen gefördert.
- *Fachlicher Austausch:* Zu diesem Kooperationsziel gehören z. B. die gegenseitige Beratung in tourismusmarktbezogenen Belangen und der Erfahrungsaustausch in Marketing-, Finanzierungs- und Organisationsfragen.

Wie Abb. 5.4 zeigt, lassen sich drei idealtypische Formen von Kooperationen im Kulturtourismus unterscheiden (vgl. hierzu auch Hausmann 2019d, S. 21 ff.); in der Praxis sind die Übergänge fließend und die meisten Kulturbetriebe verfolgen mehrere Kooperationsformen parallel. Die erste und am häufigsten vorzufindende Form der Zusammenarbeit ist die zwischen *gleichartigen* Kulturanbietern. In diesem Fall arbeiten z. B. verschiedene Museen in einer Destination zusammen und bieten einen Museumspass an, der zu einem vergünstigten Preis den Eintritt in alle beteiligten Häuser ermöglicht (wie z. B. die österreichische Jahreskarte „BundesMuseenCard“, die in 2024 66 EUR kostet und für je einen Besuch in acht Bundesmuseen gültig ist), oder sie organisieren gemeinsame Veranstaltungen (z. B. Lange Nacht der Museen). Zwangsläufig bleibt dieses Angebot in seiner Attraktivität beschränkt und wird nur einen (kleinen) Teil der touristischen Nachfrage ansprechen – und zwar vor allem jene mit hoher intrinsischer Motivation. Gelegenheitstouristen oder Zufallskulturtouristinnen werden sich von diesem Angebot weniger oft angesprochen fühlen.

Im Rahmen der zweiten Kooperationsform arbeiten *unterschiedliche* Kultureinrichtungen zusammen. Hier wird z. B. ein Leistungspaket geschnürt, bei dem die Ausstellung eines Museums thematisch reflektiert wird durch ein Konzert,

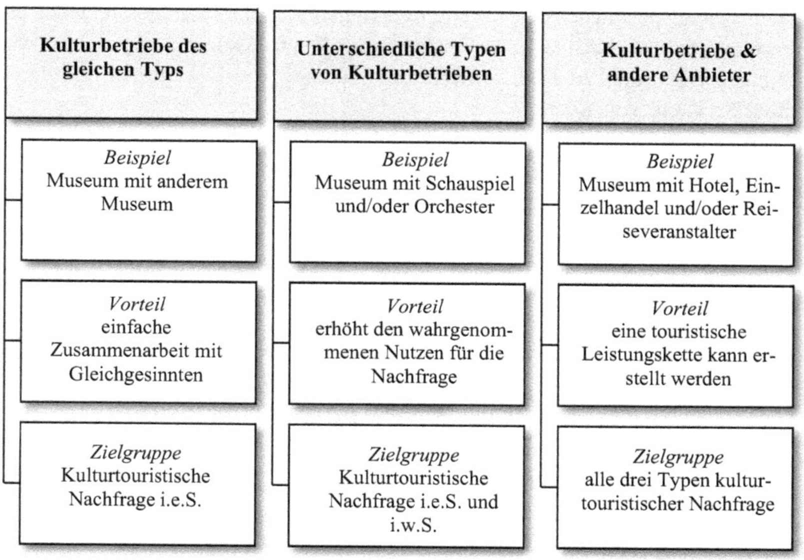

Abb. 5.4 Kooperationsformen im Kulturtourismus. (Eigene Darstellung)

Theaterstück oder eine andere Kulturveranstaltung (Lesung, Vortrag, Filmvorführung etc.). Oder verschiedene Kultureinrichtungen nutzen ein Oberthema (z. B. Romantik, Barock, Märchen, Römer, Industriekultur) unter dem sie sich gemeinsam vermarkten. So werden unter der Marke *Schlösserland Sachsen* – einer Werbegemeinschaft mit bedeutenden staatlichen und nichtstaatlichen Bau- und Gartendenkmälern – mehr als 50 Schlösser, Burgen, Festungen, Parks und Gärten überregional und international vermarktet. Dieser Ansatz spricht ein größeres Spektrum kulturtouristische Interessierter an und erhöht ihren wahrgenommenen Nutzen, den sie für die investierte Zeit und das ausgegebene Geld erhalten.

Der dritte Ansatz geht noch weiter: Hier kooperieren Kulturbetriebe mit anderen, in der Regel nicht kulturbezogenen, kommerziell bzw. gewinnorientiert arbeitenden Tourismusakteuren, wie z. B.

- Beherbergungsgewerbe,
- Gastronomie,
- Reisemedien,
- Reiseveranstalter (Generalisten, Spezialreiseveranstalter),
- Transport- und Verkehrsbetriebe,
- Reisemittler (Reisebüro, -agenturen etc.),
- Reiseleiter und Gästeführer,
- Einzelhandel,
- lokale bzw. regionale Tourismusverbände,
- andere Akteure auf dem Freizeitmarkt (z. B. Wellnessanbieter).

Durch eine Verknüpfung dieser sehr unterschiedlichen Akteure, die aber im Hinblick auf die Gewinnung kulturtouristisch interessierter Gäste für eine bestimmte Destination komplementäre Interessen haben, kann bei dieser Kooperationsform eine touristische Leistungskette von der Entwicklung bis hin zur Vermarktung und zum Vertrieb von gemeinsamen kulturtouristischen Angebotspaketen entstehen und die Marktbearbeitung insgesamt effektiver werden. Im o.g. Beispiel des Schlösserlandes Sachsen hilft die Einbeziehung von Akteuren wie z. B. der *Churfuerstlichen Waldschänke Moritzburg* oder der *Jugendherberge Colditz* dabei, verschiedene Bedürfnisse im Rahmen der touristischen Dienstleistungskette zu adressieren und der kulturtouristischen Zielgruppe damit den Planungs-, Nutzungs- und Buchungsprozess zu erleichtern.

Kooperationen zwischen Kulturbetrieben und Tourismusorganisationen
Vor allem mit den Tourismusorganisationen vor Ort, d. h. den Marketinggesellschaften einzelner Städte und/oder Regionen, kooperieren Kulturbetriebe im kulturtouristischen Kontext. In der Kulturtourismusstudie 2018 (vgl. Burzinski et al. 2018) wurde empirisch erfasst, welche konkreten Aufgaben die Organisationen für die Kulturbetriebe übernehmen. Die meisten Nennungen entfielen auf folgende Aufgabenfelder:

- Organisation eines Austauschs zwischen der Organisation und den Kulturakteuren vor Ort,
- Förderung des Austauschs zwischen Kulturakteuren und touristischen Leistungsträgern (z. B. durch regelmäßige Treffen, Beteiligungsmöglichkeiten der Kulturakteure an eigenen Marketingmaßnahmen, wie z. B. Messeauftritt, Themenflyer, Webpräsenz),
- Beratung der Kulturakteure in der touristischen Angebotsgestaltung,
- Funktion als Multiplikator in der touristischen Pressearbeit,
- Entwicklung eines rahmengebenden Tourismuskonzepts für alle Akteure vor Ort,
- Bereitstellung aktueller Daten aus der Marktforschung, Kontaktvermittlung zu Vertriebspartnern (z. B. Reiseveranstalter),
- Definition touristischer Mindestanforderungen bzw. Qualitätskriterien zur Orientierung für Kulturakteure.

Unabhängig von der konkreten Form im Einzelfall gilt als zentrale Voraussetzung für eine erfolgreiche Kooperation im Kulturtourismus, dass beide Partner von der Zusammenarbeit profitieren können, es also zu einer *Win-Win-Partnerschaft* kommt. Was so naheliegend klingt, bereitet in der Praxis oftmals große Probleme. Nicht selten dümpeln Kooperationen im Kulturtourismus orientierungslos vor sich hin und führen nach einer ersten Phase der Euphorie zu keinem ersichtlichen Mehrwert oder enden mit Frustrationen auf allen Seiten (ausführlicher Hausmann 2019d, S. 25 ff.). Um dies zu verhindern, ist es aus Sicht der Beteiligten empfehlenswert, sich im Vorfeld des Eingehens einer Zusammenarbeit intensiv damit auseinanderzusetzen, welche Interessen die jeweils anderen Partner verfolgen, welche gemeinsamen Ziele tatsächlich erreicht werden können und welcher der Partner welche Leistungen zur Zielerreichung einbringen kann und soll. Wie eine solche frühe Bestandsaufnahme aussehen könnte, wird nachfolgend am Beispiel der Zusammenarbeit zwischen öffentlichen Kulturanbietern und kommerziell ausgerichteten touristischen Leistungsträgern verdeutlicht, bei der es in der Praxis besonders häufig zu Problemen kommt.

Kommerzielle Tourismusunternehmen haben primär wirtschaftliche Ziele. Sie wollen (mehr) Umsatz generieren, (mehr) Gäste anziehen, (höhere) Gewinne erzielen etc. Sie sind sich – anders als mancher (öffentliche) Kulturbetrieb – darüber bewusst, dass sie sich auf einem sehr wettbewerbsintensiven Markt bewegen. Um hierauf langfristig bestehen zu können, sind sie kontinuierlich auf der Suche nach Möglichkeiten zur Profilierung ihrer Angebote, der Identifizierung bzw. Befriedigung von Kundenbedürfnissen und der Schaffung von Alleinstellungsmerkmalen. Kultur ist dabei für diese Akteure eine in den letzten Jahren zunehmend attraktiver gewordene Möglichkeit unter anderen, um sich im Wettbewerb zu positionieren.

Wie Abb. 5.5 zeigt, sind touristische Leistungsträger vor diesem Hintergrund daran interessiert, von den Kulturschaffenden und Kultureinrichtungen bestimmte Leistungen (z. B. eindeutiges kulturelles Profil, attraktive und von der Zielgruppe leicht nutz- bzw. konsumierbare Angebote) zu erhalten, die sie zur Erreichung ihrer oben genannten Ziele entsprechend vermarkten können. Im Gegenzug dafür unterstützen sie z. B. mit touristischem Know-how, Kontakten, überregionaler und internationaler Vertriebsarbeit oder bei der Einführung von neuen technischen Lösungen (wie z. B. dem internet-basierten Zeitfenster-Ticketing, das für Museen, Burgen oder andere Kulturstätten eine intelligente Besucherlenkung im Rahmen denkmalschutzbegründeter Kapazitätsengpässe ermöglicht).

Neben diesen konkreten Zielsetzungen gibt es weitere Aspekte, die im Rahmen einer Zusammenarbeit mit kommerziell ausgerichteten Tourismusunternehmen berücksichtigt werden sollten. So haben Touristiker andere saisonale

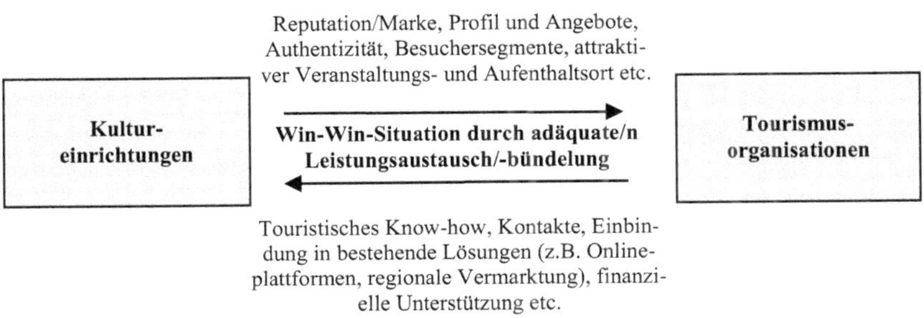

Abb. 5.5 Tourismuspartnerschaften mit „Win-Win-Charakter". (Eigene Darstellung)

Produktionszyklen als viele Kulturschaffende und kulturelle Einrichtungen: 10 bis 18 Monate betragen die für eine touristische Vermarktung erforderlichen Vorläufe – eine kurzfristige Programmplanung oder Erstellung von Serviceangeboten seitens der Kulturanbieter steht diesen Anforderungen der kommerziellen Partner entgegen.

Aber auch im Hinblick auf Arbeitsweise und Professionalität haben Touristiker klare Vorstellungen: Eine frühzeitige Kommunikation von Veranstaltungen mit entsprechend professionell, d. h. zielgruppenadäquat aufbereiteten Servicematerialien (Fotos, Informationstexte etc.), die Vernetzung im Ticketing und die Nutzung überregionaler (Online-)Ticketplattformen, die Bereitstellung von festen Ticketkontingenten für Reiseveranstalter, die Kalkulation von Provisionszahlungen an Reisemittler bei der Preisgestaltung von Kulturangeboten etc. wird als selbstverständlich erwartet. Insgesamt sollen die Kulturangebote über eine hohe Vermarktungsfähigkeit verfügen: Marketing-, Service- und Kundenorientierung sind Begrifflichkeiten, auf die kommerzielle Tourismusunternehmen Wert legen (vgl. Buri 2009).

Nicht alle Kultureinrichtungen sind mit diesen Gepflogenheiten vertraut – oder wollen ihr Angebot so vertreten sehen. Sie sehen den (künstlerischen, inhaltlichen, wissenschaftlichen) Kern ihrer Arbeit gefährdet und sträuben sich gegen eine (vermeintlich oder manchmal auch tatsächlich) plakative Vermarktung. In solchen Fällen kann es schnell zu einem Aufeinanderprallen der verschiedenen Welten und zu Unverständnis oder Unzufriedenheit auf allen Seiten kommen. Wenn sich daher ein Kulturanbieter für die Zusammenarbeit entscheidet und das Know-how der touristischen Leistungsträger zu seinem Vorteil nutzen möchte, so sollten zwei Dinge beachtet werden: Zum einen ist es wichtig, dass sich der Kulturbetrieb frühzeitig in die Mechanismen und Spielregeln des Tourismusmarktes einarbeitet, um den Partner und die Gesamtzusammenhänge besser zu verstehen. Zum anderen ist es genauso bedeutsam, dass sich die Kultureinrichtung in allen Gesprächsrunden als gleichberechtigter Partner präsentiert. Denn die Einbindung des Kulturbetriebs und seiner Angebote darf keinesfalls einer Vermarktung um jeden Preis gleichkommen, eine Mitsprache und Anhörung bei der Vermarktung durch die Touristiker muss gesichert sein – der Dialog sollte insgesamt auf „Augenhöhe“ stattfinden und ein Verständnis für die Interessenslage und besonderen Rahmenbedingungen der Kulturakteure von den Touristikern eingefordert werden.

Zusammenfassend sind folgende Aspekte für die Realisierung einer erfolgreichen Kooperation hervorzuheben:

- Sorgfältige, kriteriengeleitete Auswahl geeigneter Partner,
- frühzeitiger Austausch über die gemeinsamen Ziele (inklusive schriftlicher Fixierung),
- Festlegung der Eckpfeiler, wenn nicht sogar konkrete Ausarbeitung eines gemeinsamen touristischen Konzepts (mit Aussagen über Verantwortlichkeiten, Zielgruppen, Strategien, Maßnahmen etc.),
- regelmäßiger Austausch, idealerweise im Rahmen institutionalisierter Treffen,
- Anerkennung der gegenseitigen Stärken, Begegnung unter Gleichberechtigten, Bereitschaft zur Einarbeitung in die Arbeits- und Denkweise des jeweiligen Partners,
- regelmäßige (externe) Evaluation der geleisteten Arbeit, um aus Fehlern zu lernen und kontinuierlich besser zu werden.

5.4 Kulturhauptstädte Europas

Ein in engem Zusammenhang mit Kooperationen stehendes Beispiel sind die *Kulturhauptstädte Europas,* die aufgrund der Tatsache, dass sich vor einigen Jahren mit Essen (erneut) eine deutsche Stadt mit dem Titel schmücken durfte, hierzulande auf großes Interesse gestoßen sind. Essen als Stadt, die mit ihrer Bewerbung stellvertretend für das Ruhrgebiet stand, und die *Ruhr.2010 GmbH* als Gesellschaft, die für die Gesamtorganisation verantwortlich war, haben damals mit ihrer auch international beachteten Kampagne gezeigt, dass es nur durch gemeinsame Anstrengungen verschiedener Partner aus Kultur, Öffentlichkeit, Politik, Wirtschaft und Tourismus möglich ist, eine ganze Region mit 52 bekannten und unbekannteren Städten erfolgreich zu vermarkten. Ruhr.2010 kann als ein Erfolgsbeispiel dafür gelten, wie durch strategische Zusammenarbeit auch kleinere Städte vom Wachstumsmarkt Kulturtourismus profitieren können. Was aber steckt ganz konkret hinter dem touristischen Megaprojekt Kulturhauptstadt Europa?

Die Kulturhauptstadt Ruhr.2010

Nach einem umkämpften nationalen Wettbewerb wurde Essen (stellvertretend für das Ruhrgebiet) im April 2006 von den EU-Gremien als

Kulturhauptstadt Europa für das Jahr 2010 ausgewählt. Was waren die ausschlaggebenden Gründe für diese Entscheidung? Im Vordergrund stand neben dem Metropolgedanken – das Ruhrgebiet als kulturelles „Europa im Kleinen" – die Möglichkeit zur Identitätsveränderung der von Stahl und Kohle geprägten Region: „The central idea of the concept was to regenerate through culture the vast space devoted to and despoiled by industrial development and to create a metropolis – the Ruhr metropolis – resulting from bringing together the smaller cities of the region. To win the title of the European Capital of Culture would help the region in its quest for a new identity through a unity – a unity not imposed from above but achieved from its roots – ‚bottom up' – with culture as the driving force" (ECOC 2006, S. 8).

Vor diesem Hintergrund wurde auch das Motto für Essen bzw. Ruhr.2010 festgelegt: „Wandel durch Kultur, Kultur durch Wandel". Dabei war es erklärtes Ziel, den Kulturbegriff möglichst weit zu fassen: Im Fokus standen neben dem traditionellen (bürgerlichen) Publikum v. a. auch jene, die der Kultur bislang eher fernblieben (vgl. Scheytt & Beier 2009, S. 42 ff.). Exponierte und erfolgreiche Projekte, wie z. B. das „Still-Leben Ruhrschnellweg", bei dem zwischen Duisburg und Dortmund mit der A40 eine der meistbefahrenen Autobahnen zeitweise stillgelegt wurde und Menschen an einer 60 km langen Tafel zu einem Fest der Generationen und Kulturen zusammenkamen, illustrieren diese Intention, möglichst vielen Menschen kulturelle Teilhabe zu ermöglichen.

Mit der Stadt Essen, dem Regionalverband Rhein-Ruhr (RVR), dem Land Nordrhein-Westfalen und dem Initiativkreis Ruhr wurden von Anfang an wichtige politische und wirtschaftliche Entscheidungsträger durch die Aufnahme als Gesellschafter der Ruhr.2010 GmbH in das Projekt eingebunden. Aber nicht nur die möglichst enge Zusammenarbeit der unterschiedlichen Akteure spielt eine Rolle im Hinblick auf den Erfolg. Letztlich entscheidet immer auch das Budget über die Durchschlagkraft eines solchen Großprojektes. Im Falle von Ruhr.2010 standen im Zeitraum 2007–2011 rund 80 Mio. EUR aus öffentlicher Hand (u. a. Zuschüsse der Gesellschafter, EU-Mittel), von privaten Geldgebern (Spenden, Sponsoring) sowie aus der Generierung eigener Einnahmen (z. B. über Ticketverkäufe, Merchandising) zur Verfügung.

Die Initiative der Kulturhauptstädte Europas geht zurück auf *Melina Mercouri,* eine bekannte Schauspielerin und Sängerin, die Ende der 1990er Jahre griechische Kulturministerin und Mitglied im Europäischen Parlament war. Primäres Ziel war es von Anfang an, durch die Verleihung dieses Titels einen Beitrag zur europäischen Integration zu leisten: „The European Capitals of Culture (ECOC) initiative, a major European activity, is a way of bringing together people from the European Union and other European countries who are involved in culture. The objective is to highlight the richness and diversity of European cultures and the features they share, as well as to promote greater mutual knowledge and understanding among Europe's citizens." (ECOC 2006, S. 2).

Zu diesem Zwecke werden jedes Jahr zwei Kulturhauptstädte auserkoren, eine aus den älteren Mitgliedstaaten der Europäischen Union (EU) und eine aus den neueren. Zusätzlich kann eine Stadt aus einem Nicht-Mitgliedstaat der EU benannt werden, der jedoch ein potenzielles Kandidatenland für die EU darstellt. Mit dem Titel Kulturhauptstadt des Jahres wurden für das Jahr 2024 Bad Ischl, Tartu (Estland) und Bodø (Norwegen) festgelegt (European Commission 2023). Bei der Beteiligung Deutschlands im Jahr 2010 waren neben Essen (stellvertretend für das gesamte Ruhrgebiet) die Städte Pécs (Ungarn) und Istanbul (Türkei) ausgewählt. 2025 wird es mit Chemnitz erneut eine deutsche Kulturhauptstadt geben, gemeinsam mit der Stadt Novo Gorica (Slowenien) (European Commission 2023).

Zu den wichtigsten Rahmenbedingungen der Initiative „Kulturhauptstadt Europa", die regelmäßig evaluiert werden und sich daher im Laufe der Jahre immer wieder verändern, gehören (vgl. CED 2023; European Commission 2023; KMK 2017):

(a) Rechtsgrundlage und finanzielle Unterstützung
Die Rechtsgrundlage stellt ein Beschluss des Europäischen Parlaments und des Ministerrats aus dem Jahr 1999 dar (Beschluss 1419/1999/EG). In ihm ist das Rotationsprinzip zwischen den Mitgliedstaaten festgeschrieben und es finden sich Hinweise zu Zielen und Evaluationskriterien. Im Programm Kreatives Europa (2021–2027) ist zudem als Empfehlung formuliert, dass Mittel für die Maßnahme Kulturhauptstadt Europa bereitgestellt werden sollen (EU-Verordnung Nr. 1295/2013). Einem Beschluss der verantwortlichen EU-Gremien gemäß ist für jede Kulturhauptstadt eine Förderung von 1,5 Mio. EUR vorgesehen, die in Form des Melina-Mercouri-Preises vergeben wird (European Commission 2023). Die gemeinschaftliche Beihilfe darf maximal 60 % des Gesamtbudgets für das eingereichte Projekt betragen; Investitionskosten werden nicht bezuschusst.

Zusätzlich kann aus den Haushaltsmitteln anderer gemeinschaftlicher Politikbereiche Unterstützung gewährleistet werden, z. B. für die Stadtentwicklung aus den sogenannten Strukturfonds der EU (siehe Kap. 4 in diesem Buch). Des Weiteren können Kulturveranstalter, die mit europäisch ausgerichteten Kooperationsprojekten an der Kulturhauptstadt mitwirken möchten, weitere Beihilfen aus dem Programm Kreatives Europa (2021–2027) erhalten – sofern sie die Anforderungen erfüllen und über die Kulturhauptstadt keine weiteren EU-Mittel in das Projekt fließen.

(b) Auswahlverfahren und -kriterien

Mindestens sechs Jahre vor Beginn eines Kulturhauptstadtjahres wird in einem vorab von allen teilnahmeberechtigten Staaten festgelegten Mitgliedsstaat eine Ausschreibung veröffentlicht, auf die sich interessierte Städte bewerben können. Für die Bewerbung als deutsche Kulturhauptstadt 2025 wurde der offizielle „Call for submission of applications" im September 2018 durch die *Kulturstiftung der Länder* veröffentlicht. Die meisten Kandidaten, wie z. B. auch Magdeburg, haben allerdings schon viel früher die Gelegenheit genutzt, durch vielfältige Aktivitäten, z. B. auf Social Media, für sich zu werben. Im Fall von Magdeburg hat der Stadtrat bereits 2011 den Grundstein für die Bewerbung gelegt, seit 2016 gibt es ein eigenes „Bewerbungsbüro".

Welche Stadt den Titel schließlich tragen darf – neben Magdeburg hatten sich Chemnitz, Dresden, Hannover, Hildesheim, Koblenz und Nürnberg beworben –, wurde im Jahr 2020 im Rahmen eines mehrstufigen Auswahlverfahrens ausgelotet. Die Entscheidung fiel auf Chemnitz. Für das Kulturhauptstadtjahr 2010 wurde in Deutschland zunächst auf Ebene der Bundesländer und damit erstmalig in einem nationalen Wettbewerb bestimmt, welche Stadt sich für die zweite Runde qualifiziert. 2004 waren dies neben Essen/Ruhrgebiet für Nordrhein-Westfalen weitere neun Städte, darunter Görlitz für Sachsen, Lübeck für Schleswig–Holstein und Braunschweig für Niedersachsen.

In einem nächsten Schritt wurden die Bewerbungen dieser Kandidaten an das Auswärtige Amt und von dort an den Bundesrat weitergeleitet. Der Bundesrat bat 2005 seinerseits die Kultusministerkonferenz (KMK) der Länder um ein Votum, die wiederum eine nationale Jury mit Experten einberief. Diese wählte unter den zehn Bewerberstädten Essen/Ruhrgebiet sowie das deutsch-polnische Städteduo Görlitz/Zgorzelec aus und gab dieses Votum an die Europäische Kommission weiter.

Auf EU-Ebene sichtete nunmehr eine internationale Jury die aus den Mitgliedstaaten (Deutschland und Ungarn) sowie aus den Nicht-Mitgliedstaaten (Türkei und Ukraine) eingegangenen Bewerbungen. Diese wurden unter Berücksichtigung verschiedener *Kriterien* bewertet, wie z. B. der europäische Mehrwert des geplanten Projekts (etwa durch die Zusammenarbeit von Kulturakteuren und Städten mit anderen Mitgliedsstaaten, die Darstellung der kulturellen Vielfalt Europas und der Gemeinsamkeiten europäischer Kulturen), das Entwicklungspotenzial des Kulturhauptstadtprogramms für Stadt und Region, der Beteiligungsgrad der lokalen Bevölkerung sowie die Ansprache von Gästen. Die offizielle Ernennung der in diesem letzten Auswahlschritt schließlich auserkorenen Städte (Essen/Ruhrgebiet, Pésc, Istanbul) erfolgte durch den Ministerrat.

Neben Chemnitz und Essen trugen in den vergangenen Jahren bereits zwei andere deutsche Städte den Titel Kulturhauptstadt: West-Berlin (1988) und Weimar (1999). Dies zeigt auch, dass die Initiative – trotz eines regelmäßig sehr hohen Arbeitsaufwands im Bewerbungsprozess, in dem z. T. umfangreiche Konzepte für eine integrierte kulturelle Stadtentwicklung geschrieben werden – für viele Städte und Regionen attraktiv ist. Denn mit einer Bewerbung sind in der Regel hohe Aufmerksamkeits- und Imagewirkungen verbunden. Die gemeinsamen Anstrengungen verschiedener lokaler und regionaler Akteure führen zudem zu einer Stärkung des Identitätsgefühls. Auch die (Vorab-)Investitionen in einen Ausbau der Infrastruktur können dazu beitragen, dass die beteiligten Städte und Regionen aufgewertet und Standortfaktoren gestärkt werden. Darüber hinaus kann die Förderung von regionalen Kooperationen und die Entwicklung von kulturellen Stadtentwicklungsprozessen bewirken, dass nachhaltige Strukturen vor Ort geschaffen werden sowie insgesamt die Bedeutung von Kunst und Kultur als integraler Bestandteil des Lebens in einer Stadt gesteigert wird.

Selbst für jene Städte, die es nicht bis in die Endstufe des Verfahrens geschafft haben, lohnt sich damit in aller Regel die aufwendige Teilnahme: „Dieser langwierige Auswahlprozess initiierte in allen beteiligten Städten kulturpolitische Debatten um die lokalen und regionalen Stärken und Schwächen. Es entstanden ambitionierte Konzepte und Projektideen mit Entwicklungspotenzial, die vielfach bis heute Wirkung zeigen und teilweise sogar umgesetzt wurden – auch ohne den Titel ‚Kulturhauptstadt'" (Wingert-Beckmann 2009, S. 63).

Nachhaltigkeit des Projekts Kulturhauptstadt

Obgleich Magdeburgs Bewerbung um den Titel „Kulturhauptstadt Europas 2025" nicht erfolgreich war, sind die Akteure gewillt, die vielfältigen Bemühungen strategisch zu nutzen. So wurden neue Visionen für die Weiterentwicklung der Kulturlandschaft formuliert und zahlreiche Akteur auf lokaler und internationaler Ebene vernetzt. Die Stadt Magdeburg entwickelte parallel und symbiotisch zum Bewerbungskonzept ihre Kulturstrategie 2030. Ab Ende des Jahres 2020 arbeitete das eigens gegründete Bewerbungsbüro an einem „Plan B" zum Transfer der Ergebnisse in eine kulturelle Langzeitstrategie.

5.5 Potenziale und Risiken im Kulturtourismus

Es ist vorstehend bereits punktuell deutlich geworden, welche Auswirkungen mit der Entfaltung kulturtouristischer Aktivitäten verbunden sein können. Wie Abb. 5.6 zeigt und nachfolgend schlaglichtartig beleuchtet wird, lassen sich eine Reihe sowohl positiver als auch negativer Effekte identifizieren (vgl. auch Steinecke 2007, S. 15 ff.; Hausmann 2008, S. 2 ff.):

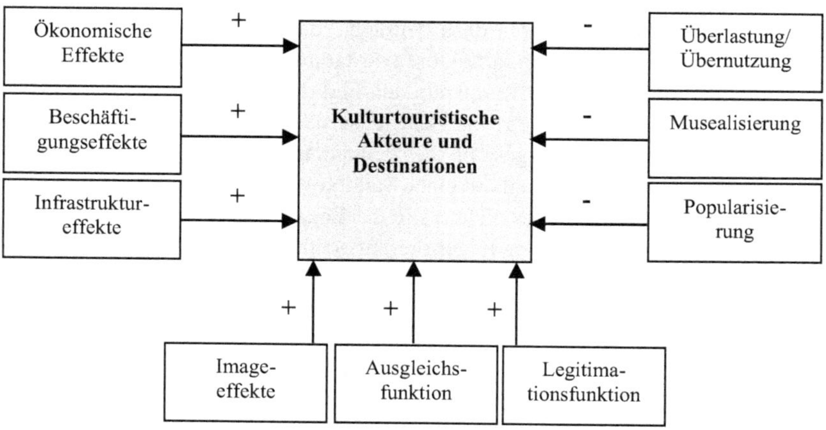

Abb. 5.6 Effekte im Kulturtourismus. (Eigene Darstellung)

(a) Ökonomische Effekte
Kultureinrichtungen können durch attraktive touristische Angebote und professionelle Vermarktung einen Zuwachs an (auswärtigen) Gästen erzielen, durch die Ansprache unterschiedlicher Besuchersegmente (wie z. B. Familien und Individualtouristen) eine gleichmäßigere Auslastung bzw. Verteilung der Besucherströme über das Jahr erreichen und auf diese Weise die eigenen Einnahmen erhöhen. Diese zusätzlich generierten Finanzmittel können z. B. auch für notwendige konservatorische Tätigkeiten verwendet werden – ein nützliches Argument für jede/n im Kulturmanagement Tätige/n im Verständigungsprozess mit den dem Kulturtourismus häufig kritisch gegenüberstehenden Denkmalschützern und wissenschaftlichen Personal einer Einrichtung. Der langjährige Marketingdirektor der *Stiftung Preußische Schlösser und Gärten Berlin-Brandenbur* war, brachte es einmal wie folgt auf den Punkt: „Denkmalpflege *kostet* Geld, Tourismus *bringt* Geld" (Buri 2011).

Von einer Steigerung des Anteils auswärtiger Gäste in einer Kulturstätte kann zudem der gesamte Standort profitieren: Über die sogenannten *Multiplikatoreffekte,* d. h. die wirtschaftlichen Auswirkungen auf vor- oder nachgelagerte Wirtschaftszweige durch den zusätzlichen Konsum der (häufig ausgabefreudigeren) kulturtouristischen Zielgruppe können auch andere Akteure vor Ort profitieren, wie z. B. andere Kultur- und Freizeitunternehmen, der Einzelhandel, das Gastgewerbe und sonstige Dienstleister (Transportunternehmen etc.) sowie jene Unternehmen, die als Zulieferer für die kulturellen und touristischen Betriebe agieren (Grafikdesigner, Druckereien, Stadtführer etc.).

(b) Beschäftigungseffekte
Die Entfaltung touristischer Aktivitäten kann zusätzliche Arbeitsplätze schaffen, und zwar sowohl bei der Kultureinrichtung selbst als auch bei den über die Multiplikatoreffekte tangierten Wirtschaftszweigen. So zeigte sich in einer Untersuchung zu den wirtschaftlichen Potenzialen der *Kulturstiftung Dessau-Wörlitz,* dass dieses Weltkulturerbe einen nicht zu unterschätzenden Wirtschafts- und Standortfaktor sowohl für die Region Dessau/Zerbst/Wittenberg als auch für das Bundesland Sachsen-Anhalt darstellt. Das Gartenreich ist regionalwirtschaftlich betrachtet ein bedeutendes beschäftigungssicherndes Projekt, von dem hohe Primärimpulse (Ausgaben für den laufenden Betrieb, Löhne etc.) ausgehen und von dem über die Wertschöpfungs- bzw. Beschäftigungseffekte zahlreiche Branchen (v. a. das Hotel- und Gaststättengewerbe, der Handel und die Nahrungs- und Genussmittelindustrie) profitieren (vgl. MWA 2002, S. 33 ff.). Zu ähnlichen Ergebnissen kommen andere Studien, wie z. B. jene zur Bedeutung des *Gewandhauses* für die Stadt Leipzig: Beeindruckende 19 Mio. EUR umfassen die direkten

ökonomischen Effekte aus dem Kulturtourismus, hinzu kommen weitere rund 20 Mio. aus indirekten ökonomischen Effekten. Das ist mehr als doppelt so viel, wie an öffentlicher Förderung durch die Stadt erfolgt, d. h. jeder durch die Stadt bezuschusste 1 EUR erzeugt durch die Aktivitäten des *Gewandhauses* einen wirtschaftlichen Effekt von 2,50 EUR in Leipzig mit entsprechenden Auswirkungen auch auf den Arbeitsmarkt (vgl. Kamann et al. 2015, S. 4 ff.).

(c) Infrastruktureffekte
Kulturtourismus kann die Entstehung und den Erhalt wichtiger Infrastrukturen begünstigen, wie z. B. Verkehrswege, Kongress- und Übernachtungseinrichtungen, zusätzliche Kultur- und Freizeiteinrichtungen. Dies ist insbesondere dann der Fall, wenn eine eher wirtschaftsschwache Region durch entsprechende Fördergelder (z. B. EU-Strukturfonds) überfällige Investitionsmaßnahmen durchführen kann, die zwar in erster Linie zur Erschließung des Markts für Kulturtourismus dienen, aber naturgemäß auch der Bevölkerung vor Ort zugutekommen und insgesamt die Standortfaktoren einer Destination stärken (Verbesserung des Freizeit- und Wohnwertes, ggf. sogar höhere Attraktivität für Unternehmensansiedlungen).

So hat z. B. das Land NRW im Zuge der Bewerbung von Essen als Kulturhauptstadt 2010 rund 120 Mio. Euro (davon 50 Mio. als EU-Mittel) in die Infrastruktur des Ruhrgebiets investiert. Auch Valletta, die maltesische Kulturhauptstadt 2018, profitiert von den größten Investitionen seit 50 Jahren: So wurden seit 2013 mehr als 50 Mio. Euro in die Stadt gesteckt, 10 Mio. davon in den Kulturbereich, so z. B. in ein neues Kunstmuseum. Im Fall von Magdeburg stellten der Freistaat Sachsen bis zu 20 Mio. Euro, der Bund 25 Mio. Euro und die Stadt Magdeburg mindestens 21 Mio. Euro für Programmplanung und -entwicklung, Projekte, Marketing- und Tourismusaktivitäten sowie die Entwicklung nachhaltiger Strukturen Stadt und Region bereit. (z. B. für den Neuaufbau und die Umwidmung von alten Gebäuden, wie der Hartmannsfabrik, einer ehem. Lokomotiv-Produktionshalle).

(d) Imageeffekte
Mit der Entfaltung kulturtouristischer Aktivitäten kann der Bekanntheitsgrad einer Destination und ihrer kulturellen Einrichtungen gesteigert und das Image verbessert oder verändert werden. Auch in diesem Zusammenhang ist die Kulturhauptstadt Essen, die seit ihrer Ernennung als pars pro toto für das Ruhrgebiet und seinen Strukturwandel steht, ein geeignetes Beispiel. Wie bereits ausgeführt, war es Ziel und Herausforderung zugleich, eine ganze Region vom allgemein verbreiteten, aber nicht mehr zeitgemäßen Bergbau- und Kohlerevierimage zu

befreien und ihr stattdessen ein modernes Image zu geben. Ähnliches ist in anderen Städten geglückt, die, wie z. B. Manchester, in den letzten Jahren vermehrt in Kultur und Architektur investiert haben, um ihre Innenstädte zu revitalisieren, neue Zielgruppen anzusprechen und hierdurch neue Arbeitsplätze zu schaffen bzw. alternative Arbeitsmärkte zu erschließen.

(e) Ausgleichsfunktion
In ökonomisch schwächeren Regionen kann der Kulturtourismus durch die Inwertsetzung des kulturellen Erbes und durch bestimmte Transferleistungen zu einer Verringerung des wirtschaftlichen Ungleichgewichts zwischen Zentren und Randregionen beitragen. Hierzu geeignete Maßnahmen sind z. B. die Einrichtung von Themenstraßen, wie etwa die *Straße der Romanik* in Sachsen-Anhalt, die in über 60 Orten 88 romanische Bauwerke verbindet (Klöster und Dome, Burgen und Kirchen, Schatzkammern und Dorfkirchen). Die Gesamtlänge der Strecke beträgt rund 1200 km, neben der Landeshauptstadt Magdeburg bezieht die Straße insbesondere auch Sehenswürdigkeiten im ländlichen Raum mit ein (www.strassederromanik.de, Stand Juli 2023).

Auch das bereits angesprochene, antizyklische Reiseverhalten typischer Kulturtouristen, die oftmals flexibler in ihrer Zeitgestaltung als andere Zielgruppen und daher außerhalb der Ferienzeit unterwegs sind, kann zu einer Entzerrung bzw. Verlängerung der Saison und damit zu einer besseren Auslastung bei den beteiligten Leistungsträgern (bei der Kultureinrichtung selbst, aber auch z. B. bei der Hotellerie) führen.

Der Ausgleich zwischen urbanen Zentren und ländlichem Raum
Auch auf Landesebene ist die Ausgleichsfunktion des Kulturtourismus interessant. So hat der Tourismus NRW e. V., der touristische Dachverband für Nordrhein-Westfalen (NRW), mit dem Innovationsprogramm *KulturReiseLand NRW* 2018 erstmalig ein landesweites Förderprojekt für den Kulturtourismus in den Regionen gestartet. In Kooperation mit acht Landschafts-, Kultur- und Tourismusverbänden war es Ziel, die Kulturinstitutionen mit den seinerzeit größten ungenutzten touristischen Potenzialen zu identifizieren und gemeinsam weiterzuentwickeln. Diese Kulturhighlights abseits der urbanen Zentren sollten künftig besser touristisch vermarktet, die Akteure, Reiseveranstalter und benachbarten Destinationshighlights besser vernetzt und so insgesamt die Wettbewerbsposition von NRW als erlebnisreichem Kulturreiseziel gestärkt werden. Coachings und Werbemaßnahmen sollten

die kulturellen Einrichtungen und Leitprodukte unterstützen; mithilfe eines kulturtouristischen Wegweisers soll zudem die nachhaltige und landesübergreifende Wirkung gesichert werden. Das Budget des Projekts umfasste rund 1,5 Mio. EUR, Förderpartner war u. a. die Europäische Union.

(f) Legitimationsfunktion

Die Bearbeitung des kulturtouristischen Marktes kann ein Entscheidungskriterium für die Kultur- und Wirtschaftspolitik im Hinblick auf die Förderung bestimmter Kultureinrichtungen und die Verteilung zusätzlicher Ressourcen darstellen. Anhaltend hoch ist das Interesse der Politik am Kulturtourismus im ländlichen Raum. So förderte z. B. das *Bundesministerium für Wirtschaft und Energie* (BMWi) ein dreijähriges Projekt mit dem Titel „Die Destination als Bühne: Wie macht Kulturtourismus ländliche Regionen erfolgreich?". Ziel des Projekts war einerseits die erfolgreiche Entwicklung kulturtouristischer Angebote und deren Vermarktung sowie andererseits die Stimulierung der Gesamtentwicklung im ländlichen Raum. Dazu wurden in verschiedenen Auswahlverfahren sechs Modellregionen – Oberlausitz-Niederschlesien, Ostfriesland, Zugspitzregion, Anhalt-Dessau-Wittenberg, Mecklenburgische Seenplatte und die Oberschwäbische Barockstraße – ausgewählt, die jeweils individuelle Coachings von Tourismusberatern erhalten, um praxisorientierte Lösungen, d. h. vermarktungsfähige kulturtouristische Produkte zu erarbeiten. Diese sollen beispielhaft, z. B. auch im Hinblick auf eine erfolgreiche Zusammenarbeit zwischen Tourismus und Kultur, für andere ländliche Regionen sein. Das Projekt endete 2019 mit einigen zentralen Erkenntnissen: Um sich erfolgreich als Kulturtourismusregion zu profilieren, müssen z. B. Mindestanforderungen vorhanden sein oder geschaffen werden. Dazu gehören eine handlungsfähige Destinationsmanagementorganisation (DMO) mit ausreichenden Ressourcen, eine kritische Masse qualitativ hochwertiger kultureller Angebote, ein gemeinsames Verständnis über den Kulturbegriff im Kulturtourismus, eine gemeinsam entwickelte Leitidee sowie Kooperationsstrukturen mit klarer Aufgabenteilung.

Neben diesen positiven Auswirkungen können mit der Entfaltung kulturtouristischer Aktivitäten allerdings auch Risiken verbunden sein, sodass eine umfassende Marktanalyse und eine fundierte Abwägung von Kosten und Nutzen im Vorfeld unabdingbar sind. Der Markt für Kulturtourismus ist wettbewerbsintensiv und durch den Eintritt neuer Konkurrenten können zusätzliche Investitionen in die Infrastruktur einer Kultureinrichtung (z. B. Einführung eines Besucherlenkungssystems durch Zeitkartenverkäufe, neue Laufwege auf der Anlage, Soft-

und Hardware für professionelles Onlinemarketing etc.) erforderlich werden. Zudem ist das Qualitäts- und Anspruchsdenken bestimmter touristischer Nachfragesegmente ausgeprägt, was zu weiteren Kosten (Mitarbeiterqualifizierung, Erweiterung von Kapazitäten, z. B. in der eigenen Gastronomie etc.) führen kann. In diesem Zusammenhang ist auch darauf hinzuweisen, dass die Kulturakteure ihre touristischen Zielgruppen genau kennen müssen. Hierzu erforderlich ist eine regelmäßige Besucherforschung, in deren Rahmen Informationen zu Herkunft der Gäste, Bewegungsprofilen innerhalb einer Destination, Informations- und Buchungsverhalten, Kundenzufriedenheit und Servicequalität gewonnen werden.

Zudem müssen die ökologischen und soziokulturellen Wirkungen des Kulturtourismus auf die beteiligten Einrichtungen und die Destination im Ganzen berücksichtigt werden. Eine touristische „Übernutzung" durch schwer lenk- und kontrollierbare Besucherströme, wodurch Objekte oder Stätten materiellen Schaden nehmen können (wie z. B. die Pyramiden im ägyptischen Gizeh durch die ständigen Berührungen und die Transpiration der Besucher und Besucherinnen), ist genauso kritisch zu prüfen wie eine „Musealisierung" von Traditionen und Brauchtum oder ein „Zu-Markte-Tragen" bzw. eine Popularisierung von Kultur durch dramatisierende Effekte à la Disneyland und vermeintlich benutzerfreundliche, aber letztlich kontextlose kulturelle „Appetithäppchen" (Beispiele hierfür finden sich u. a. bei DuCros/McKercher 2020, S. 105 ff.). Trotz der Notwendigkeit zur Umsetzung von Serviceorientierung und Kundennähe müssen Integrität und Authentizität der kulturellen Zeugnisse gewahrt bleiben, das Schlagwort der „sustainability" (Nachhaltigkeit) von Maßnahmen ist gerade auch im Kulturtourismus von großer Bedeutung.

Schlussendlich gibt es Kultureinrichtungen und Kulturangebote, die sich nicht so ohne weiteres touristisch vermarkten lassen, z. B. weil sie keine Exponate mit überregionaler Bedeutung und Attraktivität besitzen oder weil die Standortbedingungen (z. B. gefährdete Sicherheitslage, Standort mit schlechter Anbindung) eine touristische Vermarktung erschweren. Hier erfordert es hinreichend politischen, touristischen und managerialen Sachverstand, um von einer gezielten Erschließung des Marktsegments Kulturtourismus Abstand zu nehmen und stattdessen die knappen Ressourcen für die Bearbeitung anderer Zielgruppen (z. B. lokale Bevölkerung) zu verwenden.

Literatur

Amrein, S., Dietrich, A., Duss, C., & Wernli, R. (2016). *Crowdfunding im Kulturbereich. Eine Studie im Auftrag der Schweizer Kulturstiftung Pro Helvetia und des Bundesamts für Kultur*. https://prohelvetia.ch/app/uploads/2016/06/03-Crowd-funding_im_Kulturbereich_final_digital.pdf. Zugegriffen: 28. Juni 2023.

Ansoff, H. I. (1966). *Management Strategies*. Verl. Moderne Industrie.

Armstrong, G., Kotler, P., Harker, M., & Brennan, R. (2015). Marketing. An Introduction. Pearson Education Limited.

Assmann, A. (2017). *Einführung in die Kulturwissenschaft* (4. Aufl.). Erich Schmidt Verlag.

Baecker, D. (2012). *Wozu Kultur?* Kulturverlag Kadmos.

Baecker, D., Kettner, M., & Rustemeyer, D. (2008). *Über Kultur. Theorie und Praxis der Kulturreflexion*. transcript.

Bausinger, H., Beyerer, K., & Korff, G. (1999). *Reisekultur. Von der Pilgerfahrt zum modernen Tourismus*, C. H. Beck.

Bekmeier-Feuerhahn, S., & Ober-Heilig, N. (2014). *Kulturmarketing, Theorien, Strategien, Gestaltungsinstrumente*. Schäfer Poeschel.

Bendixen, P. (2010). *Einführung in das Kultur- und Kunstmanagement* (4. Aufl.). Springer.

Bernstein, J. S. (2007). *Arts Marketing Insights. The Dynamics of Building and Retaining Performing Arts Audiences*. Jossey-Bass Inc., U.S.

Börner, S. (2002): *Führungsverhalten und Führungserfolg. Beitrag zu einer Theorie der Führung am Beispiel des Musiktheaters*. Springer.

Börner, S., & Streit, C. F. von (2006). *Teamgeist im Orchester: Das Zusammenspiel zwischen Flow und Führung*. In Musicae Scientiae, Vol. X, Nr. 2, S. 254–263.

Bruhn, Manfred (2017). *Sponsoring. Systematische Planung und integrativer Einsatz* (6. Aufl.). Springer.

Bundesministerium für Wirtschaft und Energie (BMWi) (2023): *Monitoringbericht Kultur- und Kreativwirtschaft 2022*. https://www.kultur-kreativ-wirtschaft.de/KUK/Redaktion/DE/Publikationen/2022/monitoringbericht-kultur-und-kreativwirtschaft-2022.pdf?__blob=publicationFile&v=3. (Stand Januar 2023). Zugegriffen: 28. Juni 2023.

Bundesministerium für Wirtschaft und Energie (BMWi) (2018): *Monitoringbericht Kultur- und Kreativwirtschaft 2018*. https://www.kultur-kreativ-wirtschaft.de/KUK/Redaktion/DE/Publikationen/2018/monitoring-wirtschaftliche-eckdaten-kuk.pdf?__blob=publicationFile&v=1 (Zugegriffen: 2. Januar 2024).

A. Hausmann, *Kunst- und Kulturmanagement*, Kunst- und Kulturmanagement, https://doi.org/10.1007/978-3-658-44400-6

Bundesverband Deutscher Stiftungen (Hrsg.) (2021). *Zahlen, Daten, Fakten zum deutschen Stiftungswesen.* https://www.stiftungen.org/fileadmin/stiftungen_org/Verband/Was_wir_tun/Publikationen/Zahlen-Daten-Fakten-zum-deutschen-Stiftungswesen.pdf. Zugegriffen: 28. Juni 2023.

Buri, H. (2009). Kultur und Tourismus – zwei notorische Lieblingsfeinde? Über das Verhältnis von Kulturschaffenden und Touristikern. *Politik und Kultur*. 03/09, S. 22–23.

Buri, H. (2011). Kulturelle Einrichtungen als kulturtouristische Akteure, in: A. Hausmann & L. Murzik (Hrsg.): *Neue Impulse im Kulturtourismus*. Springer.

Burzinski, M., Buschmann, L., & Pröbstle, Y. (2018). *Kulturtourismusstudie 2018. Empirische Einblicke in die Praxis von Kultur- und Tourismusakteuren*. projekt2508 GmbH und Institut für Kulturmanagement Ludwigsburg.

Butzer-Strothmann, K., Günter, B., & Degen, H. (2001). *Leitfaden für Besucherbefragungen durch Theater und Orchester*. Nomos.

Byrnes, W. J. (2022). Management and the Arts (6th. Aufl.). Routledge.

Colbert, F. (2018). Marketing Culture and the Arts (5th Aufl.). HEC Montréal.

Creative Europe Desk Kultur (CED) (2023). Kreatives Europa. https://kultur.creative-europe-desk.de/foerderung/was-ist-kreatives-europa/. Zugegriffen: 28. Juni 2023.

Dangel, C., Piorkowsky, M.-B. (2006). *Selbständige Künstlerinnen und Künstler in Deutschland*. Deutscher Kulturrat e. V.

Deutscher Bühnenverein (DBV) (2020). *Theaterstatistik 2018/19*. https://www.yumpu.com/de/document/view/65013634/theaterstatistik-2018-2019. Zugegriffen: 28. Juni 2023.

Deutscher Bühnenverein (DBV) (2021). *Wertebasierter Verhaltenskodex. Fassung vom 28.10.2021*. https://www.buehnenverein.de/de/verband/ziele-und-aufgaben.html?cmsDL=c6de3fe4655645751c919957084cb808. Zugegriffen: 12. Januar 2024.

Deutscher Bühnenverein (DBV) (2023). *Theaterstatistik 2020/21*. http://www.buehnenverein.de/de/publikationen-und-statistiken/sta – tistiken/theaterstatistik.html (Stand Februar 2023). Zugegriffen: 28. Juni 2023.

Deutscher Kulturrat (2010). *Ermäßigter Umsatzsteuersatz für die Kultur in Gefahr*. https://bildungsklick.de/bildung-und-gesellschaft/detail/ermaessigter-umsatzsteuersatz-fuer-den-kulturbereich-in-gefahr. Zugegriffen: 28. Juni 2023.

Deutscher Kulturrat (2023). *Für ein die Kultur stärkendes Steuerrecht – aktuelle steuerpolitische Vorschläge des Deutschen Kulturrats*. https://www.kulturrat.de/positionen/fuer-ein-die-kultur-staerkendes-steuerrecht-aktuelle-steuerpolitische-vorschlaege-des-deutschen-kulturrates/ Zugegriffen: 4. Januar 2024.

Deutscher Kulturrat (2023). *Künstliche Intelligenz und Urheberrecht*. https://www.kulturrat.de/positionen/kuenstliche-intelligenz-und-urheberrecht/. Zugegriffen: 4. Januar 2024.

Deutscher Orchesterverband (DOV) (2009). *Thesenpapier zu Konfliktmanagement, Kommunikation, Personal-/Organisationsentwicklung in Orchestern, Empfehlung des Gesamtvorstands der DOV*. Beschluss vom 30. März 2009.

Deutscher Tourismusverband (DTV) (2017). *Zahlen – Daten – Fakten*. https://www.tourismusnetzwerk-sachsen-anhalt.de/de/datei/download/id/711602,1050/zdf_2017.pdf. Zugegriffen: 28. Juni 2023.

Deutscher Tourismusverband (DTV) (2023). *Zahlen – Daten – Fakten*. https://www.deutschertourismusverband.de/fileadmin/Mediendatenbank/Bilder/Presse/Zahlen-Daten_Fakten_2023.pdf. Zugegriffen: 28. Juni 2023.

Deutsche Zentrale für Tourismus (DZT) (2017a): *Jahresbericht 2016*. https://docplayer.org/53079368-Reiseland-deutschland-dzt-jahresbericht-2016-simply-inspiring.html. Zugegriffen: 28. Juni 2023.

Deutsche Zentrale für Tourismus (DZT) (2017b). *Zahlen, Daten, Fakten 2016*. http://www.germany.travel/media/pdf/ueber_uns_2/DZT_ZahlenFlyer_2017_DE_web.pdf. Zugegriffen:3. Oktober 2018.

Deutsche Zentrale für Tourismus (DZT) (2022a): *Jahresbericht 2021*. https://www.germany.travel/media/redaktion/pdf/ueber_uns/2022/DZT_Jahresbericht2021_DE_WEB.pdf. Zugegriffen: 28. Juni 2023.

Deutsche Zentrale für Tourismus (DZT) (2022b): *Zahlen – Daten – Fakten 2021*. https://www.germany.travel/media/pdf_5/DZT_Zahlenflyer_Mai2022_DE_RZ_barrierefrei_18052022.pdf. Zugegriffen: 28. Juni 2023.

Dickman, S. (1997). *Arts Marketing. The Pocket Guide*. Centre for Professional Development.

Diesselhorst, S. (2006). *Intendanten machen ganz großes Theater*. https://taz.de/Archiv-Suche/!450687&s=Diesselhorst%2BIntendanten%2Bmachen%2Bganz%2Bgro%C3%9Fes%2BTheater&SuchRahmen=Print/. Zugegriffen: 28. Juni 2023.

DiMaggio, P. (1987). *Managers of the Arts*. Research Division Report #2, National Endowment for the Arts. Seven Locks Press.

Drucker, P. F. (2007). *The Practice of Management*. Routledge.

Drucker, P. F. (1973). *Management – Tasks, Responsibilities, Practices*. Harper Business.

DuCros, H., & McKercher, B. (2020). *Cultural Tourism* (3. Aufl.). Routledge.

Duda, A., & Hausmann, A. (2004). Professionelles Management als Erfolgsfaktor im Kultursponsoring: eine empirische Studie. *Stiftung & Sponsoring*. Heft 5, S. 34–37.

ECOC (2006). *Report of the Selection Meeting for the European Capitals of Culture 2010*. https://culturenext.eu/wp-content/uploads/2021/11/ECOC-2010-Selection-Report.pdf. Zugegriffen: 10. Januar 2024.

Engler-Petzold, J. (2023). *Berufsbilder im Kulturbereich. Fördermittelberatung*. https://www.kulturmanagement.net/Themen/Berufsbilder-im-Kulturbereich-Foerdermittelberatung,4621. Zugegriffen: 3. Januar 2024.

Enquete-Kommission (EK) (2007). *Schlussbericht der Enquete-Kommission „Kultur in Deutschland"*. Bundesanzeiger.

European Commission (2023). Kulturhauptstädte Europas. https://culture.ec.europa.eu/policies/culture-in-cities-and-regions/designated-capitals-of-culture. Zugegriffen: 28. Juni 2023.

Freeman, E. R. (1984). *Strategic Management. A Stakeholder Approach*. Cambridge University Press.

Gerlach-March, R., & Pöllmann, L. (2019). *Kulturfinanzierung* (2. Aufl.). Springer.

Glogner-Pilz, P. (2019). *Kulturpublikumsforschung. Grundlagen und Methoden* (2. Aufl.). Springer.

Glogner-Pilz, P., & Föhl, P. S. (2011). *Das Kulturpublikum, Fragestellungen und Befunde der empirischen Forschung* (2. Aufl.). Springer.

Günther, E., & Riethmüller, T. (2020). *Einführung in das Crowdfunding. Formen, Anwendungsbereiche, Erfolgsfaktoren, rechtlicher Rahmen*. Springer.

Haibach, M. (2008). Fundraising – Definitionen, Abgrenzung und Einordnung. In Fundraising Akademie (Hrsg.), *Fundraising* (4. Aufl.). Gabler.

Haibach, M. (2018). Friendraising als wichtiger Bestandteil des Fundraisings. In A. Hausmann & A. Liegel, (Hrsg.), *Handbuch Förder- und Freundeskreise in der Kultur. Rahmenbedingungen, Akteure und Management* (S. 239–254). transcript.

Haibach, M. (2019). *Handbuch Fundraising. Spenden, Sponsoring, Stiftungen in der Praxis* (5. Aufl.). campus.

Hansen, K. P. (2011). *Kultur und Kulturwissenschaft* (4. Aufl.) Narr Francke Attempto Verlag.

Hausmann, A. (2001): *Besucherorientierung durch den Einsatz von Benchmarking*. transcript.

Hausmann, A. (2005). *Theatermarketing, Grundlagen, Methoden und Praxisbeispiele*. De Gruyter.

Hausmann, A. (2006). Mit Kulturtourismus aus der Krise? Implikationen des Marketing für Kulturstätten in den Neuen Bundesländern. In *Tourismus Journal – Zeitschrift für tourismuswissenschaftliche Forschung und Praxis*. Heft 4, 2006, Bd. 8, S. 575–591.

Hausmann, A. (2008). Das Marktsegment Kulturtourismus – Handlungsstrategien für Museen. In F. Loock & O. Scheytt (Hrsg.), *Kulturmanagement und Kulturbetriebe* (S. 1–18). Raabe Verlag.

Hausmann, A. (2019a). *Kunst- und Kulturmanagement. Kompaktwissen für Studium und Praxis*. 2. Aufl. Springer.

Hausmann, A. (2019b). *Cultural Leadership I. Begriff, Einflussfaktoren und Aufgaben der Personalführung in Kulturbetrieben*. Springer.

Hausmann, A. (2019c). *Einführung in den Kulturtourismus*. Springer.

Hausman, A. (2020). *Cultural Leadership II. Instrumente der Personalführung in Kulturbetrieben*, Springer.

Hausmann, A. (2021a). *Kulturmarketing* (3. Aufl.). Springer.

Hausmann, A. (2021b). *Wirkungsvolle Organisations- und Leitbildentwicklung in Kulturbetrieben*. Springer.

Hausmann, A., & Körner, J. (Hrsg.). (2009). *Demografischer Wandel und Kultur, Veränderungen im Kulturangebot und der Kulturnachfrage*. Springer.

Hausmann, A. & Liegel, A. (2018). Förder- und Freundeskreise in der Kultur. Eine Einführung. In A. Hausmann & A. Liegel (Hrsg.), *Handbuch Förder- und Freundeskreise in der Kultur. Rahmenbedingungen, Akteure und Management* (S. 11–24). transcript.

Hausmann, A., & Braun, O. (2021). *Recruiting in Kulturbetrieben – Leitfaden für die erfolgreiche Personalgewinnung*. Springer.

Hausmann, A., & Zischler, L. (2023). *Leadership in Arts Organisations*. MacMillan.

Heinrichs, W. (1997). *Kulturpolitik und Kulturfinanzierung*. C.H. Beck Verlag.

Heinrichs, W. (2012): *Kulturmanagement. Eine praxisorientierte Einführung* (3. Aufl.). wbg.

Heinze, D. (2010). Verantwortung für eine gute Ausbildung. In *Kulturmanagement Magazin*. Nr. 45, Juli 2010, S. 12–14.

Heinze, T.(2009). *Kultursponsoring, Museumsmarketing, Kulturtourismus* (4. Aufl.). VS Verlag für Sozialwissenschaften.

Hoffmann, H. (1979). *Kultur für alle. Perspektiven und Modelle*. Fischer.

Homburg, C. (2020). *Marketingmanagement* (6. Aufl.). Springer Gabler.

Jung, H. (2017). *Personalwirtschaft* (10. Aufl.,). De Gruyter.

Kagermeier, A., & Raab, F. (Hrsg.). (2010). *Wettbewerbsvorteil Kulturtourismus: Innovative Strategie und Produkte*. Erich Schmidt Verlag.

Kamann, C., Kretzinger, L., Neumann, M., Scheuermann, S., & Siegert, G. (2015). *Die wirtschaftliche Bedeutung des Gewandhauses für die Stadt Leipzig – Bericht zur Umwegrentabilität.* https://artbutfair.org/wp-content/uploads/2017/11/Gewandhaus_URBericht_gesamt_ES_151102.pdf. Zugegriffen: 28. Juni 2023.

Khomami, N. (2016). *BP to end Tate sponsorship after 26 years.* https://www.theguardian.com/artanddesign/2016/mar/11/bp-to-end-tate-sponsorship-climate-protests. Zugegriffen: 28. Juni 2023.

Klassik Stiftung Weimar (KSW) (2023). Jahresbericht 2022. https://www.klassik-stiftung.de/assets/Dokumente/KOEM/PDFs/2023/2023_03_17_Jahresbericht_KSW_2022_digi.pdf. Zugegriffen: 28. Juni 2023.

Klein, A. (Hrsg.). (2009a). *Gesucht: Kulturmanager.* VS Verlag für Sozialwissenschaften.

Klein, A. (Hrsg.). (2009b). *Leadership im Kulturbetrieb.* VS Verlag für Sozialwissenschaften.

Klein, A. (2011). *Der exzellente Kulturbetrieb* (3. Aufl.). VS Verlag für Sozialwissenschaften.

Klein, A. (2012). *Kultur-Marketing. Das Marketingkonzept für Kulturbetriebe.* (3. Aufl.). C. H. Beck.

Klein, J. (2021). *Kultur nach Corona. Wer soll das bezahlen?* https://www.rondomagazin.de/artikel.php?artikel_id=3286. Zugegriffen: 3. Januar 2024.

Kommunalforum Sachsen (2018). Freiwillige, Pflicht- und Weisungsaufgaben der Kommunen in Sachsen, https://www.kommunalforum-sachsen.de/wp-content/uploads/2017/10/Freiwillige-Pflicht-und-Weisungsaufgaben-der-Kommunen-in-Sachsen.pdf. Zugegriffen: 2. Januar 2024.

Kotler, N. G., Kotler, P., Kotler, W. I. (2008). *Museum Marketing and Strategy* (2. Aufl.). Jossey-Bass.

Kotler, P., Armstrong, G., Harris, L. C., He, H. (2022). *Grundlagen des Marketing* (8. Aufl.). Pearson.

Kulturkreis der deutschen Wirtschaft (KDW) (2010). *Unternehmerische Kulturförderung in Deutschland.* https://miz.org/sites/default/files/documents/studie_unternehmerische_kulturfoerderung.pdf. Zugegriffen: 28. Juni 2023.

Kulturmanagement Magazin (KM) (2008). *Die Grenzen des Machbaren austesten.* Interview mit Natalie Schwarz, Marketingleiterin bei den Berliner Philharmonikern. https://www.kulturmanagement.net/Themen/Interview-Die-Grenzen-des-Machbaren-austesten,331. Zugegriffen: 28. Juni 2023.

Kulturpolitische Gesellschaft (1998): Programm der Kulturpolitischen Gesellschaft. www.kupoge.de/pdf/kupo/programm_kupoge.pdf. Zugegriffen: 28. Juni 2023.

Kulturpolitische Gesellschaft (2012): *Grundsatzprogramm der Kulturpolitischen Gesellschaft.* https://kupoge.de/wp-content/uploads/2019/03/kupoge_grundsatzprogramm.pdf. Zugegriffen: 28. Juni 2023.

Kulturstiftung des Bundes (2022). *Diversitätskompass.* https://www.kulturstiftung-des-bundes.de/fileadmin/user_upload/content_stage/360/360___Diversitaetskompass.pdf. Zugegriffen: 11. Januar 2024.

Kultusministerkonferenz (KMK) (2017): Kulturhauptstadt Europas 2025. https://www.kmk.org/fileadmin/Dateien/veroeffentlichungen_beschluesse/2017/2017_06_01-Kulturhauptstadt-Europas.pdf. Zugegriffen: 28. Juni 2023.

Lüddemann, S. (2019). *Kultur. Eine Einführung* (2. Aufl.). Springer.

Mächtel, A. (2009). Fremd. Interkulturalität im Orchester. In *Das Orchester*. Heft 3, S. 10–12.

Malik, F. (2019). *Führen Leisten Leben: Wirksames Management für eine neue Welt*. campus.
Malik, F. (2013): *Management: Das A und O des Handwerks* (2. Aufl.). campus.
Mandel, B. (2008): Kulturmanagement, Audience Development, kulturelle Bildung: Konzeptionen und Handlungsfelder der Kulturvermittlung, Bielefeld.
Meffert, H., Burmann, C., Kirchgeorg, M., & Eisenbeiß, M. (2018). *Marketing. Grundlagen marktorientierter Unternehmensführung* (13. Aufl.). Springer.
Meffert, H., Bruhn, M., & Hadwich, K. (2018). *Dienstleistungsmarketing. Grundlagen – Konzepte – Methoden* (9. Aufl.). Springer.
Mejias, J. (2008): Das erste kulturelle Opfer der Krise. In *Frankfurter Allgemeine Zeitung*. 9. November 2008.
Menden, A. (2010). Die Kunst und das Öl. In *Süddeutsche Zeitung*.1. Juli 2010.
Mertens, G. (2018). Die Rolle der Förder- und Freundeskreise für Orchester. In A. Hausmann & A. Liegel (Hrsg.), *Handbuch Förder- und Freundeskreise in der Kultur. Rahmenbedingungen, Akteure und Management* (S. 161–179). transcript.
Mertens, G. (2019): *Orchestermanagement* (2. Aufl.). Springer.
Meyn, C., Richter, A., Koss, C., & Gollan, K. (2013). *Die Stiftung: Umfassende Erläuterungen, Beispiele und Musterformulare für die Rechtspraxis* (3. Aufl.). Haufe.
Ministerium für Wirtschaft und Arbeit des Landes Sachsen-Anhalt (MWA) (2002). *Das Gartenreich Dessau-Wörlitz als Wirtschaftsfaktor*. NORD/LB Regionalwirtschaft.
Ministerium für Wirtschaft und Arbeit des Landes Sachsen-Anhalt (MWA) (2006). *Handbuch Kulturtourismus in Sachsen-Anhalt*. MWA.
Ministerium für Wissenschaft und Kultur (MWK) (o.J.). *Kommunale Theater und Landesbühnen in Niedersachsen*. https://www.mwk.niedersachsen.de/startseite/service/z_ablage_alte_knotenpunkte/themen/kultur/theater/kommunale_theater_und_landesbuhnen/kommunale-theater-und-landesbuehnen-19029.html#:~:text=Mit%20den%20Trägern%20und%20Leitungen,um%20mehr%20als%203%20Mio. Zugegriffen: 10. Januar 2024.
Mintzberg, H. (2011). *Managen*. Gabal.
Musgrave, R. A. (1959). *The Theory of Public Finance*. McGraw-Hill.
Nielsen Sports Deutschland GmbH (2018). *Sponsor-Trend 2018. Status und Trends im Sponsoringmarkt in Deutschland, Österreich und der Schweiz*. http://nielsensports.com/wp-content/uploads/2014/12/Nielsen-Sports_Sponsor-Trend-2018_web.pdf. Zugegriffen: 28. Juni 2023.
Nünning, A. (Hrsg.). (2005). *Grundbegriffe der Kulturtheorie und Kulturwissenschaften*. J.B. Metzler.
Olfert, K. (2019). *Personalwirtschaft* (17. Aufl.). NWB Verlag
Pöllmann, L. (2021). *Kulturmarketing* (2. Aufl.). Springer.
Pröbstle, Y. (2014). *Kulturtouristen. Eine Typologie*. Springer.
Rich, D., & Martin, D. J. (1997). *The Role of Formal Education in Arts Administration Training, Guide to Arts Administration Training and Research, 1997–1999*. Association of Arts Administration Educators.
Richards, G. (2001). *Cultural Attractions and European Tourism*. CAB International.
Rohde, A., & Engelsing, L. (2010). *Gemeinnützige GmbH* (2. Aufl.). VSRW Verlag
Scherm, E., & Süß, S. (2016). *Personalmanagement* (3. Aufl.). Vahlen.
Scheytt, O. & Beier, N. (2009). Begreifen, Gestalten, Bewegen. Die Kulturhauptstadt Europas Ruhr. 2010. In *Kulturpolitische Mitteilungen*. Nr. 127, S. 42–47.

Schierenbeck, H. & Wöhle, C. B. (2016). *Grundzüge der Betriebswirtschaftslehre* (19. Aufl.). De Gruyter.

Schmidt, T. (2012). *Theatermanagement: Eine Einführung*. VS Verlag für Sozialwissenschaften.

Schmidt, T. (2020). *Modernes Management im Theater*. Springer.

Schnyder von Wartensee, P. (2010): Leadership und Komplexitätsmanagement. In *Kulturmanagement Magazin*. Nr. 47, S. 57–59.

Scholz, C. (2014). *Personalmanagement. Informationsorientierte und verhaltenstheoretische Grundlagen* (6. Aufl.). Vahlen.

Schößler, T. (2016a). *Preispolitik für Theater: Strategische Preisgestaltung zwischen Einnahmesteigerung und öffentlichem Auftrag*. VS Verlag für Sozialwissenschaften.

Schößler, T. (2016b). *Mehr Preispolitik wagen!*. https://www.kulturmanagement.net/Themen/Fachbeitrag-Mehr-Preispolitik-wagen,2113. Zugegriffen: 28. Juni 2023.

Schuster, V. (2008). Zwischen Bottom-Up und Top-Down. In *Kulturmanagement Magazin*. Nr. 22, S. 16–18.

Schuster, V. (2010). Kombination aus Fachkompetenz und Kulturmanagement. In *Kulturmanagement Magazin*. Nr. 47, S. 16–19.

Schuster, V. (2017). Dialog ist der Mindeststandard!. In *Kulturmanagement Magazin*. Nr. 121, S. 28–31.

Schreyögg, H., & Koch, J. (2014). *Grundlagen des Managements, Basiswissen für Studium und Praxis* (3. Aufl.) Springer Gabler.

Seger, B. (2010). Das Curriculum im Fokus. In *Kulturmanagement Magazin*. Nr. 45, Juli, S. 9–10.

Senatsverwaltung für Finanzen (SWF) (2022): Haushaltsplan für Berlin für die Haushaltsjahre 2022/2023. https://www.berlin.de/sen/finanzen/haushalt/downloads/haushaltsplan-2022-23/band08_2022_2023_epl-08.pdf?ts=1675089160. Zugegriffen: 28. Juni 2023.

Singer, O. (2003). Die Förderung von Kunst und Kultur. Grundlagen und Formen der Kulturförderung und -finanzierung unter Berücksichtigung des internationalen Kontextes. In *Wissenschaftliche Dienste des Deutschen Bundestages*. Nr. WF X–060/03, S. 1–50.

Söndermann, M., Backes, C., Arndt, O. & Brünink, D. (2009). Endbericht Kultur- und Kreativwirtschaft. https://www.kultur-kreativ-wirtschaft.de/KUK/Redaktion/DE/PDF/doku-577-gesamtwirtschaftliche-perspektiven-kultur-und-kreativwirtschaft-langfassung.pdf%3F__blob%3DpublicationFile%26v%3D2. Zugegriffen: 28. Juni 2023.

Staehle, W. H., Conrad, P., & Sydow, J. (2014). *Management. Eine verhaltenswissenschaftliche Perspektive* (8. Aufl.) Vahlen.

Statistisches Bundesamt (2022). *Kulturfinanzbericht*, 2022. Wiesbaden.

Steinecke, A. (2002): Kulturtourismus in der Erlebnisgesellschaft: Trends, Strategien, Erfolgsfaktoren. In *Geographie und Schule*. 24/135, S. 10–14.

Steinecke, A. (2007). *Kulturtourismus. Marktstrukturen, Fallstudien, Perspektiven*. De Gruyter

Steinecke, A. (2013). *Management und Marketing im Kulturtourismus*. Springer.

Stock-Homburg, R., & Groß, M. (2019). *Personalmanagement. Theorien – Konzepte – Instrumente* (4. Aufl.). Springer Gabler.

SwissSkills (2023). *Erwartungen der GenZ an die Arbeitswelt*. https://www.swiss-skills.ch/documents/Downloads/diverses/SwissSkills_Report_Gen_Z_2023_DE.pdf. Zugegriffen: 12. Januar 2024.

Theater Magdeburg (2021). Wirtschaftsplan 2021, Magdeburg.

Thommen, J.-P., Achleitner, A.-K., Gilbert, D. U., Hachmeister, D., Jarchow, S. & Kaiser, G. (2020). *Allgemeine Betriebswirtschaftslehre. Umfassende Einführung aus managementorientierter Sicht* (9. Aufl.). Springer Gabler.

Toepler, S. (2013). *Kulturfinanzierung. Ein Vergleich Deutschland – USA.* Springer

UNESCO (2001). Allgemeine Erklärung zur kulturellen Vielfalt. https://www.unesco.de/sites/default/files/2018-03/2001_Allgemeine_Erkl%C3%A4rung_zur_kulturellen_Vielfalt.pdf. Zugegriffen: 28. Juni 2023.

UNESCO (2005). Übereinkommen über den Schutz und die Förderung der Vielfalt kultureller Ausdrucksformen. https://www.unesco.de/sites/default/files/2018-03/2005_Schutz_und_die_F%C3%B6rderung_der_Vielfalt_kultureller_Ausdrucksformen_0.pdf. Zugegriffen: 28. Dezember 2023.

Ünlü, S. (2010). Aus für junges Tanztheater? In *Rheinische Post* vom 23. Oktober 2010, S. C5.

Visit Berlin (2024). *Kontinuierliche Besucher:innenforschung für den Kultur- und Freizeitbereich (KulMon®).* https://about.visitberlin.de/besucherinnenforschung-kulmon. Zugegriffen: 10. Januar 2024.

Voigt de Oliveira, S. (2018). Fördern ohne Risiko – rechtliche und steuerliche Rahmenbedingungen. In A. Hausmann & A. Liegel (Hrsg.), *Handbuch Förder- und Freundeskreise in der Kultur. Rahmenbedingungen, Akteure und Management* (S. 79–104). transcript.

Weckerle, C., & Söndermann, M. (2003). *Kultur.Wirtschaft.Schweiz. Das Umsatz- und Beschäftigungspotenzial des kulturellen Sektors. Erster Kulturwirtschaftsbericht Schweiz.* https://www.zhdk.ch/file/live/48/48d9ef2e7a91e0104e79f1e769366f9b13ba2473/08_first-swiss-creative-industries-report-2003-de.pdf. Zugegriffen: 28. Juni 2023.

Wegner, N. (2015). Fokus auf Zielgruppen in Evaluationen und Besucherstudien. *In Kulturmanagement Magazin.* Nr. 105, September, S. 25–30.

Welling, A. (2015). *Förder- und Freundeskreise in der Kultur in Deutschland. Typologien und Strategieentwicklungsmodell.* https://ediss.sub.uni-hamburg.de/bitstream/ediss/6478/1/Dissertation.pdf. Zugegriffen: 28.Juni 2023.

Welling, A. (2018). Zwischen Mission und Ökonomie, In A. Hausmann & A. Liegel (Hrsg.), *Handbuch Förder- und Freundeskreise in der Kultur. Rahmenbedingungen, Akteure und Management* (S. 193–218). transcript.

Wingert-Beckmann, C. (2009). Kulturhauptstädte Europas. In *Kulturpolitische Mitteilungen.* Nr. 127, S. 63.

Winter, C., Ponikelsky, S., & Buschow, C. (2018). Deutscher Arbeitsmarkt für Kulturmanager_innen. Veränderungen und aktuelle Tendenzen. https://www.kulturmanagement.net/Themen/Deutscher-Arbeitsmarkt-fuer-Kulturmanager-innen-Veraenderungen-und-aktuelle-Tendenzen,2308. Zugegriffen: 28. Juni 2023.

Wöhe, G. (2023). *Einführung in die Allgemeine Betriebswirtschaftslehre* (28. Aufl.). Vahlen.

Wolf, K. (2010). Personalentwicklung in Kulturbetrieben. In *Kulturmanagement Magazin.* Nr. 47, S. 13–15.

Zand, B. (2017). Die Ganzheit im Blick. In *Kulturmanagement Magazin.* Nr. 121, S. 9–12.

Zimmer, A., & Priller, E. (2007). *Gemeinnützige Organisationen im gesellschaftlichen Wandel.* VS Verlag für Sozialwissenschaften.